Kurt Singer
Die Schulkatastrophe

Kurt Singer

Die Schulkatastrophe

Schüler brauchen Lernfreude
statt Furcht, Zwang und Auslese

1. Auflage 2009

©2009 Beltz Verlag, Weinheim und Basel
Umschlaggestaltung: Büro Hamburg
Umschlagabbildung: © Tamara Staples / Getty Images
Satz und Herstellung: Nancy Püschel
Druck und Bindung: Druck Partner Rübelmann, Hemsbach
Printed in Germany

ISBN 978-3-407-85880-1

Inhaltsverzeichnis

TEIL 5
Eltern und Lehrer können mit Zivilcourage die Schule verbessern

TEIL 1

Der PISA-Schock schockiert die Schüler – sonst niemanden

1 Haben Bildungspolitiker eine Lernstörung?

Sie ordnen das Gegeteil von dem an, was Kindern hilft

*Das Schlimmste, was ich erlebt habe, war die Schule.
Wenn ich das noch einmal erleben müsste, würde ich
lieber sterben. Ich will schon allein deshalb keine
Kinder haben, weil sie in die Schule gehen müssten.*
Janosch, Kinderbuchautor

Auf pädagogischen Irrwegen festgefahren – Verantwortliche nehmen Jugendliche nicht wahr: Christian

»Lieber sterben als noch einmal zur Schule gehen«, sagt der Schriftsteller und Maler Janosch. Er erfreut mit seinen Büchern und Zeichnungen Millionen von Kindern. Die Schule fand er so schrecklich, dass er keine Kinder haben wollte, um sie nicht der Schule ausliefern zu müssen. Erlebt Christian Ähnliches wie Janosch?

Am schlimmsten sind die Nächte vor den Probearbeiten. Ich schlafe unruhig und träume von guten, allerdings öfter von schlechten Noten. Ich kämpfe sozusagen mit den Noten auf Leben und Tod! In diesen

Nächten fallen die Noten über mich her, da kann ich gar nichts da-
gegen machen.

Was ist das für eine Einrichtung, die Kinder dermaßen verstört? Was ist das für ein Unterricht, in dem Lehrer verpflichtet sind, Schüler täglich zu bewerteten Menschen zu machen? In reformpädagogischen Schulen kennen Jugendliche solche Ängste nicht. Da gibt es bis zum zehnten Schuljahr keine Ziffernnoten. Stattdessen informieren Lehrer die Schüler genau, beraten und begleiten sie auf ihrem Lernweg. Obwohl die Zensur wegfällt, erreichen die Jugendlichen gute Leistungen. Pädagogisch ausgedrückt: *Weil* die Ziffernzensur wegfällt, lernen Schüler nicht nur *lieber,* sondern auch *mehr.* Lehrerinnen und Lehrer machen ihnen Mut statt Angst; sie helfen Kindern individuell. Bei ihnen erleben alle Schüler ihren persönlichen Lernfortschritt, aber nicht alle den gleichen.

Eine Untersuchung zeigt erneut: Noten sind schädlich für das Lernen und die Charakterentwicklung der Jugendlichen.[1] Dazu meint ein Schulkritiker: Zeugnisse müssten eigentlich, wie Zigaretten, mit einem Warnhinweis versehen werden: »Die Kultusminister warnen: Noten gefährden die Entwicklung des Kindes.« Aber trotz Leistungsstudien, trotz hundert Jahren praktizierter Reformpädagogik an alternativen Schulen ignorieren Bildungspolitiker nach wie vor die gewonnenen pädagogischen Erkenntnisse. Leiden sie an einer Lernstörung? Nach ihren Vorstellungen sollen Lehrer die Schüler noch unerbittlicher, in noch früherem Alter mit noch mehr Ziffernzensuren verfolgen. Schwächere Kinder werden täglich durch schlechte Noten der Vorschrift entsprechend gedemütigt, statt dass Lehrer jene Kinder aufrichten, die sich schwertun. Kultusminister einiger Länder setzen bereits Siebenjährige mit Noten unter Druck. Wollen sie genau diesen Druck, nämlich Kinder unterdrücken?

Mangelhafte Ergebnisse in Tests und Klassenarbeiten werden vor allem den Schülern angelastet. Dabei wäre bei unbefriedigenden Schülerleistungen die erste Frage, die sich Lehrer stellen müss-

---

1 Hans Brügelmann u.a.: Sind Noten nützlich und nötig? (2006)

ten: Wo versagen *wir*, wenn das Ergebnis einer Klassenarbeit fünf Sechser, sieben Fünfer, acht Vierer und drei Dreier sind? Und wie kommt es zum Schlimmsten, was Unterricht anrichten kann: dass das Lerninteresse vieler Schüler von Jahr zu Jahr geringer wird? Nicht einmal die alte pädagogische Erkenntnis zählt: Bei guten Lehrern können Kinder gut lernen.

Lehrer, Eltern und Politiker könnten das Leiden der Schüler an der Schule lindern und sie das Glück der gelungenen Leistung erleben lassen. Von den Jugendlichen könnten Lehrer erfahren, was ihnen hilft, gut zu lernen, woran sie interessiert sind und was sie zum Lernen antreibt. Die Kunst des Unterrichtens wird Lehrern während ihrer Universitätsausbildung in Deutschland nicht beigebracht. Aber Kinder könnten Lehrern etwas von dieser Unterrichtslehre aus ihrem Erleben heraus vermitteln. Die werden jedoch nicht gefragt, obwohl sie unmittelbar betroffen sind und kompetente Ratschläge für einen guten Unterricht erteilen könnten.

Marie: »Vorrücken gefährdet!«, nur ein Warnschuss. Sind wir im Krieg? – Von der »furchtbaren Fähigkeit, sich gefühllos zu machen«

Angstmachen zählt zu den schädlichsten Mitteln der Erziehung. Im Unterricht herrscht es so selbstverständlich, dass es dafür einen eigenen Begriff gibt: *Schulangst*. Aber wer denkt an die Ängste von Christian und ungezählter anderer Kinder, wenn die Noten über sie herfallen? – Marie erschrickt, als sie im Zeugnis liest: »Vorrücken in die nächsthöhere Jahrgangsstufe gefährdet.« Ängstlich sagt sie: »Ich bin gefährdet, vielleicht muss ich sitzen bleiben.« Der Doppelsinn ihrer Worte ist ihr nicht bewusst: »Ich bin gefährdet!« Sie fühlt sich in ihrer Person bedroht, »sitzen gelassen zu werden«. Die Klassenlehrerin sagt: »Marie kommt nicht mit.« Weshalb nimmt sie das Mädchen nicht mit? Stattdessen empfiehlt sie Nachhilfe; denn die Schule ist keine Stätte, an der Kindern nachgeholfen wird. Das Helfen überlassen Lehrer dem freien Markt.

Marie und ihre Mutter wurden unsicher: »Hätten wir die Realschule wählen sollen, obwohl die Lehrerin das Gymnasium empfahl?« Sie suchten Hilfe bei der staatlichen Schulberatung. Der Bildungsberater beruhigte Marie: »Da brauchst du dich nicht zu sorgen; der Vermerk ›Vorrücken gefährdet‹ ist doch nur ein Warnschuss!« Nur ein *Warnschuss*? Wie unbekümmert ein Begriff aus dem Wortschatz des Krieges in die Schule eingeht. Sind wir im Krieg, in dem Kinder mit Schüssen gewarnt werden?

Marie versuchte verzweifelt, die Klasse zu schaffen, und nannte das einen Kampf ums Überleben. Sie sah zunehmend blass aus und litt unter Spannungskopfschmerz; der drückte aus, wie überfordert sie war. Als die Lehrer sie schließlich nach Noten gerecht durchfallen ließen, war sie auf lange Zeit traumatisiert. Sie fand sich in der fremden Klasse isoliert, getrennt von Freundinnen, unbeachtet von neuen Lehrern; niemand nimmt sich einer »sitzen gelassenen« Schülerin an. Dabei möchte man meinen: Wenn ein Kind in Not gerät, stehen ihm Erwachsene bei; in der Schule ist das nicht selbstverständlich.

Maries Leistungen brachen durch diese Erlebniskatastrophe in allen Fächern ein. Sie geriet in depressive Stimmungen und litt nachts unter Aufschrecken. Durch die soziale Verletzung zerbrachen die gewohnten Bindungen des Mädchens und es verlor an Selbstachtung. Obwohl ihre seelische Erkrankung erkennbar mit schulischen Kränkungen zusammenhing, schrieben Lehrer und Schulleiterin die psychosomatischen Symptome dem Kind und seinen Eltern zu. Marie sei zu schüchtern und zu empfindsam; sie sei für das Gymnasium nicht stabil genug.

Ist denn kein Gymnasium denkbar, das Kinder wie Marie stabilisiert statt fallen lässt? Selten gestehen Lehrer ein, dass Schulschwierigkeiten eines Kindes nicht nur dessen individuelles Problem sind, sondern auch das von unpädagogischen Schulbedingungen. Lehrer erwarten, Kinder müssten schulgeeignet sein. Aber eigentlich müsste die Schule kindergeeignet sein und Lehrer müssten geeignet sein, mit Kindern eine ermutigende pädagogische Beziehung einzugehen.

Wenn Lehrer zu kindlichen Erlebniskatastrophen wie der von Marie befragt werden, lassen sie sich nicht vom Sitzenbleiberelend berühren. Mehrheitlich wollen sie die Regelung, Kinder wiederholen zu lassen, und finden es gerecht, wenn Kinder durchfallen. Sie fügen sich nicht nur den von Politikern und Schulverwaltern vorgegebenen Verordnungen, sondern bejahen sie. Diese Haltung lässt an der moralischen Professionalität von Lehrern zweifeln: Können sie mit ihrem sozialen Gewissen vereinbaren, Kindern amtlich verordnetes Leid zuzufügen?

In zahlreichen Ländern, in denen Jugendliche gute Leistungen aufweisen, werden Schüler nicht sitzen gelassen. Ist es die »Unfähigkeit, zu fühlen«, mit der Bildungspolitiker und Lehrer in Deutschland das Leiden der Kinder verursachen? Sind es Gleichgültigkeit und mangelnde Zivilcourage der Eltern, die schulische Kindernöte ohne Widerstand hinnehmen? Weil sich zu wenige Menschen in Kinder wie Marie und Christian einfühlen, lassen sie sich auch von jenen Hunderttausenden nicht berühren, die in der Schule verloren gehen. Es scheint, als hätten die verantwortlichen Politiker, Interessenvertreter, Eltern und Lehrer die furchtbare Fähigkeit, sich nach Belieben gefühllos zu machen. Diese Gefühllosigkeit gilt es zu überwinden, wenn Kinder das Glück des Lernens erleben sollen.

»In der Erziehung ist Abrüstung dringend nötig«

Viele Schüler erleben den Unterricht als gefährliche Situation, denn »in der Erziehung gibt es einen Kriegszustand, einen Krieg, in dem die Opfer prinzipiell die Kinder sind. Es herrscht Krieg: zwischen dem Erwachsenen, der stark, und dem Kind, das schwach ist. Es ist keine Übertreibung, zu sagen, dass der Lehrer oft der Verfolger des Kindes ist. Mit Hilfe der Erziehung versuchen wir, schwierige Probleme im Leben der Kinder wie auch in der Gemeinschaft der Erwachsenen zu lösen. Und ich meine, dass in der Erziehung eine Abrüstung dringend nötig ist«[2].

Mit diesen Worten empörte sich Maria Montessori über den Notendruck, die Not der Sitzenbleiber und darüber, dass die Kinder früh aussortiert werden. Die natürliche Entwicklung der Schüler werde missachtet und ihre Eigenbewegung eingeschränkt. Sie schaffte die Zensuren ab, die Schüler sollten selbstständig lernen. Seit 80 Jahren praktizieren Lehrerinnen in Montessori-Schulen und an anderen freien Schulen das Lernen in Freiheit. In Regelschulen erleben die Schüler immer noch »den Krieg« und »die Angst vor der Verfolgung«, zum Beispiel beim Abfragen, Ausfragen, Abhören, Abprüfen, Testen und Zensieren.

Zur Abrüstung in der Schule müssten die Waffen abgeschafft werden: Schüler nicht mehr sitzen lassen, sie nicht durch Noten ängstigen und verfrüht auslesen, achtsam mit ihnen umgehen. Die Kultusminister halten jedoch an den Waffen fest, mit denen Lehrer die Kinder verfolgen müssen. Treten sie nicht für ein freundliches Zusammenleben ein, weil sie sich zu wenig in Kinder hineindenken können?

Lehrer sind nicht generell Verfolger des Kindes. Viele werden durch Unterrichtsgesetze dazu gemacht. Bürokratische Reglementierung begrenzt sie darin, sich helfend auf Kinder einzulassen. Sie müssen Kinder vorschriftsmäßig kränken. Viele Lehrer überwinden zwar die ihnen auferlegte Distanz zu den Kindern, wo immer das möglich ist. Durch Erlasse werden sie jedoch daran gehindert, Lernhelfer zu sein.

Häufig beschreiben Jugendliche die Lehrer-Schüler-Beziehung als distanziert. Sie teilen Erich Kästners Einschätzung: »Unsere Lehrer besaßen zwar ein respektables Wissen, aber nicht den entsprechend respektablen Charakter. Es kann nicht früh genug da-

---

2 Maria Montessori: Die Macht der Schwachen S. 10 (1992)

rauf hingewiesen werden, dass man die Kinder nur dann vernünftig erziehen kann, wenn man zuvor die Lehrer vernünftig erzieht.«[3] Diese Erziehung ihrer Lehrer wird den Schülern verweigert. Das Wichtigste lernen Lehrer nicht: mit Jugendlichen eine helfende Beziehung einzugehen. Es müsste sofort begonnen werden, in einem breit angelegten Fortbildungsprojekt alle Lehrer pädagogisch, psychologisch und didaktisch weiterzubilden. Das wäre für die Lernfähigkeit und Bildung der Schüler wirksamer, als sie endlos zu testen, zu vergleichen, auszusondern, sie in Bildungsstandards einzuklemmen und unter Druck zu setzen. Lehrerinnen und Lehrer müssten darin unterstützt werden,

- Kinder *individuell* lernen zu lassen,
- ihnen zu ermöglichen, alles *selbst zu tun*, was sie selbst tun können,
- interessant und *verstehbar* zu unterrichten,
- sich *konfliktbearbeitend* mit Jugendlichen einzulassen,
- mit Eltern demokratisch *zusammenzuarbeiten*,
- im Lehrerkollegium kooperativ *voneinander zu lernen* und die Schule gemeinsam zu gestalten,
- sich als Lehrer durch Selbsterfahrung, Supervision, pädagogische Gruppen wahrnehmungsfähig zu machen, um die Schüler besser zu verstehen und die eigenen Probleme nicht unreflektiert an den Schülern auszuleben.

Virus im Schulsystem: Das tabuierte Thema
»Die antastbare Würde des Schülers« – auf Stefan
wirken verletzende Lehrerworte wie Gift

Ein Problem hat sich wie ein Krankheitserreger im Schulsystem eingenistet: die Einzelfälle von Lehrern, die ihre Schüler würdelos

---

3 Erich Kästner: Lesebuch S. 61 (1978)

behandeln. Dieser Machtmissbrauch kann für Kinder zum Schülerschicksal werden. Obwohl durch erniedrigendes Lehrerverhalten die demokratischen Grundrechte verletzt werden, schützen Politiker, Eltern und Lehrer die Kinder nicht vor Kränkungen durch krankmachendes Lehrerverhalten.

Stefan verfolgten die verletzenden Worte seines Lehrers bis in den Schlaf: »Das lernst du nie.« »Wie dumm sich der anstellt!« »Was hast du auf dem Gymnasium zu suchen?« »Wie kann man nur so begriffsstutzig sein.« Die Worte wirkten auf ihn wie Gift. Manche Menschen spüren lebenslang erniedrigende Worte, mit denen Lehrer sie beleidigten. Kränkende Worte können leibhaftig verwunden: die Seele und den Körper.

Stefans Lehrer, ein Oberstudienrat, liest mangelhafte Arbeiten vor, ohne die Schüler um Erlaubnis zu bitten. Schlechte Ergebnisse bei Klassenarbeiten sind die Regel – und daran seien die Schüler schuld. Schwache macht er vor der Klasse lächerlich. Der Verhaltensforscher Konrad Lorenz verglich den ausstoßenden Charakter des Auslachens mit dem Triumphgeschrei: »Das Lachen ist eine grausame Waffe, die bösen Schaden stiften kann. Ein Kind auszulachen ist ein Verbrechen.«[4] Niemand klagte das Verbrechen dieses Oberstudienrats an. Eltern und Lehrerkollegen verurteilten das kränkende Verhalten, traten aber nicht für die Kinder ein. Alle waren mit ihrem Kleinmut daran beteiligt, dass dieser Lehrer ethische Grundhaltungen außer Kraft setzen konnte. Denn am Unrecht ist nicht nur der schuld, der es begeht, sondern auch der, der es nicht verhindert.

Stefans Mutter fürchtete sich vor dem Lehrer. Aber ihr Mitleid wurde zur moralischen Kraft. Sie ging mit ihrer Angst zu ihm, griff ihn nicht an, sondern ließ sich erkennen: mit ihrem Kummer und der Not des Jungen. Sie sagte, wie kränkend sie es finde, dass er ihren Sohn bloßstelle, und bat den Lehrer, den Jungen nicht mehr zu demütigen. Der Oberstudienrat verteidigte sich: Stefan sei zu emp-

---

4 Konrad Lorenz: Das sogenannte Böse (1966)

findlich. Aber bräuchten wir in unserer Welt nicht gerade auch die empfindsamen Menschen?

Es schien, als hätte die Mutter den Lehrer doch getroffen. Vielleicht kam Scham in ihm auf über sein unfaires Verhalten; denn er demütigte den Jungen nicht mehr. Wir bräuchten viele couragierte Eltern, die Einspruch erheben, wenn Kinder durch sprachliche Gewalt erniedrigt werden. Unpädagogisches Handeln von Lehrern wird oft mit dem Satz abgetan: »Das sind ja nur Einzelfälle.« In meinen Gesprächen mit Schülern, Schulklassen und auf Schulsprecher-Seminaren ist die Kränkung durch verletzende Lehrerworte jedoch allgegenwärtig. Volker Krumm zeigt in seinen Forschungen, dass es sich nicht um Einzelfälle handelt. An Tausenden von Studenten und Lehrern fand er den Satz bestätigt: Die Würde des Schülers ist antastbar.[5]

Unter anderem ließ er in 650 Lehrerinterviews danach fragen: »Gibt es an Ihrer Schule Kollegen, die sich Schülern gegenüber kränkend, unfair oder ungerecht verhalten?« Darauf antworteten in zwei Interviewserien rund 79 Prozent der Lehrerinnen und Lehrer mit »Ja«. Schließlich fragten die Interviewer: »Haben Sie sich selbst schon einmal einem Schüler oder einer Schülerin gegenüber kränkend, unfair oder ungerecht verhalten?« Hier antworteten 83 Prozent der Lehrer mit »Ja«. »Es ist somit in den Kollegien hinlänglich bekannt, dass sich nicht nur Schüler inakzeptabel betragen, sondern auch Lehrer.«[6]

Offenheit beim Thema »verletzendes Lehrerverhalten« ist unerlässlich. Noch ist es tabu, darüber zu sprechen, dass einzelne Lehrer Kinder beleidigen, beschimpfen, überfordern, demotivieren, vernachlässigen oder bloßstellen. Der Machtmissbrauch dieser Lehrer muss Thema werden: Nur wer mit Kindern und Jugendlichen human umgehen kann, darf Lehrer sein.

---

5   Kurt Singer: Die Würde des Schülers ist antastbar (2002)
6   Volker Krumm, Susanne Weiß: Machtmissbrauch von Lehrern in Österreich (2002)

Die Lernstörung der Bildungspolitiker: Sie verordnen das Gegenteil von dem, was Schüler leistungstüchtig macht

Lehrer könnten Millionen von Schülerinnen und Schülern vor dem Schulschicksal bewahren, das Christian, Marie und Stefan erleben. Aber viele Eltern und Lehrer beunruhigt vor allem, Kinder könnten die Leistungserwartungen nicht erfüllen. Wenn Psychologen das Befinden der Schulkinder untersuchen, ruft das kein Echo hervor. Berichte über Schulängste, den Leistungsdruck, über psychosomatische und seelische Störungen, über abnehmendes Lerninteresse werden ignoriert. Aus diesen psychologischen Befunden wäre erkennbar, dass den Kindern das Lernen schwer gemacht wird.

Der einseitige PISA-Blick auf objektive Leistung und die Messung der Leistung wird Kindern nicht gerecht. Es sollte vielmehr gefragt werden: Können sich Schüler in der Schule als ganze Person entwickeln? Wie gut können sie an ihrem Lernort leben und lernen? Ergebnisse der Leistungsstudien könnten den Blick dafür öffnen, was Kinder befähigt, erfolgreich zu lernen. Aber davor verschließen die Verantwortlichen die Augen. Ihre schulpolitischen Vorstellungen gehen dahin, den Leistungsdruck zu verstärken, anstatt die Lernbedingungen zu verbessern. Derzeit sieht es so aus, als könnten Politiker nicht lesen. Sie ordnen das Gegenteil von dem an, was Reformpädagogen, Erziehungswissenschaftler und die Leistungstests nahelegen.

- In deutschen reformpädagogischen Schulen und in Ländern mit leistungsstarken Schülern gibt es keine Noten, und die Schüler lernen dabei besser. – Deutsche Kultusminister zensieren in manchen Bundesländern bereits kleine Kinder mit Ziffernzensuren und wollen immer noch mehr Noten, zum Beispiel Kopfnoten.

- *Langes gemeinsames Lernen* über acht bis zehn Schuljahre hinweg steigert die Leistung und stärkt soziale Tugenden. Je weniger das Schulsystem gegliedert ist und je später die Kinder auf unterschiedliche Schularten aufgeteilt werden, desto günstiger ist das für die Lernentwicklung.[7] Bildungspolitiker ignorieren jedoch erziehungswissenschaftliche Erkenntnisse und halten am dreigliedrigen Schulsystem fest.

- In Ländern mit guten Leistungen gibt es *kein Sitzenbleiben*. Kinder durchfallen zu lassen ist nicht nur inhuman, sondern entwicklungsstörend. Deutsche Bildungspolitiker verordnen Hunderttausenden von Kindern das Sitzenbleiberelend.

- Seit Jahrzehnten gilt als gesicherte erziehungswissenschaftliche Erkenntnis: Die *frühe Auslese benachteiligt* viele Kinder. Es ist unmöglich, im vierten Schuljahr vorherzusagen, für welchen Bildungsgang ein Kind geeignet ist. – In pädagogisch-psychologischer Unkenntnis maßen sich Kultusminister an, zehnjährige Kinder nach Hauptschule, Sonderschule, Realschule und Gymnasium auszusondern und dadurch viele Kinder in ihrer Lernentwicklung zu schädigen.

- *Unterschiedliche Anforderungen* für unterschiedliche Schüler stärken die Leistungsfähigkeit. Deshalb differenzieren Lehrer in guten Schulen den Unterricht. Sie geben den Schülern unterschiedliche Aufgaben, die sie bewältigen können. In unseren Schulen überwiegt immer noch Frontalunterricht.

- Seit Jahrzehnten ist erkennbar, dass die *Überfülle des Lernstoffes* die Kinder im Lernen behindert; sie können nur gut lernen, wenn sie sich vertieft mit Sachen befassen dürfen. Dennoch greift kein Politiker ein, um die Überfütterung der Schüler mit Lehrplaninhalten zu beenden.

- Je besser *Lehrer unterrichten*, umso mehr lernen die Schüler. Wer ein guter Lehrer sein will, muss zuvor ein guter Erzieher sein. Dazu braucht er eine pädagogische und psychologische Ausbildung. Lehrer werden jedoch überwiegend für ihr Fach ausgebil-

---

7   Untersuchung des Bildungsforschers Ludger Wößmann, in:. Karen Horn: Spätes Aussieben lohnt sich. FAZ Nr. 12 (2007)

det und nicht für den Umgang mit Kindern. Politiker halten offenbar die Schüler nicht für würdig, Lehrer so auszubilden und lebenslang fortzubilden, dass sie gut unterrichten können.

Finnische Schüler sind leistungstüchtig, weil ihre Lehrer gut ausgebildet sind. Diese lernen vor allem das Lehren. Psychologie, Pädagogik und Didaktik sind in der Lehrerausbildung Hauptfächer. Die Lehrer werden sorgfältig ausgewählt, ausgebildet und weitergebildet. 2007 bewarben sich an der Universität Helsinki 1300 Studenten für den begehrten Beruf des Grundschullehrers um die 120 Studienplätze. Sie mussten sich einem Aufnahmeverfahren über ihre Eignung unterziehen. Was im Lehrersein Hauptsache ist, nämlich angewandte Pädagogik, die Fähigkeit, mit jungen Menschen umzugehen, wird in Ländern mit guten Schülerleistungen zur Hauptsache – bei uns bleibt sie Nebensache.

Es scheint, als habe bei der Mehrzahl der Politiker, welche die Bildungspolitik bestimmen, die pädagogische Vernunft keine Chance, obwohl so viele Lehrer im Bundestag und in den Landtagen sitzen – oder gerade deshalb? Die schulpolitisch Verantwortlichen und Lehrer bemühen sich nicht um pädagogische und didaktische Sachkenntnis, wie sie die reformpädagogische Bewegung seit 100 Jahren bereitstellt. In Unwissenheit bestehen sie auf einer Schulpolitik, mit der sie den Kindern schaden. Schulen, die sich von einer humanen Pädagogik leiten lassen, setzen die menschliche Beziehung vor die messbare Leistung. Schüler könnten sich über die erziehungswissenschaftlichen Erkenntnisse freuen, wenn die Erwachsenen daraus lernen würden, etwa am Beispiel Südtirol.

Dort zeigen die Schüler bessere Leistungen als in Deutschland; die Kinder lernen in Gemeinschaftsschulen. Kinder besuchen bis zur 8. Klasse eine gemeinsame Schule, werden nicht voneinander getrennt nach Hauptschule, Realschule, Gymnasium, werden nicht ausgesondert, nicht ausgesiebt. Sie bekommen keine Noten, werden nicht sitzen gelassen, werden bis zum Abitur nicht ständig miteinander verglichen, sondern gefördert. Lehrer respektieren die

Schüler in ihrer Eigenart. Sie schaffen Lern- und Lebenserfahrungen, die das Selbstbewusstsein der Jugendlichen festigen und ihre persönlichen Stärken freisetzen. Die Schule integriert auch körperlich und geistig behinderte Kinder. Die Schüler unterstützen sich gegenseitig und erleben dabei die Sicherheit:»Ich gehöre dazu.«

Die »Torheit der Regierenden« und der »Gehorsam der Regierten« verhindern eine Schulreform

Es gibt Bildungspolitiker, die lassen sich weder von erfolgreichen Schulmodellen beeindrucken noch von Kritik. Da mag der Menschenrechtsbeauftragte der Vereinten Nationen auf Mängel hinweisen: das dreigliedrige Schulsystem benachteilige durch die frühe Auslese Schwache, Kinder aus armen Elternhäusern und Migrantenfamilien; es wirke »extrem selektiv« und diskriminiere Behinderte. – »Lächerlich!«, entgegnet ein Abgeordneter. Er setzt sich nicht argumentativ mit der Kritik auseinander, sondern wiederholt sein Vorurteil: In der »Einheitsschule« würden intellektuell begabte Kinder zu wenig gefördert. Auf differenzierte Zusammenhänge lassen sich solche Politiker nicht ein.

Richard von Weizsäcker[8] nennt es »Stromlinienförmigkeit«, mit der parteiabhängige Politiker an Selbstständigkeit und Qualität verlieren:»Bei uns ist ein Berufspolitiker im Allgemeinen weder ein Fachmann noch ein Dilettant, sondern ein Generalist mit dem Spezialwissen, wie man politische Gegner bekämpft. Der Hauptaspekt des ›erlernten‹ Berufs unserer Politiker besteht in der Unterstützung dessen, was die Partei will, damit sie einen nominiert, möglichst weit oben auf der Liste. Man lernt, wie man die Konkurrenz der anderen Partei abwehrt und sich gegen die Wettbewerber im eigenen Lager durchsetzt.«

---

8 Richard von Weizsäcker: Im Gespräch mit G. Hofman und W. A. Perger (1992)

Bei diesem Spezialwissen, den politischen Gegner zu bekämpfen, geht die Wahrnehmung für soziale Gerechtigkeit gegenüber Kindern verloren. Die spielen als Nichtwähler für die Machterwerbstaktik keine Rolle. Statt unterschiedliche Erfahrungen auszutauschen und sich gegenseitig zu bereichern, kommt es zum »Schlagabtausch«. Millionen Schülereltern hätten allerdings politisches Gewicht, um bei den Regierenden einen Bewusstseinswandel einzuleiten. Sie bleiben jedoch mehrheitlich politisch untätig: »Dagegen kannst du ja doch nichts ausrichten«, sagen sie, »von den Politikern ist nichts zu erwarten.« »Es ist Mode«, schreibt Carl Friedrich von Weizsäcker[9], »sich über die Politiker zu beklagen, aber unsere Politiker haben wir selber gemacht. Die Menschen könnten die Politiker zu kooperativer Vernunft zwingen, wenn sie selbst diese Vernunft wollten. Die gewählten Politiker drücken die offenkundigen oder geheimen Wünsche ihrer Wähler aus. Deshalb ist Bewusstseinswandel eine Vorbedingung des Strukturwandels. Er verlangt eine hohe intellektuelle Anstrengung derer, die dazu fähig sind.«

Diese intellektuelle Anstrengung bringen noch zu wenige Menschen auf. Lehrer und Eltern unterwerfen sich Verordnungen, mögen diese noch so fragwürdig sein. Da fiel bayerischen Politikern ein, Kinder mit Kopfnoten in ihrem Sozial-, Lern- und Arbeitsverhalten in sieben Unterkategorien mit den Buchstaben A bis D zu bewerten. Als gehorsame Staatsdiener stöhnten die Grundschullehrerinnen unter der Last bürokratischer Willkür. Aber weder protestierten sie wirksam, noch leisteten sie sozialen Widerstand. Sie und die Schülereltern hätten die demokratische Macht aufbringen können, das unpädagogische Vorhaben zu blockieren. Aber sie setzten ihre vielstimmige Klage nicht in Protest und Widerstand um. Vier Jahre danach nahmen die Politiker die Bestimmung wegen allgemeiner Unzufriedenheit zurück – die Kopfnoten blieben jedoch.

Da liegt es nahe, der Historikerin Barbara Tuchman zuzustimmen. Ihr Buch »Die Torheit der Regierenden« handelt vom Phä-

---

9 Carl Friedrich von Weizsäcker: Bewusstseinswandel S. 43 (1988)

nomen der Unfähigkeit bei Machthabenden. Sie kommt zu dem Schluss[10], »dass die Macht häufig dumm macht und Torheit erzeugt. Die Macht, Befehle zu erteilen, kann dazu führen, das Denken einzustellen. Die Verantwortlichkeit der Machthabenden schwindet in dem Maße, wie ihr Handlungsspielraum wächst«.

Um der Lernstörung und dem Machtmissbrauch von Politikern entgegenzuwirken, bedarf es einer starken Bewegung von unten. Wenn sich Bürgerinitiativen sozial engagierter Lehrer, Eltern, Psychologen und Ärzte, Sozialpädagogen und Schüler solidarisieren, können sie die Regierenden aus ihrer Gleichgültigkeit aufschrecken. Viele Eltern und Lehrer passen sich jedoch schlimmen Zuständen an. Sie werden nicht von den Machthabenden entmündigt, sondern betreiben ihre Selbstentmündigung als Bürger. Aus dieser Autoritätshörigkeit müssten Eltern und Schüler heraustreten und sich für eine gerechte Schule einsetzen. In ihr wird die Würde jedes einzelnen Kindes geachtet.

---

10 Barbara Tuchman: Die Torheit der Regierenden S. 47 (1985)

2 Retten Nachhilfe-Mütter und Paukstudios den Unterricht?

Schülerhilfe gehört in die Schule – nicht auf den freien Markt

Ich bin im Nebenberuf Hauslehrerin, obwohl ich den Beruf nicht gelernt habe; ich werde auch nicht bezahlt dafür. Jetzt haben wir heute eine Fünf bekommen, das bedeutet, dass Vanessa durchfällt. Wir sind ganz verzweifelt.
Aus dem Gespräch mit einer »Nachhilfe-Mutter«

Wie würden die Leistungstests ohne Nachhilfe-Mütter ausfallen? – Gute Noten, teuer bezahlt

Viele Mütter unterrichten nachmittags, abends, sonntags und in den Ferien. Unentgeltlich arbeiten sie den Lehrern zeitaufwendig nach. In 54 Prozent der Nachhilfefälle sind sie die Hauptunterstützungsperson. Andere Nachhelfer machen den unzureichenden Schulunterricht zum Verdienst: Studenten, professionelle Nachhilfelehrer, Pädagogen und Psychologen, beamtete Lehrer. Holen sie für das Nebeneinkommen nachmittags nach, was ihre Kollegen vormittags versäumten? Über das ganze Land verstreut kümmern sich

Paukschulen um Jugendliche, die in der Schule nicht mitkommen dürfen. Weshalb werden sie nicht von ihren Lehrern an die Hand genommen, wenn sie sich schwertun? Deren Eltern lassen die Kinder dann kostspielig nachsitzen, wenn sie es sich leisten können.

»Nachhilfeunterricht ist eine Möglichkeit, schulische Lerndefizite auszugleichen«, heißt es in der Jugendstudie 2006[11]: »Der Anteil der Jugendlichen, die Nachhilfe in Anspruch nehmen, hat sich deutlich erhöht. Fast jeder vierte Schüler nimmt Nachhilfe.« Wäre nicht die Schule dafür zuständig, Lerndefizite auszugleichen? Zumal manche Lehrer die Lerndefizite selbst verursachen: durch einen Unterricht, der sich um das einzelne Kind wenig kümmert. Reformpädagogische Schulen lassen Lernmängel erst gar nicht entstehen. In ihnen unterrichten Lehrer die Kinder individuell und in Gruppen statt frontal. Sie orientieren sich nicht nur am »Stoff, der durchgenommen werden muss«, sondern vor allem an den Schülern.

Neuerdings nehmen nicht nur Gymnasiasten und Realschüler Nachhilfe, sondern auch ein Fünftel der Grundschüler. Sie werden für den Auslesedruck vorbereitet, um den Sprung aufs Gymnasium zu schaffen. In allen größeren Orten prangen Plakate: Schülerhilfe, Pannenhilfe, Soforthilfe, ambulante Unterrichtshilfe; es gibt Fitnesskurse zur Aufnahmeprüfung, für den Übertritt, für die Nachprüfung, den Probeunterricht, die Abschlussprüfung. Immer mehr Firmen werden gegründet, auch ein Kaffee-Discounter handelt mit dem Nachhilfeunterricht eines Bildungsunternehmens. Die Eltern zahlen 10 bis 40 Euro für die Stunde an Lernberater, Hausaufgabenbetreuer, Motivationstrainer, Dyskalkulietherapeuten, mobile Lernzentren, Legastheniestudios und so fort.

Kinder wenig verdienender Eltern dürfen auf solche Hilfe nicht hoffen. In der Klasse 9 a galten zehn Kinder als im Vorrücken gefährdet, Tanja durfte aufsteigen, Neda nicht, denn ihr Vater ist beim Straßendienst beschäftigt und konnte sich die Nachhilfehonorare nicht leisten. Tanjas Vater ist Jurist, die Mutter Lehrerin; sie ge-

---

11 Shell Jugendstudie S. 69 (2006)

währten ihrer Tochter wöchentlich drei Nachhilfestunden in Mathematik und Latein, damit retteten sie ihr und sich das Schuljahr. Tanja durfte ohne Verdienst der Schule aufsteigen, Neda wurde mit der ganzen Härte des Schulsystems fallen gelassen, mit ihr sechs andere Kinder der Klasse.

Auch am Nachhilfeunterricht werden die soziale Ungerechtigkeit und die Politik der Ausgrenzung sichtbar. Der UN-Bildungsbericht 2007 beschuldigte deutsche Schulen, bestimmte Schüler nicht nur zu benachteiligen, sondern deren Menschenrecht auf Bildung zu verletzen: »Mit dem derzeitigen System ist die Gefahr verbunden, dass in Deutschland lebenden Mädchen und Jungen das Recht auf Bildung vorenthalten wird.« Statt Einbeziehung sei Trennung die Bildungsstrategie.

Armutszeugnis: »Ohne Nachhilfe könnte das Gymnasium kaum bestehen« – 30 Prozent der Schüler brauchen Nachhilfe

In einer Studie über Nachhilfe bei Gymnasiasten zeigten Andrea Abele und Eckart Liebau[12] auf: »Mehr als die Hälfte der Eltern hilft ihren Kindern wöchentlich mindestens eine Stunde, mehr als 10 Prozent helfen sogar sechs und mehr Stunden. Den meisten Aufwand erfordert Vokabeln abhören, Klassenarbeiten vorbereiten, schwierige Inhalte erklären, Gespräche über den Schulstoff führen, Hausaufgaben kontrollieren, zusätzlich üben.« Nachhilfe ist für viele Schüler während langer Zeiten des Schulbesuchs notwendig, denn in weiterführenden Schulen ist nicht vorgesehen, dass Lehrer den Kindern helfen.

---

12 Andrea Abele, Eckart Liebau: Wie viel Nachhilfe brauchen Schülerinnen und Schüler bayerischer Gymnasien? In: Die Deutsche Schule Nr. 90 (1998)

Oft unterstützen Mütter ihre Kinder unter schwierigen Bedingungen: Die Nachhilfe belastet sie zeitlich, manchmal lernen sie den Stoff selbst nach. Sie übernehmen Aufgaben, die von Lehrern geleistet werden müssten, nämlich: das Lernen intensivieren – neue Aufgaben durcharbeiten – die Kenntnisse persönlich verstehen – das Gelernte üben – Wissen einprägen – kontrollieren, ob das Gelernte »sitzt« – Lücken auffüllen – aus Fehlern lernen. Dieses vertiefte Lernen ist für den Lernerfolg wichtig. Aber Lehrer nehmen sich im Dreiviertelstundentakt keine Zeit dafür. Gelernt soll zu Hause werden.

In der Studie von Abele und Liebau heißt es: Das Gymnasium ist darauf angewiesen, dass Eltern mithelfen: »Mütter und Väter werden ganz selbstverständlich als ›Hilfslehrer‹ erwartet. Ist es nicht ein pädagogisches Armutszeugnis, wenn eine Schulart für die Erfolge ihrer Schüler in solchem Ausmaß außerschulische private Unterstützung anfordert und braucht?« Was sagen Mathematiklehrer? In ihrem Fach wird mit 57 Prozent am meisten nach Privatunterricht gefragt. Liegt es an der Mathematik, die schwierig ist – und weshalb wird dann den Schülern nicht erst recht geholfen? Liegt es an unbegabten Schülern oder an unbegabten Lehrern, die Mathematiker sind, aber nicht unterrichten können? Oder liegt es an einer pädagogisch unaufgeklärten Schulbehörde, zum Beispiel dieser: Eltern wandten sich im Ministerium an den Referenten für Mathematiklehrer. Sie beschwerten sich über einen Oberstudienrat, der ein Angstklima aufbaut, das die Kinder krank macht. Regelmäßig lässt er ein Drittel bis zur Hälfte der Schüler durchfallen. Der Ministerialbeamte weist die Eltern ab: »Mathematik geht nicht ohne Angst!« Dieser Schulbürokrat maßt sich an, ohne Sachkenntnis, aber ausgestattet mit Macht, die Pädagogik zu ignorieren: »Wissen sie, ich halte nichts von Psychologie.« Schülereltern müssten sich sachverständig machen und zu Tausenden dafür eintreten, dass Kinder ohne Angstdruck unterrichtet werden.

Auch ein PISA-Befund bringt einen Beitrag zu den Gründen für die häufige Nachhilfe in Mathematik: »In 35 Prozent der Klassen beschreiben Schülerinnen und Schüler einen Mathematikunterricht, in dem die Lehrkraft ihrer fachlichen und persönlichen Verantwortung nicht gerecht wird. In hohem Maße bedenklich muss es jedoch sein, wenn in 15 Prozent der untersuchten Klassen Schüler im Mathematikunterricht eine Situation vorzufinden meinen, die durch pädagogische Verantwortungslosigkeit, mathematische Einfallslosigkeit und Rücksichtslosigkeit im Durchgang durch den Stoff gekennzeichnet ist.«[13] Solche Lehrer übersehen Kinder glatt. Sie handeln nur als Lehrplanvollzugsbeamte. Ihr Lehrplan wirft jedoch speziell für dieses Nachhilfefach die Frage auf: Weshalb müssen alle Schüler mit einer lebensfernen Mathematik traktiert werden, statt rechnen zu lernen?

Die Kritik gilt nicht nur für Mathematiklehrer. »Ohne Nachhilfe wirst du das Schuljahr nicht schaffen«, sagt der Französischlehrer zu Max. Er denkt nicht daran, wie diese negative Erwartung entmutigen kann. Dabei könnte vor allem er dem Schüler helfen, er könnte ihn auffangen, statt ihn fallen zu lassen. In dem Theaterstück »Klasse Klasse«[14] singen die Schüler: »Gut, gut, gut, aber nicht gut genug, leider, leider nicht gut genug!« Die Schüler werden abqualifiziert, ohne dass Eltern und Lehrer fragen, ob denn der Unterricht gut genug ist, wenn 20–30 Prozent[15] der Schüler Nachhilfe brauchen. Die Untersuchung von Andrea Abele und Eckart Liebau gipfelt in der Aussage: »Ohne Nachhilfeunterricht und häusliche Mithilfe könnte das Gymnasium mit seinen Anforderungen kaum bestehen.«

---

13 PISA 2003 S. 345 (2004)
14 Klasse Klasse. Theaterstück von Ramses Sigl und Dagmar Schmidt (2002)
15 Unter anderem: Münchner Institut für Jugendforschung, SZ 6.4.2004

Kurzer Prozess: »Wer's nicht schafft, gehört nicht hierher« – Eltern sollten Schülerhilfe in der Schule fordern

Obwohl Nachhilfeunterricht häufig vorkommt, gilt er oft als verschwiegenes Thema. Eltern geben ungern zu, dass ihr Kind Nachhilfe braucht. Manche erleben es als persönliche Kränkung, wenn das Kind auf der »höheren Schule« überfordert ist. »Wer das Gymnasium nicht schafft, ist auf der falschen Schule«, sagen manche Gymnasiallehrer. Es liege nicht am Lehrgeschick der Lehrer, meinen sie, wenn Schulklassen in Klassenarbeiten mangelhafte Leistungen aufweisen, sondern am Ungeschick der Schüler.

Es verwundert, wie wenige Eltern kritisieren, dass ihren Kindern nicht in der Schule nachgeholfen wird, sondern nachmittags ein Heer privater Nachhilfelehrer auf den Plan tritt. Sie könnten doch fragen: Was geschah vormittags im Unterricht, wenn nachmittags Tausende von Nebenschulen aktiv werden müssen? Gelegentlich kommt es zu regelrechten Katastropheneinsätzen, etwa wenn eine Klassenarbeit ansteht.

Es gibt Eltern, die ihr Kind um jeden Preis aufs Gymnasium zwingen: auch um den Preis, Schüler zu überfordern, ihnen bedrückende Misserfolge zuzumuten und das Selbstwertgefühl der Kinder zu schädigen. Andere besorgte Eltern stehen wegen der frühen Auslese unter Druck, sie möchten nichts versäumen. Aber sie kommen nicht auf die Idee, gegen die Unpädagogik der Schule zu protestieren, mit der Kinder an kommerzielle Nachhelfer abgeschoben werden.

Wenn man Mütter und Väter befragt, weshalb ihr Kind Nachhilfe braucht, sagen sie zu Beginn der Gymnasialzeit: die Umstellung von der Grundschule auf das Gymnasium sei schwierig, die Stoffmengen seien zu umfangreich, die Schüler bekämen nicht ausreichend Zeit, um in Ruhe arbeiten zu können, der Unterricht sei zu unpersönlich, die Lehrer redeten zu viel und zu abstrakt, sie könnten nicht verständlich erklären, auf langsame Kinder werde keine Rücksicht genommen.

Die Eltern sehen genau die im Unterricht liegenden Ursachen. Aber sie nehmen sie hin wie ein unabwendbares Schicksal, das über Kinder und Eltern hereinbricht. Dabei wären die Aussagen der Nachhilfeeltern ein Reformkatalog, der sofort konstruktiv in die Tat umgesetzt werden könnte, wenn Eltern in großer Zahl dafür einträten, gemeinsam mit Lehrern für einen sanften Übergang von der Grundschule in die weiterführende Schule zu sorgen, die Lehrpläne von sinnlosen Lerninhalten zu befreien, eine Halt gebende Lehrer-Schüler-Beziehung aufzubauen, auf die Individualität des Kindes, auf sein Arbeitstempo und seine Leistungsfähigkeit Rücksicht zu nehmen.

Auf späteren Schulstufen antworten die Eltern anders auf die Frage, weshalb Nachhilfe notwendig sei. Zwar gilt weiter, was sie zu Beginn der Gymnasialzeit zutreffend als Mängel der Schule angaben. Aber jetzt wird die Arbeitshaltung der Jugendlichen kritisiert. Die Schüler seien nicht bereit, sich anzustrengen, sie interessierten sich nicht, seien zu faul, befänden sich in der Pubertät – also die Pubertät abschaffen? –, zeigten sich zu wenig motiviert. Dass Faulheit Ausdruck von Resignation sein kann, dass Desinteresse mit kindfernen Lehrplänen zusammenhängt, langweiliger Unterricht am Leben der Schüler vorbeigeht, dass geringe Anstrengungsbereitschaft Symptom von Entmutigung durch Misserfolg sein kann, dass verletzendes Lehrerverhalten das Selbstwertgefühl beschädigt, dass die vergebliche Hoffnung auf Erfolg den Willen zur Leistung lähmt: Das darf nicht gesehen werden. Wenn Eltern und Lehrer die Schuld den Schülern zuweisen, brauchen sie sich nicht kritisch mit Schulbedingungen auseinanderzusetzen; Schule kann, bleiben wie sie ist.

Erfreulich ist die Bilanz für Nachhilfeinstitute; sie können stolz darauf sein, dass ihre Arbeit als »Partner fürs Lernen« gepriesen wird. Zum Beispiel die »Schülerhilfe«, vor über dreißig Jahren von zwei Lehrerstudenten gegründet und inzwischen auf fast tausend Zweigstellen in Deutschland und Österreich angewachsen. In der Schule hingegen geschah in den letzten dreißig Jahren nichts, um

Schülern zu helfen, statt sie auszusieben und an Nachhilfelehrer abzuschieben.

Nachhilfe für Lehrer, statt für Schüler? – »Wir Gymnasiallehrer haben nicht die geringste Ahnung von Kindern«

Lernbedingungen der Individualisierung werden von vielen Lehrern ignoriert; sie führen konsequent den Rede- und Frontalunterricht fort: »Zwei Drittel der Schulleitungen geben an, die Lehrkräfte gingen nicht genügend auf die individuellen Schülerbedürfnisse ein. Das zweithäufigste Problem ist der Widerstand gegen Veränderungen im Kollegium.«[16] Dieser Widerstand ist ein Grund für das niedrige schulpädagogische Niveau deutscher Schulen. Lehrer, die den Unterricht verändern wollen, müssen sich nicht selten gegen Schulordnung und Unterrichtsgesetz stellen, um pädagogisch handeln zu können. Die Vorschriften sind immer noch auf den Gleichschritt der Schüler ausgerichtet statt auf Vielfalt.

»Ich bin in Englisch einfach nicht mehr mitgekommen, obwohl ich mich angestrengt habe«, sagt die vierzehnjährige Kathi. »Jetzt bezahlen mir meine Eltern Nachhilfe, das gebe ich offen zu. Im Unterricht wird der Stoff durchgezogen, egal, ob du folgen kannst und das Neue verstehst oder ob du nur hilflos dabeisitzt.« Die PISA-Studie bestätigt, dass sich Schüler alleingelassen vorkommen: »In Gymnasien wird eine signifikant geringere Lehrerunterstützung wahrgenommen. Insgesamt lassen die Ergebnisse den Schluss zu, dass es aus Schülersicht noch erhebliche Möglichkeiten zur Qualitätsverbesserung des Unterrichts gibt.«[17] Das gilt nicht nur für das Gymnasium.

---

16 PISA 2003 S. 299, 317 (2004)
17 PISA 2000 S. 498 (2001)

Für diese Qualitätsverbesserung müssen Lehrerinnen und Lehrer die Schülersicht ernst nehmen, sich um die Lernschwierigkeiten der Jugendlichen kümmern, Kritik aufgreifen und die Schüler den Unterricht mitgestalten lassen; denn die Jugendlichen spüren am eigenen Leib, was ihnen dabei hilft, gut zu lernen. Das kann Lehrern helfen, gut zu lehren.

»Wir Gymnasiallehrer haben nämlich, unter uns gesagt, nicht die geringste Ahnung von Kinder- und Jugendpsychologie und erst recht keine Ahnung vom Umgang mit schwierigen, verhaltensauffälligen Kindern, wir haben auch keine Ahnung von modernen Lerntheorien, und wir haben keine Vorstellung und keine Kenntnis von dem, wie eine gute Schule aussehen müsste. Das aber heißt: Wir verstehen nichts von Kindern, wir verstehen nichts vom Lernen und wir verstehen nichts von dem Betrieb, in dem wir arbeiten. Es fehlt uns also nahezu jede Grundlage – Basiskompetenz – für unsere Profession.«

Das schreibt Marga Bayerwaltes[18]; sie war 25 Jahre Gymnasiallehrerin. Statt der Schüler müssten Lehrer Nachhilfeunterricht bekommen: in Form lebenslanger pädagogischer, didaktischer und lernpsychologischer Fortbildung. Mit dieser Hilfe ginge es ihnen selbst besser. Schließlich ist es ein oft beredetes, aber in schulpraktischer Konsequenz kaum ernst genommenes Alarmsignal, dass sich viele Lehrer überfordert fühlen: Sie resignieren, werden krank, lassen sich so häufig frühpensionieren wie kaum ein anderer Berufsstand. Es gibt Wege, den Lehrerschicksalen vorzubeugen, damit sie nicht zu Schülerschicksalen werden, nämlich Lehrer in ihren pädagogischen und unterrichtlichen Fähigkeiten zu stärken, damit ihnen der Unterricht Freude macht – und den Schülern. Nachhilfe für Lehrer statt für Schüler? Womöglich stört manchen Lehrer der Begriff »Nachhilfe«, der hier für »Weiterbildung« steht. »Nachhilfe« hat einen Beiklang von Geringschätzung, nicht nur für Lehrer, auch für Schüler.

---

18 Marga Bayerwaltes: Große Pause! S. 89 (2002)

In vielen Berufen ist es undenkbar, dass Angestellte ohne Fortbildung auskommen; sie müssen ihre Weiterbildung regelmäßig nachweisen. Bei Lehrern ist es möglich, dass Kollegen Jahrzehnte unterrichten, ohne ein pädagogisches Buch gelesen oder eine psychologische Veranstaltung besucht zu haben. Für die Fortbildungsleiter und die Teilnehmer ist es eine Freude, mit motivierten Lehrern in freiwilligen Gruppen und Seminaren zu arbeiten. Für viele Schüler ist es eine Katastrophe, dass nicht alle Lehrer ihre unterrichtlichen Fähigkeiten verbessern müssen. Das will der »Aktionsrat Bildung«[19] ändern. Er schlägt vor: Alle Lehrer müssen sich regelmäßig fortbilden und ihre Qualifikation verbessern.

Was müssen Lehrer lernen, um Kindern nachhelfen zu können? – Unterrichtspsychologische Standards

Es ist in den Ministerien viel die Rede davon, was die Schüler in einem bestimmten Alter »beherrschen« sollen. Dazu werden Bildungsstandards aufgestellt, die dazu dienen, die 3000 verschiedenen Lehrpläne in den 16 Bundesländern einander anzunähern. Ebenso wichtig wären unterrichtspsychologische Standards für Lehrerinnen und Lehrer. Vorausgesetzt, Lehrer lassen sich auf eine gute pädagogische Beziehung mit den Kindern ein und sie sind interessiert an ihrem Fachgebiet, vielleicht sogar begeistert. Dann können sie:

- lernen, wie man Kindern hilft, *selbsttätig* zu sein, wie man als Lehrer wenig spricht, dafür die Schüler alles tun lässt, was sie selbst tun können, zum Beispiel sinnentnehmend lesen statt zuhören.
- Lehrer sollen lernen, wie man den Lernstoff aufbereitet, damit er für Schüler durchschaubar und *verstehbar* wird, wie man an-

19 Aktionsrat Bildung (2007)

schaulich erklärt und die Schüler aktiv am Prozess des Verstehens beteiligt.

- Sie müssen lernen, wie man *alle Sinne* anspricht, wie man durch Mehrfachinformation den unterschiedlichen Lerntypen gerecht wird: sprechen, schreiben, lesen, unterstreichen, markieren, strukturieren. Schüler können das Neue durch mehrerlei Eingangskanäle erfassen.

- Lehrer sollen lernen, das *Interesse* der Jugendlichen zu wecken und diesem zu folgen; interessierte Schüler lernen erfolgreicher, denn die Sache geht sie persönlich an. Sie gelangen zu eigenständigem Denken, wenn sie fragen dürfen.

- Sie können lernen, wie man Kinder das *Lernen lehrt*, wie man sie in Methoden geistigen Arbeitens einführt, die es ihnen selbst möglich machen, Wissen zu finden, Fähigkeiten zu erwerben: durch Sachbücher, Nachschlagewerke, Computer, Arbeitsmethoden.

- Lehrer müssen erkennen, dass *jedes Kind anders* ist. Es gilt, den lernpsychologischen Widersinn zu verbannen, alle Schüler zur gleichen Zeit, im gleichen Tempo, über die gleiche Sache, auf dem gleichen Niveau, mit der gleichen Methode zu unterrichten; stattdessen gilt es, durch differenzierenden und individualisierenden Unterricht jedes Kind zu dem ihm möglichen Ziel zu führen.

- Lehrer müssen lernen, wie man im Unterricht mit den Kindern übt, statt das *Üben* ausschließlich in die Hausaufgaben zu verschieben.

- Sie müssen lernen, Schüler in Partner- und *Kleingruppenarbeit* einzuführen und sie darin selbstständig arbeiten zu lassen.

- Lehrer sollen lernen, wie man ein schulisches *Helfersystem* aufbaut, in dem Stärkere den Schwächeren helfen, Ältere den Jüngeren beistehen, wie Lehrer mit speziellen didaktischen Fähigkeiten lernschwache Kinder in Gruppen unterrichten.

- Sie müssen den Mut finden, *Lerninhalte auf den Sinn hin zu überprüfen*, den sie für das jetzige Leben der Schüler und für das spätere Erwachsenenleben haben, und die Stoffmengen so zu kürzen, dass weniger durchgenommen, dafür mehr gelernt wird.

- Lehrer sollen lernen, wie sie nicht nur Stoff durchnehmen, sondern für das Lernen verantwortlich sein können. Sie sollten *Lernhelfer* sein und es als ihre Aufgabe ansehen, das Lehrplanpensum pädagogisch vernünftig auf die Fassungskraft der Kinder hin zu kürzen und jedem einzelnen Kind zum Lernerfolg zu verhelfen, allerdings nicht allen zum gleichen Erfolg. Diese Verantwortung für den Unterrichtserfolg darf nicht hinter die Erfüllung des Pensums zurückgestellt werden.
- Lehrer sollten den Mut aufbringen, *sich amtlichen Vorschriften zu widersetzen*, die das pädagogische Handeln einschränken.

Es gibt Schulen, in denen Lehrer fortlaufend daran arbeiten, ihr pädagogisches und didaktisches Handeln zu verbessern. Dort weisen die Schüler nicht nur gute Leistungen auf, in ihnen wird private Nachhilfe überflüssig. In Finnland nimmt nur jeder fünfzigste Schüler Nachhilfe, in Deutschland jeder fünfte.

Kinder beneiden die Erwachsenen um den Achtstundentag – Wochenende ohne Hausaufgabe?

Ganztagsschulen erleichtern das Nachhelfen, allerdings lösen sie nicht das Problem unzulänglichen Unterrichts. Aber Lehrer können sich nachmittags um Kinder kümmern, besonders um jene, die zu Hause nicht auf Unterstützung hoffen dürfen. Dabei erkennen sie, wie erfolgreich oder wirkungslos ihr Unterricht war. Tagesschulen müssen dafür sorgen, dass die Schüler nach Schulschluss tatsächlich mit der Arbeit fertig sind.

Ganztagsschulen sollten ein Angebot sein, aber nicht Pflicht für alle. Es gibt Kinder, die es als Kasernierung empfinden, den ganzen

Tag in der Schule verbringen zu müssen. Sie möchten selbst bestimmen, wie sie ihre Zeit für Arbeit und freies Tätigsein einteilen. Sie wollen eigenständig gestalten, ihren Interessen nachgehen, ohne ständig überwacht zu werden. Andere schätzen den ruhigen Raum zum Arbeiten, das Für-sich-Sein, das ihnen in der Schule nicht ermöglicht werden kann.

Viele Schüler beneiden ihre Eltern um einen geregelten Achtstundentag und das freie Wochenende. Vor Jahrzehnten forderte eine Gewerkschaftsinitiative das arbeitsfreie Wochenende: »Samstags gehört der Papa mir!« Jetzt könnten die Väter eine Kampagne starten: »Samstags gehört das Kind der Familie – und sonntags sowieso!« Zahlreiche Kinder sind nicht nur am Wochenende mit Schulaufgaben belastet. Sommerschule statt Sommerferien haben jene, die durch eine Nachprüfung verhindern wollen, dass Lehrer sie sitzen lassen. Diese Schüler bekommen auch in den Ferien den Druck nicht los.

In Reformschulen zeigt sich: Lernen kann so organisiert werden, dass Nachhilfeunterricht überflüssig wird. Dazu müssten Eltern, Lehrer und Schüler für eine Schule eintreten, in der Lehrer den Kindern helfen. Die pädagogische Vernunft, deren es dazu bedarf, ist bei Kultusministern wenig zu spüren. Die Kinder müssen die unsinnige Stofffülle bewältigen, die ihnen lebensferne Lehrpläne vorschreiben. Die Kultusminister bringen es nicht fertig, den Lehrstoff auf ein vernünftiges Maß zu verringern. Sie reden jahrzehntelang über die Entrümpelung der Lehrpläne, aber sie handeln nicht. Für ihre verfehlte Reform des achtstufigen Gymnasiums lassen sie mitleidlos die überforderten Kinder büßen. Einige Kultusminister und Bildungspolitiker weigern sich sogar, die Wochenstundenzahl von 33 auf 31 Stunden zu verkürzen. Sie verschwenden keinen Gedanken darauf, wie es den Kindern bei der Überforderung durch die Stoffvöllerei geht.

Viele Schüler, Eltern und Lehrer nehmen wahr, wie gleichgültig die Bildungspolitiker den Kindern gegenüber sind – und wie reformunfähig. Die Bundesbildungsministerin meint allerdings, Kultusminister sollten als Autoritäten mehr geachtet werden: »Lehrer werden nicht im notwendigen Maß als Autoritäten geachtet, das Gleiche gilt für Kultusminister.«[20] Beruht denn Autorität nicht auf besonderer Leistung, auf fachlicher Kompetenz und dem daraus erwachsenden Ansehen?

Die seelische Last, die Schulkindern aufgebürdet wird, ist heute nicht weniger bedrückend als vor Jahrzehnten. Der Schriftsteller Günter Wallraff[21] gehörte zu den Schülern, die keine Nachhilfe bekamen, denn seine Eltern waren arm. Er sagt von seiner Schulzeit:

Ich war ein schlechter Schüler und habe wegen der Schule Alpträume gehabt. Für mich war die Schule die schlimmste Zeit meines Lebens.

Es war für mich auf dem Gymnasium so entsetzlich, dass ich jeden Abend Angst hatte vor dem nächsten Tag. Die meisten Mitschüler hatten Nachhilfeunterricht, wir konnten uns das nicht leisten; wir lebten am Rande der Sozialhilfe. Das theoretische Arbeiten im Unterricht war nichts für mich; ich war in den abstrakten Fächern immer ein schlechter Schüler. Abends habe ich mich manchmal hingelegt und gedacht: Jetzt träum ich was ganz Schönes. Ich konnte mir dann gut vorstellen, was ich träumen wollte. Das eine Leben fand in meinen Träumen statt. Das andere war das Erwachen, da fand der wirkliche Alptraum Schule statt.

Eltern, die sich pädagogisch sachverständig machen und Mitgefühl für Kinder aufbringen, könnten Schulalpträume verhindern. Sie müssten mit Zivilcourage Einspruch gegen pädagogisches und soziales Unrecht in der Schule erheben.

20 Bundesbildungsministerin Annette Schavan in DIE ZEIT Nr. 7 (2008)
21 Günter Wallraff: Fernseh-Interview September 2007

3 Der tägliche Mini-Thriller: Ruft mich der Lehrer auf?

Den Schülern Angst nehmen und Mut machen

Das Klassenzimmer ist des Menschen größte Erinnerungskammer, und die Schulzeit eine irre Mischung aus Grusel und Frohlocken. Zum Beispiel jene Studie in Sadismus, mit der die Unterrichtsstunde von manchen Lehrern eröffnet wird: Das Ritual des Abfragens.
Streiflicht, Süddeutsche Zeitung

»Der Schreck, plötzlich aufgerufen zu werden, verfolgt mich bis heute. – Was ich wusste, war weg«

Das Ritual des Abfragens. Raus aus der Geborgenheit der Klassengemeinschaft, vor an die Tafel. Wer soll es diesmal sein, es raschelt im Büchlein, Seite für Seite, Buchstabe für Buchstabe. Der Atem stockt, das Herz will galoppieren, ein Schweißausbruch kündigt sich an. Und dann, Sekunden, bevor der Name fällt, die blitzartige Gewissheit – diesmal bist du dran: ein geheimes Wissen, das für wenige Sekunden Lehrer und Schüler teilen.

Wer diesen Mini-Thriller erinnert, erlebte es als Katastrophe, im Unterricht drangenommen zu werden[22]. Es gibt lernstörende Selbstverständlichkeiten, die Eltern, Lehrer und Schüler nicht in Frage stellen, zum Beispiel das Abfragen. Häufig begründen es Lehrer mit einer Vorschrift: Das Unterrichtsgesetz fordere mündliche Leistungsnachweise. Wer die Verordnung liest, entdeckt allerdings: Da steht nicht, dass Schüler unvorhergesehen abgefragt werden müssen. Es liegt in der Hand von Lehrern, die vorgeschriebenen mündlichen Leistungsnachweise so zu gestalten, dass die Schüler ermutigt statt geängstigt werden. »Der Schreck, plötzlich aufgerufen zu werden, geht mir bis heute nach. Die Frage ›Komm ich dran?‹ verfolgte mich ständig. Und wenn ich tatsächlich aufgerufen wurde, war alles weg, was ich gelernt hatte«, sagt eine Jugendliche.

Muss ich an der Tafel vorrechnen? Was bekomme ich für eine Note, wenn er mich ausfragt? Solche Fragen beunruhigen manche Kinder bereits beim Frühstück. In einem Unterricht, der sich an Kindern orientiert, würde man dagegen Fragen erwarten wie: Was lernen wir heute Interessantes? Welche Aufgaben schaffe ich an diesem Vormittag? Welches Thema möchte ich bearbeiten? Was kann ich zum Unterricht beitragen? – Für viele Schüler gehört es zum Wesen des Unterrichts, die Schule nicht in freudiger Lernerwartung zu betreten, sondern unter dem Erwartungsdruck, der von Lehrern ausgeht.

Eltern kennen die ängstigende Situation aus eigener Schulzeit: »Ausgefragt zu werden wurde für mich zur ›hochnotpeinlichen Befragung‹«, sagt eine Mutter. Eine andere erlebte das Abfragen als »einschüchterndes Verhör«. Wenn Kinder plötzlich aufgerufen werden, durch unangesagte Kurzprüfungen und überraschende Tests auf dem Prüfstand stehen, erleben sie Lernen als Bedrohung. Ein Schüler[23]:

---

22 Süddeutsche Zeitung: Streiflicht 3. September 2001
23 Scuola di Barbiana: Die Schülerschule. Brief an eine Lehrerin S. 124 (1970)

Während des Ausfragens in der Schule fühlte ich mein Herz stehen bleiben. Ich wünschte den anderen das, was ich für mich nicht wollte. Während des Unterrichts hörte ich nicht mehr zu. Ich dachte schon an das Ausfragen in der nächsten Stunde. Die schönsten und verschiedensten Fächer sind alle auf jenen Zweck ausgerichtet. Als ob sie nicht einer größeren Welt angehörten als jenem Quadratmeter zwischen Tafel und Katheder.

In ängstigenden Situationen wird Lernen zur Nebensache. Die Schüler konzentrieren sich darauf, die Gefahr abzuwenden, in der sie sich befinden. Armin beschreibt das so: »Meine Gedanken kreisen darum, was ich mache, um nicht drangenommen zu werden. Ich beobachte den Lehrer, um herauszufinden, wie ich dem Überfall entkomme. Wenn ich ihn interessiert angucke, nimmt er mich vielleicht nicht dran? Oder soll ich lieber wegschauen? Oder zustimmend mit dem Kopf nicken? Oder verschränke ich die Arme und schau ihm treuherzig in die Augen?«

»Ich frage nie aus!« – Eine Lehrerin ertappt die Schüler dabei, etwas zu können

Der tägliche Mini-Thriller wäre überflüssig, wenn Schulen nicht durch Zensuren, frühe Auslese und einseitiges Leistungsdenken die Erkenntnisse der Pädagogik und Psychologie außer Kraft setzten. Es gibt jedoch Lehrer, die weigern sich, wo immer sie können, Kinder nach Vorschrift zu ängstigen. Sie lassen Kinder den Lernfortschritt erleben. Bei ihnen dürfen Schüler zeigen, was sie können. Dazu erfahren sie vom Lehrer im Voraus, wann sie drankommen. Die Schüler sagen selbst, wie sie zeigen möchten, was sie gelernt haben: Sie berichten etwas, das für die Mitschüler interessant ist; sie halten ein Fünfminutenreferat zu einem Aspekt des Lernstoffs; sie erklären eine Skizze, die sie angefertigt haben; sie führen vor der Klasse ein Zwiegespräch mit einem Mitschüler. Lehrer, die Kinder zeigen lassen, was sie gelernt haben, setzen Lernenergie frei; denn die Schüler sind nicht durch Furcht abgelenkt.

»Ich frage nie aus«, sagt eine Lehrerin, »bei dieser Ausfragerei lernen die Kinder nur Angst. Gute Erfahrungen mache ich damit, die Jugendlichen anzuregen, sich von sich aus zu melden. Die Schüler wissen, dass ich niemanden blamiere. Am liebsten ist mir, ich kann sie gleichsam dabei ertappen, etwas begriffen zu haben.« Eine andere Lehrerin: »Vom Vorrechnen an der Tafel halte ich nichts, denn das verdirbt das Klassenklima. Ich trete nicht als Angstmacherin auf.« Ein Kollege: »Ich ermuntere die Schüler in Englisch, so viel wie möglich zu reden, falsche Antworten bewerte ich nicht; sie werden richtiggestellt und helfen den Kindern, aus dem Fehler etwas zu lernen. Ich möchte kein Buchhalter für Verfehlungen sein.«

In Supervisionsgruppen fragte ich Lehrerinnen und Lehrer: »Wie fordern Sie die mündlichen Leistungsnachweise für die Zensurengebung ein, ohne Angst zu machen?« – »Ich lasse Schüler, die sich dazu melden, eine Zusammenfassung der vorausgehenden Stunde vorbereiten.« – »Meine Schüler melden sich für einen mündlichen Beitrag in der nächsten Stunde an.« – »Im Französischunterricht lasse ich zu Hause Tonkassetten besprechen; die höre ich mir an und mache Notizen für die Verbesserung der Aussprache.« – »In meinem Deutschunterricht lesen die Schüler eigene Geschichten vor oder sagen ihr Lieblingsgedicht auf oder lesen einen Tagebucheintrag vor oder geben eine Leseprobe von ihrer Lektüre.« – »Ich trenne das Prüfen strikt vom Lernen. Dadurch vermeide ich, den Unterricht mit dem Ausfragen zu vermischen. Im Unterricht wird gelernt, da kann ich keine Angst brauchen. Die Zeit, die mit Abfragen vergeht, verwende ich lieber darauf, die Schüler zum selbstständigen Lernen anzuleiten.«

Eine Mathematiklehrerin sagt: »Ich möchte Kinder weder mündlich ausfragen noch mit einer Kurzprüfung überfallen, überraschende Tests finde ich unanständig. Da an unserer Schule unangesagte Kurzprüfungen vorgeschrieben sind, müssen sich die Kinder auf meine Geheimbotschaften verlassen: ›Diese Aufgaben üben wir heute so gut, dass ihr sie morgen könnt. Arbeitet die Seiten 23–25 gut durch.‹ Dann wissen die Schüler, dass eine ›unangesagte‹ Kurzprüfung folgt und sie sich darauf vorbereiten können. Ich finde es allerdings beschämend, dass ich ein lernpsychologisch richtiges Verhalten verstecken muss; ich möchte keine ›Überwachungsschule‹, sondern eine Lernschule.«

Rosemarie war eine ängstliche Schülerin. Sie sagte zu mir auf einem Klassentreffen: »Für mich war es eine Erlösung, als ich zu Ihnen in die 5. Klasse kam; ich musste nicht mehr Angst haben, aufgerufen zu werden. Ein jahrelanger Alptraum ging zu Ende. Von da ab ging ich gern zur Schule.« Sollte pädagogischer Takt gegenüber Kindern nicht selbstverständlich sein? Dieser Jugendlichen hat die kleine Aufmerksamkeit und Rücksichtnahme das Lernen erleichtert.

Als unfair erleben es Schüler, wenn sie in einer Situation aufgerufen werden, in der sie anderen Gedanken nachhängen. Der Lehrer weiß, dass sie nicht antworten können. Da wäre es anständig, die Jugendlichen zu mahnen, statt sie reinzulegen. Ich selbst habe, solange ich Lehrer war, kein Kind aufgerufen, das sich nicht gemeldet hat. Es hätte mir leid getan, einen Menschen in eine peinliche Situation zu bringen. Dabei erlebte ich, wie sich auch Schüchterne allmählich trauten, das Wort zu ergreifen.

Wenn das Stresshormon die Nervenleitung blockiert – geringere Merkfähigkeit und Gedächtnisleistung sind die Folge

Je bedrohlicher Lehrer die Schüler kontrollieren, desto weniger können sie zeigen, was sie wissen. Frederic Vester[24] führte Tests mit

---

24 Frederic Vester: Denken, Lernen, Vergessen S. 163 (1975)

Schulklassen durch. Ein behandelter Lernstoff wurde Wochen später auf verschiedene Art abgefragt. In der einen Gruppe fragte der Lehrer in freundlicher, ermutigender Weise nach dem Gelernten, in lockerer Atmosphäre und mit klarer Problemstellung. In einer anderen Gruppe erfolgte die Wissenskontrolle in einschüchternder Atmosphäre; die Schüler wurden unpersönlich und gleichgültig behandelt. Das Ergebnis war: Bei der Schülergruppe, die in einem ermutigenden Klima gefragt wurde, wussten 91 Prozent die richtige Antwort. In der Schülergruppe, die unter Angst nachdenken musste, waren es nur 50 Prozent.

Die Hirnforscher arbeiten heute mit feineren Methoden, aber die Erkenntnis bleibt die gleiche: Ein angstmachendes Unterrichtsklima stört das Lernen, ein freundliches macht leistungsfähig. »Wer Prüfungsangst hat«, schreibt Manfred Spitzer[25], »kommt nicht auf die einfache, aber etwas Kreativität erfordernde Lösung, die er normalerweise leicht gefunden hätte. Wer unter Angst lebt, wird sich leicht in seiner Situation ›festfahren‹, ›verrennen‹, der ist ›eingeengt‹ und kommt aus seinem gedanklichen Käfig nicht heraus. Besteht dagegen keine Angst, werden die Gedanken freier, offener und weiter. Dies lässt sich nicht nur subjektiv erleben, sondern im Experiment messen.«

Bei der Gefahr, vom Lehrer aufgerufen zu werden, sendet der Körper Stresshormone in den Blutkreislauf. Das Hormon Adrenalin bereitet den Körper für Höchstleistungen vor. Es erhöht den Blutdruck und mobilisiert die Fett- und Zuckervorräte. »Doch tief im Inneren unseres Gehirns bewirken die Stresshormone noch etwas anderes: Sie beeinflussen den Kontakt zwischen den Nervenzellen. Wo die einzelnen Nervenfasern miteinander in Kontakt stehen, befinden sich knopfartige Schaltstellen, die Synapsen. Sie leiten nervöse Reize von einer Nervenzelle zur nächsten und regeln den Informationsfluss im Gehirn. Nur mit ihrer Hilfe sind geordnetes Denken und Erkennen möglich. Bei Angst und Stress wird

---

25 Manfred Spitzer: Lernen. Gehirnforschung und die Schule des Lebens S. 164 (2003)

das Hormon Adrenalin in den Blutkreislauf ausgeschüttet. Dieses Stresshormon mobilisiert aber nicht nur den Körper zu Angriff und Abwehr. Es beeinflusst auch die Schaltstellen zwischen den Nervenzellen« (Vester[26]).

Stresshormone verhindern, dass die in den Synapsen ankommenden Impulse weitergeleitet werden. Das hatte seinen biologischen Sinn in der Selbsterhaltung des Menschen. Jedes Nachdenken hätte in der Urzeit den rettenden Sprung vor dem Feind oder dem gefährlichen Tier verzögert. »Die Natur konnte nicht ahnen«, schreibt Frederic Vester, »dass unsere moderne Gesellschaft Stress- und Alarmreaktionen ausgerechnet mit dem Lernen und Denken verknüpft, mit einer Situation, in der solche Vorgänge am allerwenigsten zu suchen haben. Sobald das Adrenalin im Gehirn ansteigt, werden viele Impulse durch die Synapsen nicht weitergeleitet. Das ist der Moment, wo uns beim Nachdenken auf Biegen und Brechen nichts einfällt. Die gelernte Information gelangt nicht an ihren Bestimmungsort. Wir haben es mit Denkblockaden zu tun – ganz gleich, wie gut etwas gelernt wurde.«

In angstvoller Spannung kann ein Kind schon rein biologisch nicht gut lernen. Wenn der Schüler nach erlebter Denkblockade beim nächsten Mal aufgerufen wird, verstärkt das vorangegangene Versagen die aktuelle Angstsituation. Das Gedächtnis ist durch den Misserfolg vorgeschädigt. Fragt der Lehrer den Schüler erneut, wird auch die beim vorausgegangenen Abfragen erlebte Angst, die das Denken blockiert, aufgerufen.

Umgekehrt: Durch eine sozial angenehme Lernsituation werden weniger Stresshormone ausgeschüttet. Die Nervenströme können durch die Schaltstellen fließen und ermöglichen das Denken. Besonders gut leiten die Schaltverbindungen des Gehirns, wenn Freude erinnert wird. Aus neurobiologischer Sicht müsste Freude ein Unterrichtsprinzip sein. Freude beflügelt nicht nur die Lernmotivation der Schüler, sondern auch die Lehrmotivation des Lehrers.

---

26 Frederic Vester: Denken, Lernen Vergessen S. 94 leicht gekürzt (1975)

»Uns hat es auch nicht geschadet« – in die Erinnerungs-kammer Klassenzimmer hinabsteigen. Zu sensibel?

Eltern sollten ihr Kind ermutigen, mit dem Lehrer zu sprechen, wenn es im Unterricht Angst hat. Traut es sich das noch nicht zu, können die Eltern selbst dem Lehrer mitteilen, wie es ihrem Kind in der Schule geht. Bei der Vielzahl ihrer Schüler wissen Lehrer wenig über das einzelne Kind; da können Mitteilungen der Eltern hilfreich sein. Um Kinder zu verstehen, sollten Mütter und Väter in ihre eigene »Erinnerungskammer Klassenzimmer« hinabsteigen und diese ausleuchten: Wie ging es mir in der Schule? Welche Ängste und Freuden erlebte *ich* im Unterricht? Wurde ich mit dem, was mich bedrückte, ernst genommen? Wie erlebte ich es, wenn schwächere Mitschüler blamiert wurden? Standen mir die Eltern bei, wenn ich über meine Angst berichtete? – Mit der Kraft der Erinnerung Schulerlebnisse wiederzubeleben, weckt in uns die Fähigkeit, mitzufühlen. Eltern und Lehrern geht dann nicht so leicht der Satz über die Lippen: »Uns hat es auch nicht geschadet.«

Um das einfühlende Denken zu üben, können sich Eltern vorstellen, wie es für sie wäre, auf einem Elternabend aufgerufen, in einer Versammlung ausgefragt zu werden. Und wie wäre es für Lehrer, würden sie in einer Konferenz drangenommen, wenn sie auf eine Frage antworten sollten, zu der sie nichts wissen? Wahrscheinlich würden sich Erwachsene über die Taktlosigkeit empören, sähen sie den bedrohlichen Finger auf sich gerichtet: »Wiederholen Sie, was ich gesagt habe!«

Um Kinder besser zu verstehen, sollten sich Erwachsene fragen: Wie wäre es für mich an meinem Arbeitsplatz, würde ich stündlich misstrauisch kontrolliert und bewertet? Lehrer könnten überlegen: Wie wäre es, müsste ich in jeder Stunde damit rechnen, der Schulrat oder Ministerialbeauftragte beträte unangemeldet das Klassenzimmer, um zu prüfen, ob ich mich auf den Unterricht vorbereitet habe, den Lernstoff sicher beherrsche, die Klassenarbeiten korrigiert und zurückgegeben und auch keinen Fehler übersehen habe?

Im Elterngespräch sagte die Studienrätin zu einer Schülermutter, die von den Ängsten ihres Kindes berichtete: »Ihre Tochter ist einfach fürs Gymnasium zu sensibel.« – Tatsächlich leiden Sensible unter dem Abfragen besonders:

- »Der Schweiß läuft mir über die Stirn. Ich zittere. Die wenigen gespeicherten Brocken sind der Aufregung zum Opfer gefallen. Ich schäme mich« (Benjamin Lebert[27]).
- »Der Lehrer lässt seinen Blick über die Klasse schweifen und hält nach einem schön unwissenden Opfer Ausschau. Und plötzlich hält der spitze Zeigefinger inne und zeigt gnadenlos auf dich« (Jean Rouaud[28]).

Es gibt Lehrer, die Kindern Angst machen, um sie klein zu halten und zu disziplinieren; und es gibt die Angststruktur der Schule, hergestellt durch unpädagogische amtliche Vorschriften. Beides muss aufgedeckt und abgeschafft werden, sonst wird der Unterricht zur Prüfschule, statt zur Lernschule. In der Schulleistungsdiskussion ist viel von Leistungsstandards die Rede. Diesen Leistungsstandards müssen Sozialstandards vorausgehen, zum Beispiel die soziale Regel: »Lehrer dürfen Kinder nicht vorsätzlich in eine peinliche Situation versetzen.« Peinlich ist es für die Schüler immer, wenn sie vor der ganzen Klasse bloßgestellt, beleidigt oder auch nur in eine beschämende Verlegenheit gebracht werden. Davon berichtet Aslihan.

»Warum verstehen alle anderen und du nicht?« – Aslihan: »Das hängt immer von den Lehrern ab.«

Aslihan will unbedingt den Schulabschluss erreichen und strengt sich sehr an. Allerdings fällt ihr die Sprache schwer und sie beklagt:

---

27 Benjamin Lebert: Crazy (1999)
28 Jean Rouaud: Die ungefähre Welt (1997)

»Ich werde mit meinen Schwierigkeiten alleingelassen.«[29]:

Ich übe und lerne so viel, aber mein Problem ist, wenn ich nicht verstehe, wenn ich das Thema nicht begreife. Das kommt auch von den Lehrern. Zum Beispiel habe ich eine Geschichtslehrerin. Ich stelle eine Frage, die ich nicht verstanden habe. Sie sagt: ›Aslihan, frag mich jetzt nicht das. Du musst das verstehen. Warum verstehen alle anderen und du nicht?‹

Sie ist immer so. Man hat dann irgendwie Angst, man hat dann keinen Bock, das Thema zu hören, wenn man immer so irgendwie beschimpft wird. Und vor allem, sie beleidigt immer so vor der Klasse. Das finde ich auch nicht so schön. Und dann, na ja, kriegt man halt die schlechten Noten. Aber fleißig bin ich schon. Ich übe zu Hause, ich tue viel. Ich versuche immer, Hilfe von den anderen zu haben, zum Beispiel im Mädchentreff. Also, sag ich mal so, das hängt immer von den Lehrern ab.

Die Lehrerin weist das Mädchen an der Stelle zurück, an der es Hilfe bräuchte. Die Jugendliche sagt: »Ich verstehe nicht.« Aber sie wird mit ihrem Nichtverstehen nicht angenommen. Dabei *möchte* die Schülerin verstehen. Man wünschte der Lehrerin die Bertolt Brecht'sche Erkenntnis über das Lehren: »Der nicht versteht, muss erst das Gefühl haben, dass er verstanden wird.« Darum ginge es: Die Lehrerin müsste Aslihan das Gefühl vermitteln, dass sie sie versteht.

Mag sein, die Lehrerin konnte in diesem Augenblick nicht erklären. Aber sie hätte Aslihan freundlich darauf verweisen können, ihr später zu antworten; oder sie hätte die Schülerfrage als Denk- oder Wiederholungsimpuls an die Klasse richten können; oder sie hätte sich während einer selbstständigen Schülerarbeit Zeit genommen, die Jugendliche in ihrem Nichtverstehen anzuhören.

»Du musst das verstehen. Warum verstehen alle anderen und du nicht?« »Weil jedes Kind anders ist«, müsste man der Lehrerin antworten, »und weil Sie sich als Lehrerin nicht bemühen, es gera-

29 Shell Jugendstudie S. 364 (2006)

de dieser Schülerin zu erklären.« Deshalb kommt für Aslihan die Abwärtsspirale der Entmutigung in Gang: Schwierigkeiten mit der Sprache – Nichtverstehen – Abwertung durch die Lehrerin – Angst, vor der Klasse beleidigt zu werden – »keinen Bock« auf das Thema haben – schlechte Noten – Nachhilfeunterricht. Lehrerinnen wie die von Aslihan lassen sich von den unterschiedlichen Lernvoraussetzungen der Kinder nicht dazu herausfordern, den Unterricht zu differenzieren, unterschiedliche Anforderungsniveaus für die Schüler zu schaffen.

Das Schlimmste ist für Aslihan die Gleichgültigkeit, mit der sie alleingelassen wird. Sie muss sich außerhalb der Schule Hilfe holen. Lehrer nehmen sich der Schwachen, zum Beispiel der Kinder mit Migrationshintergrund, nicht hinreichend an. Sie verhalten sich so, als könne man 20 oder 30 Kinder in gleicher Weise über das Gleiche unterrichten. Dagegen führt die PISA-Studie auf, welche Lernbedingungen notwendig wären:

»Angemessene Geschwindigkeit, nicht maximale, bei der Behandlung des Stoffs und ein moderates Interaktionstempo, das Nachdenken erlaubt. Intelligenter Umgang mit der Vielfalt der Kinder durch Differenzierung von Zielsetzungen, Individualisierung von Aufgabenstellungen, Variationen von Methoden und Sozialformen.«[30] Dass gegen das »moderate Interaktionstempo« verstoßen wird, ist oft Ursache dafür, dass Kinder Nachhilfe außerhalb der Schule brauchen. Sie kommen einfach nicht mit. Schülerinnen wie Aslihan wünschte man Lehrerinnen mit »eingebautem Langsamschrittmacher«, wie Peter Handke schrieb: »Herzbewegende Langsamkeit! Aber das muss ich mir immer wieder neu einbläuen: Lass dir einen Langsamschrittmacher einbauen.«[31] Wenn Lehrerinnen und Lehrer das täten, wäre das für sie selbst entspannend.

---

30 PISA 2003, S. 317
31 Peter Handke: Spuren der Verirrten. Programm-Heft BE 85 (2007)

Dreißig Jahre später: »Keine Ahnung, warum mir das Herz bis zum Hals schlägt – ich hatte mich ertappt gefühlt. Aber wobei?«

Es gibt Menschen, die behalten die Schule als ein »Meer der Demütigung« in Erinnerung. Das Gefühl, bedroht zu werden, kehrt leicht wieder, wenn sie ein Schulhaus betreten, um mit dem Lehrer ihres Kindes zu sprechen oder einen Elternabend zu besuchen. Die Angst sitzt tief, schulische Verletzungen sind nicht einfach abzuschütteln. Das hat Prado gespürt, als er nach Jahrzehnten seine alte Schule betrat:

Wir sind weit in unsere Vergangenheit hinein ausgebreitet: durch unsere Gefühle, namentlich die tiefen, also jene, die darüber bestimmen, wer wir sind und wie es ist, wir zu sein. Denn diese Gefühle kennen keine Zeit, sie kennen sie nicht, und sie anerkennen sie nicht. Jetzt, dreißig Jahre später, kehre ich stets von neuem an diesen Ort zurück. Es gibt nicht den geringsten praktischen Grund dafür. Warum also?

Ich sitze auf den vermoosten, bröckelnden Stufen vor dem Eingang und habe keine Ahnung, warum mir das Herz bis zum Hals schlägt. Neulich, als an einem heißen Tag die Fenster offen standen, hörte ich den verschiedenen Lehrern zu und vernahm die stotternden Antworten verängstigter Schüler auf Fragen, vor denen auch ich erzittert war. Noch einmal dort drinnen sitzen – nein, das war es gewiss nicht, was ich mir wünschte. Im kühlen Dunkel der langen Gänge begegnete ich dem Hausmeister, einem Mann mit vorgerecktem, vogelähnlichem Kopf, der mit misstrauischem Blick auf mich zukam. »Was haben Sie hier zu suchen?«, fragte er, als ich schon an ihm vorbei war. Er hatte eine asthmatische Fistelstimme, die klang, als käme sie von einem jenseitigen Gerichtshof. Ich blieb stehen, ohne mich umzudrehen. »Ich bin hier zur Schule gegangen«, sagte ich und war voller Verachtung für mich selbst, als ich hörte, wie heiser es klang. Einige Sekunden lang herrschte vollkommene, gespenstische Stille im Gang.

Dann setzte sich der Mann hinter mir mit schlurfenden Schritten in Bewegung. Ich hatte mich ertappt gefühlt. Aber wobei?[32]

Eltern empören sich zwar, wenn Schüler bloßgestellt, persönlich verletzt, ausgelacht, geängstigt werden. Aber sie empfinden das Schlimme normal, weil sie selbst es als normal erlebten. Oft wird die Furcht in eine Tugend umgewertet: »Ich möchte nicht, dass das Kind durch meinen Widerspruch Schaden leidet.« Die in der eigenen Schulkindheit erlebte Allmacht des Lehrers schätzen sie noch heute hoch ein und nehmen die eigene Ohnmacht hin.

Eltern sollten den Mut finden, aus dieser Ohnmacht herauszutreten, und den Lehrern als ebenbürtige Gesprächspartner begegnen. Dabei kann ihnen helfen, ihre eigene Schulgeschichte zu erinnern. Das mag manchmal schmerzlich sein; aber es bringt sie mit ihrer eigenen Lebendigkeit in Berührung. Manchen Müttern und Vätern fehlt allerdings das angemessene Gefühl für die Schrecken, die sie in ihrer Schulzeit erfahren haben. Nicht selten lachen sie darüber hinweg und können deshalb das Erschrecken des Kindes nicht teilen. Sie lassen das Mitleid nicht zu, aber gerade das Mitleid gäbe ihnen Mut und Kraft, für das Kind einzutreten.

---

32 Pascal Mercier: Nachtzug nach Lissabon S. 71 (2004)

4 250 000 Kinder sitzen lassen – ein pädagogisches Unrecht

Lehrer können Schüler auffangen statt aufgeben

Ich hasse die Schule. Ich hasse sie.
Nichts ist schlimmer auf der Welt.
Die Schule macht mir das Leben zur Hölle.
David, ein zweifacher »Sitzenbleiber«

Davids »riesengroßes Herz« zählte nur bei einer Lehrerin

Ich war nicht der Beste in der Klasse, ich war sogar unter den Schlech-
testen; wenn ich richtig darüber nachdenke, muss ich sogar zugeben,
dass ich der Schlechteste war. Dennoch mochten mich die Lehrer. Alle
Welt hier wusste, dass ich eine Null war, aber dass ich den Wunsch
hatte, es zu schaffen. Im Zeichnen und im Technischen Unterricht
war ich jedoch der Beste. Vor allen Dingen im Technischen Unter-
richt. Ich verstand mehr davon als der Lehrer. Wenn den Schülern et-
was nicht gelang, half ich als Erster. Anfangs nahm mir das Monsieur
Jougleux übel; jetzt macht er es wie sie. Er fragt mich die ganze Zeit
um Rat. Das ist schon irgendwie witzig.

Kinder mit praktischer Intelligenz gehen in der Schule leicht unter. David[33] versagte; deshalb ließen ihn die Lehrer zweimal sitzen,
in der 3. und 6. Klasse. Durch diese Demütigung lernte er schlechter als bisher und interessierte sich nicht mehr für den Unterricht.
Aber es faszinierte ihn, mit den Händen zu arbeiten: Er wollte bau-
en, konstruieren, erfinden:

*Ich würde gern mehr lernen; das Problem ist nur, dass es mir nicht
gelingt. Alles, was in der Schule vor sich geht, kommt mir chinesisch
vor. Sie haben mich zu Tausenden von Ärzten geschleppt, für die Augen, für die Ohren und sogar fürs Gehirn. Und das Ergebnis dieser ganzen verlorenen Zeit: Ich hab ein Konzentrationsproblem. Du
glaubst es nicht! Ich weiß ganz genau, was mit mir los ist. Es würde
genügen, mich einfach zu fragen. Ich habe kein Problem, kein einziges. Es interessiert mich nur einfach alles nicht. Es interessiert mich
nicht. Punkt. Aus. Schluss.*

Wenn das so einfach ist, wie es David ausdrückt: Weshalb fragen
Lehrer die Schüler nicht danach, wie sie ihr Lernproblem sehen und
wie sie meinen, dass es behoben werden kann? David gab darauf
seine persönliche Antwort. Der schlechte Schüler hatte ein einziges
Schuljahr, in dem er sich in der Schule wohl fühlte:

*Das war im letzten Jahr der Vorschule, mit einer Lehrerin, die Ma-
rie hieß. Sie werde ich nie vergessen. Wenn ich daran zurückdenke,
kommt es mir vor, als sei Marie nur Lehrerin geworden, um das wei-
termachen zu können, was sie am liebsten tut, nämlich basteln, Dinge erfinden und zusammenbauen. Ich mochte sie auf Anhieb. Vom
ersten Morgen des ersten Tages an. Sie trug Kleider, die sie selbst
genäht, Pullis, die sie selbst gestrickt, und Schmuck, den sie selbst
entworfen hatte. Es verging kein Tag, an dem wir nicht irgendetwas
nach Hause brachten: einen Igel aus Pappmaschee, eine Katze mit
einer Milchflasche, eine Maus in der Nussschale, Mobiles, Zeichnungen, Bilder, Collagen. Das war eine Lehrerin, die nicht bis zum
Muttertag wartete, um uns mit Schere und Pinsel zu bewaffnen. Sie*

---

33 Anna Gavalda: 35 Kilo Hoffnung S. 11-14, 78 (2004)

sagte immer, ein gelungener Tag ist ein Tag, an dem man irgendetwas hergestellt hat.

Die Lehrerin, die David in seiner Besonderheit akzeptierte, bereitete dem Schüler ein Glücksjahr:»Nichts auf der Welt interessierte mich mehr als meine Hände und das, was ich mit ihnen gestalten konnte.« In sein Zeugnis schrieb die Lehrerin:»Dieser Junge hat ein Gedächtnis wie ein Sieb, Finger wie eine Fee und ein riesengroßes Herz. Es müsste gelingen, daraus etwas zu machen.« Seine Lehrer machten aus ihm einen Schulversager. David schrieb zu der Zeugnisbemerkung seiner geliebten Lehrerin:»Das war das erste und letzte Mal in meinem Leben, dass ein Lehrer etwas Nettes über mich sagte.« Der Junge wurde zum schlechten Schüler gemacht. Seine persönlichen Fähigkeiten zählten nicht: seine praktische Intelligenz, sein sinnliches Lernen und Arbeiten, seine Fantasie, seine Interessen, seine Einfühlsamkeit. Sein riesengroßes Herz wurde ignoriert.

Für die Unversehrtheit der Kinder eintreten – von der lernpsychologischen Unvernunft, Schüler sitzen zu lassen

Davids Schulschicksal ist eines von Hunderttausenden. Erstaunlich, dass dies in der Öffentlichkeit kaum jemanden berührt. Erscheint das Unnormale dieser Kränkung normal, weil die Kränkung hunderttausendfach stattfindet?»Unsichtbar macht sich die Dummheit, indem sie massenhaft geschieht«, meint Bertolt Brecht. Kultusminister stellen ungerührt Sitzenbleiber her. Dabei könnten sie wissen, dass Schüler ohne die schulgesetzliche Kränkung mehr lernen. In Wirklichkeit sind die Verantwortlichen sitzen geblieben auf ihren Vorurteilen, ihrer Unwissenheit und ihrer Unfähigkeit, zu fühlen.

Der internationale Vergleich zeigt: In keinem der beteiligten 32 Staaten wird vom Durchfallenlassen »so häufig Gebrauch gemacht wie im deutschen Schulsystem: 24 Prozent aller Fünfzehnjährigen sind im Laufe ihrer Schullaufbahn mindestens einmal sitzen geblieben, weitere 12 Prozent von ihnen wurden vom Schulbesuch für ein Jahr zurückgestellt. Das bedeutet, dass insgesamt 36 Prozent aller Fünfzehnjährigen ihre Schullaufbahn um mindestens ein Jahr verzögert durchlaufen haben. Der Sinn dieser Praxis ist auch deshalb in Zweifel geraten, weil gezeigt werden konnte, dass in vielen Ländern mit deutlich besseren Leistungsergebnissen, zum Beispiel Japan, Korea, Schweden, Island, das Sitzenbleiben entweder extrem selten praktiziert wird oder auch völlig unbekannt ist«[34].

Offensichtlich unfähig, zu lernen, beschließen Politiker das Gegenteil von dem, was aus wissenschaftlichen Befunden und pädagogischer Erfahrung zu folgern wäre: das Wiederholen eines Schuljahres abzuschaffen. Ein Kind, das in einem Fach nicht mitkommt und von den Lehrern deshalb nicht mitgenommen wird, verschlechtert sich meist nicht nur in diesem Fach, sondern insgesamt. Außerdem zeigt sich, dass zurückgesetzte Kinder oft unsicher und zaghaft werden. Das Versagen kann sich auch in passiver Form als »Faulheit« oder in aktiver Form als Trotz und Aggression auswirken. Die Schüler lernen im Wiederholungsjahr kaum etwas dazu; sie erreichen nicht das mittlere Niveau der nachfolgenden Klasse.

Man mutet den durch schlechte Zensuren Gedemütigten zu allem Unglück noch den Trennungsschock zu: aus der Klassengemeinschaft ausgeschlossen zu werden, Freunde zu verlieren, nicht mehr dazuzugehören und als Versager zu gelten. Besonders hart trifft es die Schwächsten der Gesellschaft. In allen Schulformen ist der Anteil der Sitzenbleiber »unter den Migranten höher als bei den ›Einheimischen‹: In Gymnasien und Gesamtschulen ist er jeweils mehr als doppelt so hoch, in Hauptschulen und Realschulen liegt er etwa um ein Drittel höher. Die Hauptschule ist mit einem Sitzenbleiberanteil von 51 Prozent bei ihren Migrantenkindern Spitzenreiter. In der Grundschule ist das Risiko von Migrantenkindern,

---

34 Krohne/Meier/Tillmann: Sitzenbleiben, Geschlecht und Migration S. 374 (2004)

ein Jahr zu wiederholen, viermal höher als das von Nichtmigranten« (Krohne/Meier/Tillmann[35]).

»Während nur bei jedem sechsten Jugendlichen aus der Oberschicht die Versetzung bereits einmal gefährdet war, sind Jugendliche aus der Unterschicht zu mehr als 40 Prozent betroffen. Nur jeder zehnte Jugendliche aus der Oberschicht, aber jeder vierte aus der Unterschicht musste eine meistens unfreiwillige Verlängerung der Schulbiografie durchmachen.«[36]

Ein Lehrer sagte in einem Gesprächskreis: »Am Anfang hat mich das deprimiert, wenn ich erlebte, wie Schüler an unserem Gymnasium serienweise durchfallen. In meinem Fach hatte ich es zwar hingekriegt, Schüler zu retten, aber mit der Zeit kam es mir vor, als muss ich dieses befohlene Geschäft doch durchführen. Dabei merkte ich so etwas wie Gefühlsabtötung bei mir und ich hab mich an das System angepasst. Erst als ich mich neulich mit einem durchgefallenen Schüler einließ und wahrnahm, wie den diese Katastrophe belastet, bin ich erschrocken. Ich habe gemerkt, dass ich um des Systemzwangs willen versuchte, mein Mitgefühl auszuschalten und mein pädagogisches Gewissen zu unterdrücken, das mir sagt: ›So kannst du nicht mit Menschen umgehen.‹ Seitdem versuche ich alles, um Schüler vor dem Durchfallen zu schützen.«

»Ich versagte wegen zu großen literarischen Interesses, bis ich aufgab« – der Wortschatz des Scheiterns: Sind wir ethische Minimalisten?

Der Schriftsteller und Dramatiker Rolf Hochhuth[37] ist sitzen geblieben und musste die Schule nach der mittleren Reife abbrechen. Er schrieb:

---

35 Krone/Meier/Tillmann: ebd. 5. S. 382, 384
36 Shell Jugendstudie 2006 S. 69
37 Rolf Hochhuth: Programmheft Berliner Ensemble zu »Der Stellvertreter« S. 12 (2001)

Ich war in der Sexta sitzen geblieben, weil mit meinem wachsenden literarischen Interesse die Unfähigkeit zunahm, mich für irgendetwas anderes zu interessieren, das nicht unmittelbar mit meinen Interessengebieten, der Literatur verknüpft war. Heute ist diese Unfähigkeit pathologisch geworden, ich habe vergebens versucht, sie zu bekämpfen. Ich konnte schon damals nicht einmal zuhören, wenn etwa von Mathematik die Rede war, und mein Vater, der Mathematik studiert hatte, quälte sich heroisch, um mir wenigstens zu weiteren Versetzungen zu verhelfen – bis ich's in der sechsten Klasse aufgab und abging, um Buchhändler zu werden. In einem Größenwahn, der mich noch heute entsetzt – während ich doch gleichzeitig jeden zweiten Tag an Selbstmord dachte –, sagte ich mir: Da ich Schriftsteller werde, brauche ich kein Abitur.

Nicht alle Jugendlichen besitzen die Ich-Stärke Rolf Hochhuths. Aber auch er hat das Erlebnis des Schulversagens nicht unbeschädigt überstanden, sonst hätte er nicht jeden zweiten Tag an Selbstmord gedacht. Lehrer müssen die Not von über zweihunderttausend Sitzenbleibern bewusst einkalkulieren. Die Unmoral, Kinder im Stich zu lassen, darf sie nicht stören. Der Wortschatz weist auf das Verletzende hin: Man lässt die Schüler *durchfallen*, sie müssen *sitzen bleiben*, sie *bleiben hängen*, sie *rasseln durch*, *bleiben kleben*, *fliegen durch* oder *fliegen raus* und *krachen ein*, man lässt sie *durchsausen*, *abstürzen*; sie werden *aussortiert*, *zurückgesetzt*, *abgeschossen*, *ausgesiebt*, *abgesägt*. Die Repetenten bleiben auf der Strecke. Zynisch heißt es: Sie drehen eine Ehrenrunde, in Wirklichkeit wird ihre Ehre verletzt. Ein Abiturient, der in der 9. Klasse sitzen bleiben musste, berichtet[38]:

Meine Eltern fanden, ich sei selbst schuld und müsse da durch. Sie haben gesagt, es sei kein Beinbruch, aber das ist nur ein schwacher Trost. Es ist eben doch ein Beinbruch; in dem Moment, in dem es passiert, fühlt es sich an wie der Untergang. Ein wenig zum Schluss hatte ich eben doch noch versucht, den Spieß umzudrehen. Aber ich war krank und musste nachschreiben – dabei kam dann der tödli-

---

38 Süddeutsche Zeitung Nr. 174 (2004)

che Fünfer heraus, der mein Schicksal besiegelte. Ich dachte immer, in meiner alten Klasse sitzen meine besten Freunde, aber die haben mich recht schnell vergessen. Die neue Klasse war erst mal ein Schock. Die kamen mir so klein vor.

Doch ein Beinbruch, ein Schock? »Es war der Untergang, der tödliche Fünfer hat mein Schicksal besiegelt.« Wer fragt danach, wie die Sitzenbleiber mit dem organisierten Scheitern zurechtkommen? Wer steht ihnen in der demütigenden Situation bei? Lehrer tun es in der Regel nicht. Wie sollten sie auch, wenn sie bereits während des Schuljahrs keine Zeit fanden, sich auf Kinder helfend einzulassen. Manche befallen allerdings Bedenken, den Kindern auf Anordnung Schaden zuzufügen. Sind Eltern und Lehrer ethische Minimalisten?

»Was ist eigentlich mit der Gesellschaft los?«, fragt Warnfried Dettling[39]. »Welchem geistigen Bauplan folgen, in welcher geistigen Verfassung sind all jene Institutionen, denen die Jungen in ihrem Leben begegnen, vom Kindergarten bis zur Universität, von den Betrieben bis zu den Gewerkschaften, von den Parteien bis zu den Parlamenten? Sind diese Institutionen nicht alle bevölkert von ethischen Minimalisten? Und könnte es nicht sein, dass der Pessimismus junger Leute gerade darin seinen Grund hat? Wenn man sie fragt, ob man mit moralischem Verhalten – das heißt, ›andere nicht ausnutzen, sondern sie fördern, hilfsbereit sein und Frieden stiften‹ – langfristig in unserer Gesellschaft besser dasteht, dann offenbaren sich erschütternde Ergebnisse. Im Westen Deutschlands glauben das nur 22, im Osten gar nur 11 Prozent. Die Botschaft ist eindeutig, die die Jugend aus der Welt der Erwachsenen wahrnimmt: Moralisches Verhalten zahlt sich nicht aus.«

---

39 In Ulrich Beck (Hrsg.): Kinder der Freiheit S. 129 (1997)

Das Sitzenbleiberelend könnte sofort abgeschafft werden

»Geteiltes Leid ist halbes Leid«: Teilt die Lehrerin das Leid des Mädchens, das eine Fünf bekommen hat und deshalb weint? Gehört es in der Schule zum ethischen Verhalten, die Not des anderen zu lindern? Das Mindeste an Fürsorge wäre, sich der Sitzengebliebenen anzunehmen: Mit Klasse und Lehrer zu überlegen, wie den Durchgefallenen in ihren Versagensgefühlen zu helfen ist. Sie müssten in der neuen Klasse freundlich aufgenommen werden. Um das deprimierende Lebensereignis zu bearbeiten, bedürften die Kinder einfühlsamer Eltern, Lehrer, Schulpsychologen und anderer Helfer. Die könnten sie darin unterstützen, die Realität des Scheiterns fruchtbar zu machen und die Kinder das Wertvolle in sich entdecken zu lassen. Aber: Wenn so fürsorglich mit dem Scheitern der Kinder umgegangen würde, wäre das Scheiternlassen längst aus der Welt geschafft.

Klaus-Jürgen Tillmann berichtet von einer Studie aus den Vereinigten Staaten. Sie verglich Grundschüler, die wegen mangelhafter Leistungen wiederholen mussten, mit Schülern, die ebenso leistungsschwach waren wie die Wiederholer, aber dennoch versetzt wurden. Der Vergleich zeigte: Die leistungsschwachen Schüler zu versetzen, statt sie »sitzen zu lassen«, erwies sich als vorteilhaft. In den weiteren Schuljahren nahmen die Lernvorteile für die mitgenommenen Schüler zu. Hingegen verstärkten sich die Nachteile der Sitzengelassenen. »Damit bestätigen auch US-amerikanische Längsschnittstudien: Sitzenbleiben taugt nicht als Förderinstrument. Die Regelversetzung ist auf jeden Fall vorzuziehen. Doch Regelversetzung statt ›Ehrenrunde‹ bedeutet: Die Lerngruppen werden unterschiedlicher in ihrem Leistungsniveau, einzelne Schüler bedürfen besonderer Förderung.«[40]

---

40 Klaus-Jürgen Tillmann: Wenn Unterschiede zwischen Kindern als Ärgernis gelten. In: Erziehung und Wissenschaft Nr. 6 (2005)

Um das Sitzenbleiben abzuschaffen, müsste man nicht warten, bis die Dreigliederung der Schule aufgehoben und eine »Schule für alle« möglich wird. Mit pädagogisch hilfreichen Lösungen könnte man sofort beginnen.

Weshalb soll ein Schüler den gesamten Lehrstoff eines Schuljahrs wiederholen, wenn er in Mathematik eine Sechs hat? Lehrer könnten, statt die Schüler wiederholen zu lassen, ihren Unterricht nach Leistung differenzieren: Die Schüler bearbeiten im Kurssystem die Fächer und Lernbereiche, in denen sie Lücken aufweisen. Sie werden mit ihrer speziellen Lernschwierigkeit einer Leistungsgruppe zugewiesen, in der sie Erfolg haben, wenn auch nicht den gleichen Erfolg wie andere. Das Helfersystem sollte zum allgemein gültigen Unterrichtsprinzip werden: Schüler dürfen einander jederzeit helfen.

Vorbilder dafür, wie Schule ohne Sitzenlassen möglich ist, gibt es in großer Zahl. In skandinavischen Ländern dürfen Kinder nicht sitzen bleiben. Dennoch – oder gerade deshalb – schneiden sie in ihren Leistungen gut ab. Das Geheimnis ihrer guten Leistungen liegt in einer hohen pädagogischen Moral. In finnischen Schulen lautet sie: »Kein Kind darf verloren gehen.« Dort gilt als ethische Grundhaltung, die Würde des Schülers zu achten. In vielen deutschen Schulen geht ein fehlgeleitetes Leistungsdenken über humane Wertvorstellungen hinweg. Es wird zwar Ethikunterricht erteilt, aber wenig »angewandte Ethik« praktiziert; da gehen täglich Hunderttausende von Kindern verloren. Wesentliche Schritte zu neuen Lebens- und Unterrichtsformen werden nicht von den Kultusministern getan, sondern von Initiativen pädagogisch engagierter Lehrer und Eltern. Sie gilt es zu unterstützen.

Allerdings ist es vielen Eltern gleichgültig, was anderen Schülern an Unglück zugemutet wird. Hauptsache ist, ihr eigenes Kind ist nicht betroffen. Dass auch ihr Kind, selbst wenn es nicht zu den Sitzengelassenen zählt, durch die Härte des Systems Entwicklungs- und Lernnachteile erfährt, ist ihnen nicht bewusst. Eltern vollziehen die gleiche »Gefühlsabtötung«, wie es der Gymnasiallehrer in der Lehrergruppe formulierte.

»Fürs Gymnasium ungeeignet«: Abiturnote 1,0 – Widersinn und Unrecht der frühen Auslese

Manches Schülerschicksal bricht über Kinder durch die verfrühte Auslese herein. Der zehnjährige Andreas hatte Glück, sein Vater beugte sich dem Lehrerurteil nicht: »Der Schüler ist für das Gymnasium ungeeignet.« Andreas' Vater widersprach der negativen Vorhersage. Deshalb besuchte der Junge trotz ablehnenden Lehrerurteils das Gymnasium. Dort wurde er ein wissbegieriger Schüler. Er lernte mit Interesse, begeisterte sich für Musik, gewann bei »Jugend forscht« einen Preis, schaffte das Abitur mit 1,0 und studierte Statistik in Hamburg und Australien. Heute ist er der internationale Koordinator der PISA-Studie: Andreas Schleicher.[41]

Aber was geschieht mit Kindern, die keinen Vater haben, der sich gegen anmaßende Lehrervorhersagen wehrt? Und was ist mit jenen, für die die Vorhersage zum gegenwärtigen Zeitpunkt stimmen mag, aber deren Begabung sich nach einem Jahr oder nach fünf Jahren anders darstellt? Denn jedes Kind entwickelt sich individuell. Zudem stört es die Entwicklung, wenn ein Grundschullehrer den Schüler mit der Erwartung »ungeeignet« beurteilt. Denn positive Lehrererwartungen stärken die Leistungsfähigkeit des Kindes, negative Erwartungen und Voraussagen schwächen es.

Studien decken seit Jahrzehnten auf: Im Alter von neun bis zehn Jahren ist es unmöglich, die Entwicklung des Kindes vorherzusagen. Schulpolitiker und Lehrer wissen um diese Erkenntnis, ignorieren sie aber. Sie sortieren die Schüler im vierten Schuljahr aus nach Hauptschule, Sonderschule, Realschule, Gymnasium. Wenn sich Lehrer und Schulpolitiker ein Mindestmaß entwicklungspsychologischen Wissens aneigneten, könnten sie sich nicht anmaßen, durch ihre Grundschulempfehlung die Laufbahn eines Kindes festzulegen.

41 Reinhard Kahl: Plädoyer für eine pädagogische Währungsreform (2004)

Leistungstests beweisen: Eine Schule ohne frühe Aussortierung der Kinder bringt gute Leistungen hervor. Das zeigte sich bei der Vergabe des Deutschen Schulpreises 2006[42]. Neben dem Hauptpreis für eine Grundschule wurden vier Schulen als preiswürdig ausgewählt, in denen Schüler bis zur zehnten Klasse gemeinsam unterrichtet werden. Trotz guter Leistungen dieser Gemeinschaftsschulen halten die Minister am Widersinn und sozialen Unrecht früher Auslese fest. Es handelt sich um eine paradoxe Reaktion: Sie ordnen das Gegenteil von dem an, was psychologisch vernünftig wäre – und die Eltern bedienen sich nicht ihrer politischen Macht, gegen diese Unvernunft zu protestieren.

Sie mit 10 Jahren auszusortieren bedeutet für manche Kinder zudem schwere seelische Belastungen. Sie werden von den vertrauten Mitschülern getrennt, sie müssen den Freundeskreis aufgeben, verlieren die Geborgenheit bei pädagogisch einfühlsamen Grundschullehrerinnen; das kann sie tief verunsichern. Zumal die verordnete Trennung nicht nur beim Übertritt in die weiterführende Schule erfolgt. Im Laufe der Gymnasialzeit geschehen ähnliche Versetzungen und Zurücksetzungen ohne Rücksicht auf soziale und emotionale Grundbedürfnisse der Kinder: beim Wechsel in eine andere Fächerverbindung, beim Schulwechsel, wenn zum Beispiel nur in einer entfernteren Schule die gewählte Sprachenfolge möglich ist, noch schlimmer: die sogenannte »Abschulung« in eine »niedrigere« Schulart, die Zurückstufung auf die vorausgehende Jahrgangsstufe.

Beispiele aus anderen Staaten zeigen: Der Lernerfolg verbessert sich, wenn Schüler in einer »Schule für alle« länger gemeinsam miteinander und voneinander lernen. Dort entsteht ein soziales Klima, in dem die Barrieren zwischen Jugendlichen unterschiedlicher Herkunft niedriger sind. Deshalb trifft die Praxis einiger Länder, Hauptschule und Realschule aus finanziellen und schülerzahlbedingten Gründen zusammenzulegen, nicht das pädagogische und

---

42 http://schulpreis.bosch-stiftung.de (2007)

soziale Anliegen einer Schulreform für Kinder. Zu der gehört, die entwicklungsstörende Auslese der Schüler mit 10 Jahren aufzugeben in einer Schule für alle, in der Kinder bis zum 8. oder 10. Schuljahr gemeinsam lernen.

TEIL 2

Unterricht: Eine helfende Beziehung. Jedes Kind ist anders

5 Lernen braucht die Entdeckung der Langsamkeit

Jedem Schüler sein persönliches Zeitmaß – wachsen braucht Zeit

*Meine Langsamkeit ist von vielen Menschen
beobachtet worden, und ich konnte auch dann
nicht schnell sein, wenn ich wollte.
Man lasse die Schnellen schnell
und die Langsamen langsam sein,
jeden nach seinem aparten Zeitmaß.*
Sten Nadolny: Die Entdeckung der Langsamkeit

»Ich bin langsam, Sir, richten Sie sich danach« – »Der Stoff wird abgeladen, das Unterrichtstempo zwingt zum Aufgeben«

Der Seefahrer und Entdecker John Franklin verlangte von seinem Lehrer, er solle Rücksicht auf seine Langsamkeit nehmen. In Sten Nadolnys Roman »Die Entdeckung der Langsamkeit« beharrte der Jugendliche auf dem Recht, in seinem persönlichen Zeitmaß zu lernen:

»Ich bin langsam, Sir. Richten Sie sich danach. Ich nehme mir Zeit, bevor ich einen Fehler mache.« Im Unterricht hatte John einmal auf die Frage des Lehrers erwidert: *»Sir, für die Antwort brauche ich Zeit!«* – Der Lehrer war irritiert. Es gab Schülerverbrechen, die ihm keine Freude machten. Mehr Zeit zu verlangen, das war keine Zucht mehr. Ein andermal sagte John: *»Wenn ich erzähle, Sir, brauche ich einen eigenen Rhythmus.«* Sein Gegenüber fuhr herum und starrte ihn erstaunt an.

Wie lernte der langsame Schüler?[1]: »Johns Augen und Ohren halten jeden Eindruck eigentümlich lang fest. Seine scheinbare Trägheit und Begriffsstutzigkeit ist nichts anderes als eine übergroße Sorgfalt des Gehirns gegenüber Einzelheiten aller Art. Langsam im Sprechen und Denken, langsam in seinen Reaktionen misst er die Zeit nach eigenen Maßstäben. Zunächst erkennt nur sein Lehrer, dass Johns eigenartige Behinderung auch Vorzüge hat – was er einmal erfasst hat, das behält er, das Einzigartige, das Detail begreift er besser als andere. Er kannte die Angst, nichts mehr zu verstehen, nichts mehr zu können und auch nicht zur Gegenwehr fähig zu sein, wenn man ihn einfach überging: die Angst, dass niemand sich seinem Tempo anpasst und er bei dem Versuch, sich dem der anderen anzupassen, scheitern würde.« – Diese Angst kennen Schüler, wenn sich Lehrer von der Lehrplanbürokratie hetzen lassen: »Der Stoff muss durchgenommen werden.« »Ich muss meinen Wochenplan ableisten.« »Schließlich habe ich Leistungsstandards.«

Mancher Schulalltag vermittelt den Eindruck atemloser Betriebsamkeit – anstatt dass Lehrer und Schüler in Ruhe bei Sachen und Menschen verweilen. Weshalb lassen sich Lehrer hetzen? Sie hetzen wiederum Kinder und Eltern; die Eltern hetzen die Lehrer, die Kinder und die Nachhilfelehrer. »Na mach schon!« »Wie lang brauchst du denn wieder?« »In diesem Tempo wirst du das Schuljahr nie schaffen.« »Der Aufsatz wäre gut, wenn du fertig geworden wärst.«

---

1 Sten Nadolny: Die Entdeckung der Langsamkeit. Roman (1999[31])

»Alle haben die Arbeit auf die Minute abzugeben.« Paul Innerhofer[2] erinnert sich in seinem autobiographischen Roman an seine düstere Schulzeit:

Der Unterrichtsstoff, der für viele so fremd und so neu war, dass ihre Gehirne nichts mit ihm anfangen konnten, wurde einfach am vorderen Saal-Ende abgeladen, hingeworfen. Ohne dass es irgendjemand in den Sinn gekommen wäre, dass allein schon das Unterrichtstempo den Unvorbereiteten zum Aufgeben zwang, geschweige, dass die Entwicklungsfähigkeit des Menschen überhaupt bedacht wurde.

Viele Lehrer halten am Gleichschritt fest: Alle Schüler müssen im vorgeschriebenen Tempo vorankommen. Solange der Gleichschritt nicht zugunsten individuellen Vorgehens abgeschafft wird, werden langsame Schüler durch den vermeintlichen Makel der Langsamkeit entmutigt. Oft sehen Eltern und Lehrer in der Geschwindigkeit an sich einen Wert: Wettrechnen, Wettlesen und andere Wettbewerbe machen Kinder zu Verlierern. Die PISA-Tests verstärkten die Ruhelosigkeit, weil aus den unbefriedigenden Leistungen der Schüler falsche Schlüsse gezogen wurden: Statt die unterrichtlichen Fähigkeiten der Lehrer zu stärken und den Lernstoff auf Wesentliches zu verringern, wird auf die Kinder Druck ausgeübt. Manche Eltern und Lehrer möchten die Schüler am liebsten zu Testartisten trimmen.

Gute Lehrer gehen langsam vor, Zeitverlust kann Zeitgewinn sein – Pater Langweil: Ist der Junge nicht normal?

Was macht gute Lehrerinnen und Lehrer aus? Erziehungswissenschaftler fanden heraus: Gute Lehrer gehen langsam vor. Es gilt als unterrichtsmethodische Tugend, in kleinen Schritten zu unterrichten, so dass alle Kinder mitkommen. Diese Lehrer akzeptieren

---

2 Paul Innerhofer: Die großen Wörter S. 14 (1979)

langsame Kinder in ihrem Anderssein. Sie geben ihnen Zeit für ihre Entwicklung; da darf jedes Kind in seinem Tempo arbeiten.

Weshalb sollen Kinder gleich schnell schreiben, lesen, rechnen, denken? Welcher Widersinn ist es, den Schülern 45 Minuten Zeit für einen Aufsatz zuzumessen, oder auch 90 Minuten. Jedes Kind schreibt eine andere Geschichte, einen anderen Bericht oder einen anderen Gedankenaufsatz und hat ein unterschiedliches Schreibtempo; fantasievolle Kinder brauchen mehr Zeit als andere. Schüler, die beim Lernen unter Zeitdruck gesetzt werden, können das Gelernte nicht mit ihrem Denken verbinden und deshalb nicht nachhaltig lernen.

Lehrer, die sich vom Umgang mit der Vielfalt von Kindern herausfordern lassen, fördern Langsame, ohne die Schnellen zu bremsen: Schnelllernende dürfen schnell vorangehen, Langsame lernen in ihrem bedächtigeren Zeitmaß. Die Aufgaben werden so zugeteilt, dass das Kind Erfolg haben kann. An der Individualität orientierte Lehrer lassen den Schülern Entwicklungsspielraum und unterstützen sie an der Stelle, an der sie jetzt stehen. Bei ihnen haben auch Schüler eine Chance, die sich langsam entwickeln, wie es beim Spätentwickler Albert Einstein war:

Es dauerte ziemlich lange, bis er sprechen lernte, so dass seine Eltern fürchteten, er sei nicht normal. Als er es dann doch konnte, sprach er schwerfällig und blieb – zumindest als Kind – recht einsilbig. Seine Gouvernante, der man ihn zur Erziehung anvertraute, nannte ihn deshalb ›Pater Langweil‹, was sich nicht nur auf das Sprechen bezog, sondern überhaupt auf seine unübersehbare Anlage zur Bequemlichkeit. Alles, was ihn körperlich anstrengte, zum Beispiel Laufen und Springen, gefiel ihm nicht, und er ließ es deswegen.[3]

Manche Lehrer und Eltern sehen die Kinder immerfort auf ein späteres Ziel hin. Was das Kind jetzt ist, gilt nur als Durchgangsstadium, als Noch-nicht-Zustand: »Noch nicht« geeignet für den Kindergarten, noch nicht reif für die Vorschule, noch nicht fit für

---

3 Gerhard Prause: Genies in der Schule S. 14 (1998)

die Grundschule, noch nicht befähigt für das Gymnasium. Es darf nicht jetzt Kind sein und als Kind lernen. Seine Erzieher vermitteln ihm, dass es nur etwas gilt, wenn es sich dem Erwachsensein annähert. Gutmeinend starren manche wie gebannt auf den Zielpunkt »Abitur« und verlieren dabei das jetzige seelische Wohlbefinden des Kindes aus dem Blick. Andere behandeln Langsamkeit wie eine Behinderung, statt sie als persönliches Merkmal aufzufassen. Etwas anderes ist es, wenn Kinder trödeln; da ist zu fragen, woher die Unlust kommt, ob das Kind entmutigt ist und deshalb die Arbeit aufschiebt, an welchen Gedanken es hängt, wenn es im Unterricht träumt, ob es sich unbewusst Aufmerksamkeit verschafft, indem die Eltern ständig zur Eile mahnen müssen.

Wenn Lehrer im Unterricht keine Zeit haben, weil sie sich keine Zeit für Kinder nehmen, wirkt sich das störend auf die Interessenentwicklung aus. Denn Interesse braucht Zeit: Der Schüler verweilt länger bei einer Sache, er möchte sich ganz in sie hineinbegeben, sich etwas zu eigen machen, er will verstehen. Und »Verstehen ist für die Aneignung von Erkenntnis wichtiger als Wissen. Wo mit Interesse gelernt wird, ist Zeitverlust ein Zeitgewinn« (Hartmut von Hentig[4]). Ohne Muße im Lernprozess gibt es keine Bildung: Denn zur Bildung gehört der individuelle Prozess tätiger Aneignung, in der sich der Schüler als Urheber seines Denkens und Handelns erfährt und sich geistig mit der ihn umgebenden Welt auseinandersetzt.

Stoffvöllerei überfordert die Kinder, nicht das achtjährige Gymnasium – Johannes und kein Elternprotest

Rücksichtslos verkürzten Schulbürokraten, die sich als Schulreformer ausgeben, in manchen Bundesländern die Schulzeit. Statt aus

---

4   Hartmut von Hentig: Die Schule neu denken S. 198 (1993)

Lehrplänen überflüssigen Stoff zu streichen, setzen sie Lehrer und Schüler unter Zeitdruck. Die Kinder müssen mehr Unterrichtsstunden absitzen, den Stoff in kürzerer Zeit bewältigen, mit der zweiten Fremdsprache bereits in der 6. Klasse beginnen. Schüler wurden bei dieser Reform ignoriert; im Denken der Schulminister und Ministerialbeamten spielen Kinder keine Rolle. Klagen von Schülern und Eltern bleiben ungehört, weil sie nicht zum Protest Zehntausender werden. Karl-Heinz Heinemann[5] beschreibt die bedrückende Situation:

An drei Tagen in der Woche kommt der elfjährige Johannes um drei Uhr nachmittags nach Hause. Er besucht das sechste Schuljahr in einem Kölner Gymnasium. Er hat dann sieben oder manchmal sogar acht Stunden Unterricht hinter sich. Die letzte große Pause ist gegen halb zwölf, danach hat er vier Stunden am Stück, nur von fünfminütigen Umbaupausen unterbrochen. Mittags legen andere Menschen aus guten Gründen eine Siesta ein, doch von Schulkindern erwartet man, dass sie voll durcharbeiten.

Johannes ist kein schlechter Schüler, aber in den letzten Monaten habe er schon zwei Mal eine Art Zusammenbruch gehabt – er hat geheult, seine Sachen hingeschmissen und erklärt, er könne nicht mehr, berichtet seine Mutter. Er gehört zum ersten Jahrgang, der das Gymnasium in acht statt in neun Jahren durchläuft. Der Stundenplan sieht für ihn schon im sechsten Schuljahr 33 Stunden pro Woche vor. Die Basketball-AG hat er gestrichen – keine Zeit. Im neunten und zehnten Schuljahr werden es 36 Stunden sein – das heißt täglich sieben oder acht Stunden Unterricht. Die Hausaufgaben sind mehr geworden, denn entgegen allen Beteuerungen der Kultusminister gehen die Lehrer davon aus, dass sie den gleichen Stoff in kürzerer Zeit zu bewältigen haben. Da müssen die Kinder zu Hause nacharbeiten, was man während der Unterrichtszeit nicht geschafft hat.

Was hier mit Johannes und Hunderttausenden von Kindern geschieht, ist institutionelle Rücksichtslosigkeit, wenn nicht seeli-

5 Karl-Heinz Heinemann: Suche nach einem Platz in der Welt. In: Freitag Nr. 17 (2007)

scher Sadismus. Es ist vernünftig, das Gymnasium auf acht Jahre zu verkürzen. Würde der Unterricht lernpsychologisch gestaltet und der Lehrplan unter dem Aspekt der Zukunftsorientierung von unnötigem Lernstoff befreit, wäre vermutlich ein weiteres Jahr zu streichen. Würde vom ersten Tag des Schuljahres an gearbeitet und würden nicht die Wochen vor der Sommerpause verbummelt, weil die Noten gemacht sind, bliebe wiederum Zeit für ein ruhiges Lernen. Gäbe es zudem nicht viele Unterrichtsausfälle und zu große Klassen, bliebe noch mal Zeit zum Lernen. Wenn Eltern sich nicht nur über ausgefallene Stunden beschwerten, sondern auch darüber, was in den nicht ausgefallenen Stunden geschieht, zum Beispiel wenn lediglich Stoff abgeladen und hingeworfen wird, und würde nicht wertvolle Zeit mit Aus- und Abfragen vergeudet, bliebe wiederum Lernzeit.

Eltern sind zwar unglücklich darüber, dass Kinder unter Druck gesetzt werden. Sie merken, wie manche Schüler an ihrer Lebenslust Schaden nehmen. Dennoch kommt es nicht zum massenhaften politischen Widerstand. Da die Bildungspolitiker keinen Blick auf die Kinder verschwenden, preisen sie es gar als Fortschritt, wenn Schüler auch Nachmittagsstunden absitzen müssen. Da bleibt keine Freiheit für Lebensbereiche, die für ihre Entwicklung bedeutsam sind: für musische zum Beispiel, sportliche, individuelle. Die Welt vieler Kinder wird zur ausschließlichen Schulwelt und damit zur verhassten Schulwelt.

Da gibt es einen hochintelligenten Jungen, der vermutlich einmal Erfinder wird. Er bastelt zu Hause unentwegt originelle Modelle, er erforscht alles, was ihm in den Blick gerät, er stellt Versuche an, zu denen ihn niemand angeleitet hat. Wo immer es etwas zu reparieren gibt, hat er gute Ideen und praktisches Geschick; er experimentiert mit Leidenschaft und möchte den Dingen auf den Grund gehen. Aber in der Schule interessiert das niemanden, da ist ein anderer Stoff dran, der zählt, nicht die ausgeprägte Begabung dieses Kindes.

Mit Zeitdruck die musische Erziehung zerstören –
»Der Musikunterricht in der Schule ist eine Schande«

Lehrer lassen sich und die Schüler über Gebühr belasten, ohne pädagogisch begründeten Widerstand zu leisten. Zwar fordern mehr
als die Hälfte von ihnen eine längere gemeinsame Schulzeit und
kritisieren die Lehrpläne. Wenn sich diese Hälfte der Lehrer mit
Widerspruchsmut und didaktischer Sachkenntnis gegen die Stoffvöllerei wehrte, statt untertänig unpädagogische Vorschriften zu
befolgen, könnten sie die Ministerien zwingen, die Stoffwütigkeit
zu beenden.

Aber selten erheben sich Lehrer gegen die Macht der Schulbürokratie, denn viele wurden bereits ein Teil von ihr. Sie geben den
Druck, dem sie erliegen, an die Kinder weiter: durch unmäßig viele
Hausaufgaben, durch stoffeinhämmernden Frontalunterricht und
indem sie – laut Philologenverband – seit der Einführung des acht-
jährigen Gymnasiums nahezu doppelt so viele Schüler wie bisher
durchfallen lassen.

Was in der Schule auf der Strecke bleibt, wenn man Lehrer zur
Tempobeschleunigung antreibt und die wiederum die Schüler an-
treiben, sind jene »Gelegenheiten, die den Jugendlichen das Gefühl
geben, mehr als nur ein leeres Blatt zu sein, auf das die Gesellschaft
ihre Anweisungen schreibt. Sie finden sich in den Fächern, deren
Stoff nicht ins Joch der Zweckrationalität gespannt ist. Das sind
alle die, in denen philosophische und musische Inhalte dominieren
und wo der Schüler nicht nur als Aufnehmender, sondern auch als
ein mit Fantasie und Produktivität begabtes Wesen gefragt ist« (Albert von Schirnding[6]).

Aber der musischen Erziehung wird die Zeit grob beschnitten.
45 Minuten Kunst oder Musik werden den Gymnasiasten zugeteilt,

---

6   Albert von Schirnding: Hamlet auf der Akropolis (2000)

und das nicht einmal in allen Jahrgängen. Dabei ist Zeit eine wesentliche Voraussetzung für ästhetische Lehre und kulturelle Bildung. Von musischen und philosophischen Inhalten ziehen sich die Schüler unter dem Zeitdruck von selbst zurück: von Schulchor und Orchester, Theatergruppe, von Malen und kreativem Schreiben, von der Arbeitsgemeinschaft Philosophie. Das schränkt die Entwicklung ihrer Persönlichkeit ein und bedeutet einen Verlust an Lernfähigkeit, für die die musischen Prozesse wichtig sind. Der Lehrer und Schriftsteller Walter Kempowski[7] sagte: »Man braucht in der Erziehung immer nur Anstöße, das andere läuft von selbst. Dieses ständige Einwirken auf Kinder, wie es heute geschieht, wo die Jugendlichen einen Terminkalender haben, ist ganz schrecklich und gefährlich. Man muss Kinder in Ruhe lassen.«

Von der Kunsterziehungsbewegung ist in der Schule wenig geblieben. Sie wollte die schöpferischen Kräfte in Kindern freisetzen, Spontaneität fördern, die Erlebnisbestimmtheit kindlichen Lernens nutzen. Der einseitig intellektuell ausgerichtete Unterricht sollte korrigiert werden durch einen größeren Anteil des Musischen. Musikerziehung soll vor allem Singen und Musizieren sein. Aber Kinder werden mit Harmonielehre geplagt, statt Freude an der Musik zu erleben.

Die Violinistin Anne-Sophie Mutter engagiert sich für Projekte, die den Kindern Freude an der Musik eröffnen. In einem Interview sagte sie: »Musik spielt im täglichen Umgang weniger und weniger eine Rolle. Schon mit der Einführung von Radio und Fernsehen wurde die Hausmusik unwichtiger, heute ist sie geradezu ein Luxusgut. Sie spielt auch in der Schule keine Rolle. Der Musikunterricht in der Schule, ich sehe das an meinen Kindern, ist ein Witz, eine Schande, absolut niveaulos. Da wird nur abgespult, Epoche für Epoche. Das vermittelt Kindern weder die Freude noch Verständnis für Musik. Aber da gibt es viele Möglichkeiten, Jazz zum Beispiel. Das Rhythmusgefühl im Jazz ist eine der wichtigsten Komponenten

---

7   Walter Kempowski in Herlinde Koelbl: Im Schreiben zu Haus S. 161 (1998)

dieser Musikform. Das wäre ein Ansatzpunkt, der Kindern sofort ins Blut gehen würde.«[8]

Weil Dominik und Maximilian langsam sind, werden sie gedemütigt und im Lernen gestört

In meinen Recherchen, Interviews mit Schülern und Eltern und in der Beratungsarbeit erfahre ich wiederholt, wie langsame Kinder herabgesetzt werden. Für Dominik wurde seine Langsamkeit zur seelischen Katastrophe. Er war ein guter Schüler, allerdings brauchte er zu allem länger. Die Lehrerin akzeptierte das, denn er trödelte nicht, sondern war einfach langsam. Dass Dominik mit guter Intelligenz das Gymnasium schaffen würde, war für sie keine Frage. Doch es kam anders. Nach dem Übertritt wurde ihm eine Schnelligkeit abverlangt, die er nicht schaffte.

Drei Wochen nach Schulbeginn ließ der Englischlehrer die erste unangekündigte Kurzprüfung im Leben dieser Kinder schreiben. Für Dominik war das Diktiertempo zu schnell, er kam nicht mit und fühlte sich hilflos. Auf die nachfolgende vernichtende Beurteilung war er nicht vorbereitet: Der Studienrat verpasste ihm die Note Sechs. »Das war für mich ein Schock, den ich niemals überwinden konnte«, sagt er. »Mir wurde schwindlig, als mir der Lehrer als letztem Schüler das Blatt mit der Bemerkung auf den Tisch legte: ›Für dich sehe ich schwarz.‹ Da stand in grellem Rot: ›Auf dem Gymnasium muss es schneller gehen!‹ Es tröstete mich nicht, dass Mitschüler ebenfalls Fünfen und Sechsen hatten.«

Dominik konnte sich von dem traumatischen Ereignis nicht erholen. »Ein netter Junge, intelligent, aber er müsste halt flinker sein«, waren die Kommentare, denn Verschiedenheit hat im Unterricht des dreigliedrigen Schulsystems keinen Platz. Die erste Sechs

---

8 Anne-Sophie Mutter in »Die Woche« (18.1.2002)

des Jungen zog weitere schlechte Noten nach sich, denn er konnte nicht schneller sein. Das Unverständnis der Lehrer ließ ihn von Misserfolg zu Misserfolg stolpern. Schließlich wollte er nicht mehr lernen. Am Ende des Schuljahres ließen ihn die Lehrer sitzen. So lösen sie Schulschicksale aus, ohne das verantworten zu müssen. Eltern, Lehrerkollegen, Politiker lassen es stumm geschehen, statt sich menschlich zu empören und für die Kinder einzutreten. Zum Beispiel wenn sich eine Lehrerin den Spaß erlaubt, einen Jungen wegen seiner Langsamkeit sadistisch zu demütigen, wie eine Mutter berichtet:

»Mein Sohn Maximilian war in der ersten und zweiten Klasse Grundschule einer der Langsamsten beim Schreiben. Die Lehrerin hat das ziemlich geärgert, weil sie immer auf ihn warten musste. Sie behauptete, er wäre so langsam, weil er andauernd in die Luft guckt. Von da an musste sich ein Mädchen hinter Maximilian setzen. Das bekam den Auftrag, jedes Mal, wenn mein Sohn vom Heft aufgeschaut hat, ihn an den Haaren zu ziehen. Das hat den Jungen total fertig gemacht. Er bekam Bauch- und Kopfweh und wollte nicht mehr zur Schule.« Kinder geraten in eine verzweifelte Situation, wenn sie einer Lehrerin ausgeliefert sind, die im Unterricht die Menschenrechte außer Kraft setzt.

Maximilians Mutter erlebte ihre Ohnmacht, als sie gegen das erniedrigende Verhalten der Lehrerin protestierte. Sie stieß auf eine Mauer der Gleichgültigkeit, der Junge verstünde keinen Spaß und die Mutter sei zu empfindlich. Der Elternbeirat schwieg, um die Zusammenarbeit mit den Lehrern nicht zu stören. Seine Langsamkeit wurde dem Jungen zur drückenden Bürde gemacht; er litt unter der Diskriminierung, ungeeignet für das Gymnasium zu sein.

Nur wenige Eltern und Kollegen finden, solche Lehrpersonen müssten zur Rechenschaft gezogen werden. Danach gefragt, ob Maßnahmen gegen Lehrer getroffen werden sollen, die ihre Macht missbrauchen, »lehnen das sogar 23 Prozent der interviewten Eltern ab. 35 Prozent der Lehrkräfte finden, dass nicht eingegriffen werden müsse und 40 Prozent der Schulleitungen lehnen es ab, in

solchen Fällen gegen die Lehrer vorzugehen. Vergleichbare Maßnahmen gegen negatives Verhalten von Schülern lehnen die Pädagogen weitaus weniger ab«, fand der Erziehungswissenschaftler
Volker Krumm[9]. Wie wäre es, wenn ein Schüler die Lehrerin als
»Langweilerin« bezeichnen würde oder als »völlig ungeeignet« für
ihren Beruf?

Ein Kurs zur Erlernung der Langsamkeit? – »Gras wächst nicht schneller, wenn man daran zieht«

Der Zeitdruck, den Lehrerinnen und Lehrer Schülern zumuten,
greift bei manchen Kindern tief in ihre Entwicklung ein, zum Beispiel durch die frühe Sortierung im vierten Schülerjahrgang. Sie ist
ein Grund dafür, dass bei deutschen Schülern so große Leistungs-
unterschiede entstehen. Wissenschaftliche Befunde wie die von
Ludger Wößmann[10] zeigen:

Die frühe Auslese geht »nicht mit einem stärkeren Anstieg des
durchschnittlichen Leistungsniveaus einher. Offenbar schneiden
nicht einmal die besten 25 Prozent oder gar nur die besten 5 Prozent
der Schüler besser ab, wenn die Aufgliederung früh erfolgt. Kinder
aus sozial schwachen Schichten haben eine faire Chance, wenn die
Mehrgliedrigkeit des Schulsystems erst spät einsetzt. Und auch hier
zeigt sich, dass das nicht auf Kosten des Leistungsniveaus geht. Wären erst die Bildungspolitiker bereit, aus den vorliegenden Fakten
zu lernen, bekämen unsere Schüler die Chance, mehr zu lernen«.

Dann könnten Lehrer die kurzen Prozesse abschaffen. Kurze
Prozesse sind oft destruktiv: die Strafaufgabe, der Verweis, die Demütigung, das Anbrüllen, der Schulausschluss, das Durchfallenlas-

---

9 Volker Krumm: Vor lauter Angst total versagt. In: »Erziehung und Wissenschaft«
   Nr. 11 (2005)
10 Ludger Wößmann: Letzte Chance für gute Schulen S. 144, 148, 164 (2007)

sen, die schlechte Note. Prozesse, für die Lehrer den Schülern Zeit lassen, wirken sanfter. Oft ist beim Lernen der langsame Weg der schnellere. Häufig lautet die mit dem Lehrplan begründete Rede: »Woher sollen wir die Zeit nehmen?« – Die pädagogische Frage wäre: Wie können wir für einen erfolgreichen Unterricht langsam werden? Rücksicht nehmend auf Lehrer und Kinder? Günter Grass[11] sagte in einem Vortrag vor Lehrern:

Wir bräuchten als Gegengift zur allgemein herrschenden Beschleunigung die Entdeckung der Langsamkeit: Ich schlage vor, in allen Schulen einen Kurs zur »Erlernung der Langsamkeit« einzuführen. Von mir aus darf es sogar ein Leistungskurs sein. Langsamkeit wäre eine Gangart, die der Zeit zuwider verliefe. Die bewusste Verzögerung. Das Erlernen des Innehaltens, der Muße. Nichts wäre in der gegenwärtigen Informationsflut hilfreicher als eine Hinführung der Schülerinnen und Schüler zur Besinnung ohne lärmende Nebengeräusche, ohne schnelle Bildabfolge, ohne Aktion, und hinein ins Abenteuer der Stille. Ich weiß: ein Vorschlag, den zu realisieren zwangsläufig die Zeit fehlen wird. Dennoch bitte ich Sie als Lehrerinnen und Lehrer, ihn nicht zu belächeln, sondern ihn spielerisch ernst zu nehmen.

Hinein ins Abenteuer der Stille? Maria Montessori[12] meinte, der Schule fehle die Stille. Sie führte eine »Lektion des Schweigens« ein. »Diese Lektion des Schweigens ist uns sehr nützlich gewesen, allmählich eine vollkommenere Disziplin zu erreichen.« Die Stille müsse »wirklich absolut sein«, dann mache die Schweigelektion die Kinder ruhiger und sensibler; sie führe zu einer höheren Ordnung.

Nehmen sich Lehrer Zeit für Stille zur vollkommeneren Disziplin? Könnte nicht die ursprüngliche Bedeutung von »Schule« ein Element des Unterrichts sein? »Schule« bedeutete im Griechischen: Muße, Sammlung, Ruhe, Zeit haben, sich mit eigenen Interessen und Talenten zu beschäftigen. Die Entdeckung der Langsamkeit wäre eine kinderfreundliche Errungenschaft und eine leistungs-

---

11 Günter Grass: Für- und Widerworte. Der lernende Lehrer (1999)
12 Maria Montessori: Die Macht der Schwachen (1992)

fördernde. Sie täte Eltern und Lehrern gleichermaßen gut. »Gras wächst nicht schneller, wenn man daran zieht.« Aber alle ziehen an den Schülern, getrieben vom Konkurrenz- und Leistungsprinzip. Angesichts einer Gesellschaft, die zu ständiger Hetze antreibt, muss auch ein Nichtmitmachen als Freiheit angesehen werden. Der Wunsch, ohne Hast zu sein, verbindet sich mit dem Wunsch, Wichtiges zu tun und Unwichtiges zu lassen. Damit bringen Lehrer Ruhe in den Unterricht und sie schärfen ihren Blick für Kinder, die anders sind, zum Beispiel langsam.

Saint-Exupéry erklärt den gehetzten Beschleunigern seine Philosophie. Der kleine Prinz begegnet in der Wüste einem Händler, der durststillende Pillen vertreibt und sagt: »Die Sachverständigen haben Berechnungen angestellt. Man erspart mit den Pillen dreiundfünfzig Minuten in der Woche.« – »Wenn ich dreiundfünfzig Minuten übrig hätte«, erwidert der kleine Prinz, »würde ich ganz gemächlich zu einem Brunnen laufen.«[13]

---

13 Antoine de Saint-Exupéry: Der kleine Prinz (1943)

6 Das Gift der Langeweile lähmt den Lernwillen

Lassen sich Lehrer zu Berufslangweilern machen?

In der Schule breitet sich
das Gift der Langeweile aus.
Schule ist ein Herd der Langeweile und wird von
Berufslangweilern betrieben, die die kindliche
Intelligenz verleimen, verkleben und beleidigen.
Viele Kinder erholen sich davon nie.
Das ist die wirkliche Bildungskatastrophe.
Peter Sloterdijk

»Ich möchte mich bilden«: Von der öden Grammatik in die Leselust – »Wie wenig Ahnung wir von Kindern haben«

Ich ärgerte mich über Tobias, weil er in der Deutschstunde gedank-
lich abwesend war. Ich dachte: »Mit dem ist ohnehin nicht viel los.«
Da erlebte ich Folgendes. Der Schüler war wieder einmal woanders.
Ich hatte Mühe, mit meinen Satzbau-Erklärungen die Klasse bei
Laune zu halten. Tobias schien unter der Bank etwas anderes zu

tun. Ungehalten steuerte ich auf ihn zu: »Was machst du da, wieso merkst du nicht auf?« – »Nichts«, sagte er verwirrt, als hätte ich ihn erschreckt. – »Zeig mir, was du da versteckt hast.« Der Jugendliche zog beschämt ein Buch hervor. Ich staunte nicht wenig, als ich den Einband sah: »Johann Wolfgang Goethe: Faust, erster Teil.« Als Deutschlehrer fand ich mich ganz schön daneben: Sollte ich des Schülers Unaufmerksamkeit ausgerechnet bei dessen Faust-Lektüre bestrafen? – »Liest du das?«, fragte ich ungläubig. – »Ja, das interessiert mich.« – »Wie kommst du dazu, Goethes Faust zu lesen?« – Tobias schüchtern: »Ich möchte mich bilden.« Diese Formulierung machte mich sprachlos.

Das erzählte ein Deutschlehrer in der Supervisionsgruppe. Tobias wollte sich bilden? Tatsächlich praktizierte er ein wesentliches Element der Bildung: das Interesse. Denn, so Alexander Mitscherlich, »ohne Interesse gibt es keine Bildung. Der Gebildete ist als ein Mensch zu charakterisieren, der seine jugendliche Ansprechbarkeit auf Neues und Unbekanntes behalten hat«[14]. Da lag der Jugendliche mit seinem Bildungsstreben richtig: Er tauchte unter, um der langweiligen Grammatik zu entgehen und seiner Wissbegier zu folgen. Später sagte er dem Lehrer: »Ich hielt die quälende Langeweile nicht mehr aus.« – Ist Langeweile die wirkliche Bildungskatastrophe, wie Peter Sloterdijk[15] meint? Für viele ist es eine Katastrophe, Stunden lustlos abzusitzen, ohne von den Worten des Lehrers berührt zu werden.

Tobias' Abneigung galt abstrakten Formeln des sprachwissenschaftlichen Regelwerks, mit denen Jugendliche gepiesackt werden. Die Schulgrammatik, mit der bereits Neunjährigen der Deutschunterricht vergällt wird, ist nicht nur langweilig, sie schadet der Sprachentwicklung der Kinder. Sie hat nichts mit dem gesprochenen Wort zu tun und verdirbt den Schülern die Freude am Schreiben. Schon Grundschüler müssen lateinische Bezeichnungen auswendig

---

14 Alexander Mitscherlich: »Auf dem Weg zur vaterlosen Gesellschaft S. 25 (1973)
15 Peter Sloterdijk: Lehrer sollen Verführer sein (2001)

lernen, ohne inwendig etwas erfassen zu können. Die Grammatik hilft ihnen nicht, besser zu sprechen und zu schreiben; im Gegenteil: Sie entfremdet die Kinder dem spontanen Ausdruck. Lehrer, die diese spröde Grammatik entgegen einleuchtender Erkenntnis immer noch befürworten, tun so, als müsste ein Kind Satzbaupläne kennen, um einen Satz sprechen zu können.

»Die grammatischen Regeln zu ›wissen‹ ist eine Sache«, schreibt der Philosoph André Gorz[16], »eine grundlegend andere ist es, das ›Wissen‹ zu haben, um eine Sprache sprechen zu können. Um sprechen zu können, muss man den erkenntnismäßigen Bezug zur Sprache aufgegeben haben. Lebendiges Wissen besteht aus Erfahrung und Praktiken, die zu intuitiven Erkenntnissen und Gewohnheiten geworden sind.« »Wer zum Beispiel eine Sprache durch das Lernen der Grammatikregeln erwerben möchte, hat einen langen Weg zurückzulegen, bis er diese Sprache wirklich sprechen kann. Wer sich hingegen zunächst im Sprechen übt, kann dann mühelos die Grammatikregeln lernen, indem er sich fragt, wie diese Sprache – die er kann, ohne die Regeln zu kennen – funktioniert«, vorausgesetzt, das interessiert ihn. Die Grammatik ist für Kinder totes Wissen. Die entsinnlichten grammatikalischen Denkprozesse überfordern sie und entfremden sie ihrer Sprache.

Tobias erlebte, wie schön es ist, sich mit Erkenntnishunger in die Literatur zu vertiefen. Es ist ein Glückszustand für ihn, seinen Wissensdurst zu befriedigen. Er wehrt sich gegen eingetrichterte Fertigkeiten. Es gibt zwar vielerlei Gründe für Langeweile im Unterricht. Ein Hauptgrund ist der: Schüler dürfen sich zu wenig mit Themen auseinandersetzen, die sie herausfordern, Aufgaben, denen sie sich hingeben können, an denen es ihnen möglich ist, etwas von sich selbst zu verwirklichen.

Der Deutschlehrer sprach Tobias später auf seine Leselust an. Da erfuhr er: Der Schüler las gern Lyrik, konnte Gedichte auswendig und schrieb selbst Gedichte. Der Lehrer bat ihn, ihm die Gedichte

---

16 André Gorz: Wissen, Wert und Kapital S. 19, 42 (2004)

zu zeigen, und schlug ihm vor, sie der Klasse vorzutragen. Das tat er gern, und die Mitschüler horchten auf; sie sahen Tobias in einem anderen Licht. Er selbst fühlte sich mit einer Seite seiner Person geachtet, die für ihn wertvoll war. Tobias' Lehrer sagte zu mir: »Mich hat das schon bewegt, wie wenig Ahnung wir oft von dem haben, wer die Kinder wirklich sind und was wir in ihnen entdecken könnten.«

Manchem Schüler drückt »der Fremdstoff in seinem Hirn fühlbar aufs Gemüt« – Schule als Lehrplanvollzugsanstalt?

»Langeweile ist eines der größten Übel, die den Menschen befallen können. Sie ist nichts anderes als der Ausdruck von Unbezogenheit zur Welt und fehlender Liebe« (Erich Fromm[17]). Langeweile überwinden bedeutet demnach: Bezogenheit zur Welt und Bezogenheit zu Menschen herzustellen.

Unterricht ohne Langeweile bedeutet nicht, mit außerschulischen Events zu konkurrieren und spannende Stunden zu halten. Im Gegenteil: Lehrer sollten dafür sorgen, dass Schüler sinnvoll arbeiten, auf aktivierende Impulse produktiv reagieren können. Das eigene Tun ist nicht immer lustvoll, es geschieht auch gegen den Strich und ist anstrengend. Am Ende steht allerdings die Befriedigung: »Das war schwierig, aber ich habe es geschafft.«

Viele Unterrichtsinhalte gehen am Leben der Kinder vorbei. Der Satz »Das brauchst du für später!« ist kein Trost, und er stimmt auch nicht, wie die Leistungsstudien zeigen: Deutsche Schüler lernen gerade das am wenigsten, was sie für später brauchen. Die mit Wissensstoff voll gestopften Lehrpläne bewirken nicht, was stoffbesessene Lehrplaner und gehorsame Lehrer erwarten: mehr Wissen und Können. Mit Stoffmengen überfütterte Schüler können das

17 Erich Fromm: Gesamtausgabe Band 11 Politische Psychoanalyse S. 249 (1999)

Gelernte nicht verdauen. Manche erleben es wie Emil Strauß[18] vor 100 Jahren. Erstaunlich, wie starr das Schulsystem ist, dass die Feststellung des Schülers heute noch gilt:

Dass man einen Menschen gerade mit dem füttert, was sein Organismus am wenigsten verlangt und erträgt: Zu diesem bösen Spiel eine möglichst gute Miene zu machen hatte der Schüler weidlich geübt; aber ein böses Spiel war es doch. Der Stoff blieb ein widerspenstiger und quälender Fremdstoff in seinem Hirn. Und der geistige Zwang, vermöge dessen er ihn dort hineinpresste, drückte langsam, erst unmerklich, und mit der Zeit fühlbarer auf sein Gemüt.

Gegen die Schullangeweile hilft vor allem, Kinder mit ihren Lernwünschen ernst zu nehmen. Peter Bichsel[19] war beleidigt, weil er sich als Schulanfänger nicht akzeptiert fühlte: »Man ließ mir in der Schule nicht einmal das Erlebnis des Lernens. Ich habe das Lernen, auf das ich mich so freute, nicht bemerkt, weil man glaubte, mich mit Spielchen, Klebeförmchen, mit Äpfelchen und Birnchen zum Lernen verführen zu müssen. Ich war beleidigt, weil man mir meine Lernwilligkeit nicht glaubte.« Was die Langeweile vertreibt, ist die Erfahrung, selbst etwas zu können, das »Erlebnis des Lernens«.

Amtlich verordnete Langeweile drückt sich in kindfernen Lehrplänen aus. Diese zeugen von einer »skurrilen Neigung zum Detail«, schreibt Jeanne Rubner. »Fast überall in der Republik toben sich Ministerialbürokraten, Berufsvereine und Lobbygruppen bei der Lehrplanentwicklung aus und lassen ihren Wünschen freien Lauf.« Lernwünsche der Schüler sind nicht vorgesehen.

Seit einem halben Jahrhundert ist von der »Entrümpelung der Lehrpläne« die Rede, vom »Mut zur Lücke«, vom »Verschlanken der Stoffpläne«. Aber die Lehrer nehmen den Lehrplanmachern nicht das Heft aus der Hand, um die Systematik auszuräumen und das Leben hereinzulassen. Schlimmer noch: Manche haben sich mit

---

18 Emil Strauß: Freund Hein. Roman (1902)
19 Peter Bichsel: Schulmeistereien (1985)

dem stumpfsinnigen Stoffvermittlungsbetrieb so abgefunden, dass ihnen die eigene Lebendigkeit abhandengekommen ist. So können Schulen zur Lehrplanvollzugsanstalt deformiert werden.

Jugendliche könnten mehr lernen, wenn sie an weniger Themen vertieft lernen dürften. Aber: »Sechzehn Bundesländer, dreizehn Klassenstufen, zwischen fünf und zwölf Fächer: Knapp 2000 Lehrpläne schreiben auf vielen Zehntausend Seiten vor, was Schüler an Katzenknochen, Pythagoras und unregelmäßigen Verben kennen müssen. Dass es auch anders geht, zeigt das Beispiel der skandinavischen Länder, die den Schulen Freiheiten gegeben haben, ohne sie in die Beliebigkeit zu entlassen. Finnland kommt mit 180 Seiten Lehrplan aus« (Jeanne Rubner[20]).

Langeweile macht aggressiv – durch gesunde Aggression die Monotonie überwinden

Bereits der Wortschatz drückt die destruktive Seite der Langeweile aus: trostlose Langeweile, lähmende Langeweile; aus purer Langeweile vergehen, sich zu Tode langweilen. Gelangweilte Jugendliche, zum Beispiele jene, die nicht arbeiten dürfen, reagieren unter Umständen begierig auf Berichte über Gewalt. Sie können sich auf diese Weise am schnellsten in Erregung versetzen und so ihre Langeweile loswerden. »Bei der Diskussion darüber, wie sich Gewalttätigkeit in den Medien auswirkt, wird meist übersehen: Langeweile ist eine Voraussetzung dafür, dass Gewaltdarstellungen wirken. Es ist allerdings nur ein kleiner Schritt von der passiven Freude an Gewalttätigkeit und Grausamkeit bis zu den vielen Formen, aktiv durch sadistisches oder destruktives Verhalten erregt zu werden. Das Motiv für Destruktion ist oft nicht Hass, sondern ein unerträgliches Gefühl der Langeweile und Ohnmacht. Und es ist das Bedürfnis,

---

20 Jeanne Rubner: Der kleine Stadtplaner. (SZ 8. Juni 2004)

zu erleben, dass es doch noch jemanden gibt, der reagiert: jemand, auf den man Eindruck machen kann. Die destruktive Tat macht der Monotonie des täglichen Lebens ein Ende« (Erich Fromm[21]).

Wie die schülerorientierte Aktivität der Langeweile und dem destruktiven Handeln vorbeugt, zeigte sich bei einem Modellversuch an einer Schule, in der die Schüler Sachen zerstörten und gewalttätig waren.[22] Der Krankenwagen fuhr an dieser Schule dreimal die Woche vor, um Schüler abzuholen, die bei Prügeleien verletzt wurden. Im Verlauf eines drei Jahre dauernden Projekts musste der Krankenwagen statt bisher durchschnittlich zwölfmal nur noch einmal im Monat gerufen werden. Deutlich ließ die Zerstörungswut nach. Die Stadtverwaltung bezahlte zuvor 10.000 Mark, weil die Jugendlichen Türen eintraten, Toiletten demolierten, Möbel zerschlugen, Vorhänge herunterrissen. Im Verlauf des Modellprojekts waren es statt 10.000 Mark nur noch 1.000 Mark für die üblichen Reparaturen. Wie kam das?

Die Lehrerinnen und Lehrer stellten ihren Unterricht auf interessengeleitetes Arbeiten ein. Die Jugendlichen wurden nicht durch Theorie lernunlustig gemacht. Sie durften neben dem üblichen Unterricht handwerklich arbeiten, lernten Fertigkeiten, die sie im Alltag anwenden konnten. Auf dem Stundenplan stand: Arbeit im Fotolabor, Textilkurs, häusliche Krankenpflege, Kunststoffverarbeitung, Mofakurs. Die Schüler durften unter sechzehn Kursen wählen: Kosmetikkurs, Amateurfunklizenzkurs, Säuglingspflege, Fahrradreparatur und andere. Sie blieben nicht nur im Klassenzimmer, sondern besuchten Betriebe, Werkstätten und machten »Eintags-Lehren« bei Friseuren, Fliesenlegern, in Versicherungen und Verwaltung. Durch diesen Unterricht konnten sich die Schüler begeistern und zeigten sich weniger gewaltbereit.

---

21 Erich Fromm: Anatomie der menschlichen Destruktivität S. 224 (1977)
22 SPIEGEL-Bericht über einen Modellversuch an einer Hauptschule in Neuss (1983)

In manchen Diskussionen um Jugendgewalt geht es vorwiegend darum, Aggressivität zu bekämpfen. Sicherer wirkt jedoch, die Schule so zu gestalten, dass Schüler ihre Aggression gesund leben können, konstruktiv im Spiel und in der Arbeit: zupacken, entdecken, fragen, ausprobieren, etwas gestalten. Aktiv sein ist ein existenzielles Bedürfnis von Kindern und Jugendlichen. In dem Modellversuch war aktive Eigenbewegung das Heilmittel. Die Schüler verhielten sich im Verlauf des Schulversuchs rücksichtsvoller, gingen behutsamer mit Dingen um und lernten lieber. Was war das Heilende?

- Die Jugendlichen durften *selbst etwas tun,* sie konnten aktiv sein, ihre intellektuellen Fähigkeiten nutzen und ihre Fantasie betätigen.
- Die Schüler sammelten erregende und anregende Erfahrungen durch Begreifen. Der *sinnliche Umgang* mit Dingen weckte Lernmotive.
- Die Schüler wurden ernst genommen, man kümmerte sich um sie; die Schüler spürten die *Wertschätzung,* die ihnen durch den veränderten Unterricht zuteil wurde.
- Sie fühlten sich *verantwortlich;* die Arbeit wurde zu ihrer Sache. An Stelle der Aggressivität trat produktive Aggression.
- Die Jugendlichen entwickelten *persönliche Interessen.* Der Unterricht folgte nicht nur dem Lehrplan, sondern ihren Fragen und Neigungen.
- Der Frontalunterricht wich selbstbestimmtem individuellem Arbeiten; Konkurrenz wurde durch *Kooperation* ersetzt: in Partnerarbeit, Kleingruppenarbeit, Kreisgespräch.
- Die Jugendlichen konnten etwas in die Hand nehmen, *handelnd* lernen. Dass die Schüler Gegenstände kurz und klein schlugen, war fehlgeleitete Lebensenergie, die sie jetzt konstruktiv einsetzten.
- Das Wissen, das sich die Schüler aneigneten, war für sie anwendbar, sie lernten nicht nur für später, sondern für heute. Sie

konnten Kenntnisse in praktisches Handeln umsetzen: *praktisch lernen*.
- Das *handwerkliche Können* wurde so wichtig genommen wie das theoretische Lernen. Das gab jenen Jugendlichen Auftrieb, die praktisch begabt sind.
- Die Schüler erlebten ihr jetziges Tun als sinnvoll und konnten es mit künftigen *Zielen* im Blick auf die Berufsfindung verknüpfen.

Freiarbeit stärkt die Selbstständigkeit und kann Kinder gesund machen – Langeweile in der Schule ist ein Skandal

Eine Unterrichtsform, bei der Schüler ihre höchste Lebensqualität »Aktivität« erfahren, ist die Freiarbeit. Sie folgt dem Prinzip, Kindern dabei zu helfen, alles selbst zu tun, was sie selbst tun können. »Hilf mir, es selbst zu tun«, soll ein Kind einmal zu Maria Montessori gesagt haben. Der Satz wurde zum Leitmotiv der Montessoripädagogik.

Wenn ich Montessorischulen besuche, bin ich überrascht über die ruhige Arbeitsatmosphäre. Die Schüler sind in eine Arbeit versunken, für die sie sich entschieden haben. Sie schreiben an einer Geschichte, bearbeiten einen Text zum Sachthema des Wochenplans, erledigen eine Englischaufgabe, befassen sich mit Hilfe des Montessorimaterials mit Mathematik, bereiten sich auf ein Diktat vor. Bei bestimmten Aufgaben ziehen sie sich zurück und arbeiten mit einem Partner zusammen: so leise, dass sie andere nicht stören.

Die Selbstständigkeit in freier Arbeit kann Kinder sogar gesund machen. Das zeigte sich in einer Untersuchung über die Auswirkungen des offenen Unterrichts[23]. Es wurden Schüler beobachtet, in deren Schulklassen viel in Freiarbeit unterrichtet wurde. Sie lernten

---

23 H. Goetze: Offenes Unterrichten bei Schülern mit Verhaltensstörungen (1989)

in Einzelarbeit, Partnerarbeit, durften ihre Lerninhalte mitbestimmen, hatten wenig Frontal- und Wortunterricht. Freiarbeit ermöglichte es, *alle* Kinder zu aktivieren und auf ihrem unterschiedlichen Leistungsniveau zu fördern; die Schüler konnten ihren persönlichen Lernstil entwickeln. Die Lehrer überließen die Kinder nicht sich selbst, sondern führten sie in kleinen Schritten in die Methode ein.

Die Kinder, bei denen Freiarbeit als Element des Unterrichts galt, waren nach einem Jahr körperlich und seelisch gesünder als zuvor: Die Symptome verhaltensgestörter Schüler besserten sich, die Schüler verhielten sich weniger ängstlich, ihre Aggressivität nahm ab, sie schwänzten seltener die Schule, fanden mehr Kontakt zum Lehrer und gewannen untereinander bessere Beziehungen. Bei den Schülern, die weiterhin frontal unterrichtet wurden, veränderte sich hingegen nichts an ihrem Verhalten und ihrer Gesundheit.

Nach einer Studie der Wissenschaftszeitschrift »Science« haben Forscher »Kinder in einem amerikanischen Montessorikindergarten und einer Montessorischule mit Gleichaltrigen verglichen, die herkömmliche Bildungseinrichtungen besuchten. Dabei zeigte sich ein Vorsprung der Montessoripädagogik: Die Sechsjährigen waren sozial kompetenter und besser im Rechnen und Lesen. Bei den Zwölfjährigen zeigte sich ein ähnliches Bild: Die Montessorischüler schrieben kreativere Aufsätze als Schüler der Vergleichsgruppen«[24].

Trotz solcher Erkenntnisse vermögen es Lehrer und Eltern nicht, die Schule für Kinder bekömmlicher zu machen. Ein Grund ist die Lernunwilligkeit eines Teils der Lehrer. Gegen die können sich veränderungswillige Kollegen und Eltern nicht durchsetzen. Jene, die sich gegen pädagogische Veränderungen stellen, werden durch den Bürokratismus und das Machtdenken der Schulverwaltung gestützt. So kommt es, dass Ergebnisse der Wissenschaft vom Menschen der Schule vorenthalten werden. Zum Beispiel die der Hirnforschung:

24 Die Tageszeitung 10.01.2007

»Die Sache ist ganz einfach«, schreibt Manfred Spitzer[25]: »Es geht darum, dass die Schüler das Gelernte mit ihren eigenen Erfahrungen verbinden müssen. Dies ist keine ›Kann-Bestimmung‹, nach dem Motto: Wenn möglich sollte auch noch darauf (wie auf vieles andere) geachtet werden. Nein, wenn der Schüler es nicht schafft, die Inhalte, um die es in der Schule geht, mit seiner ganz individuellen Lebenserfahrung in Verbindung zu bringen, wird er letztlich nichts lernen. Vielleicht werden ein paar ›Leerformeln‹ hängen bleiben, ohne jede Wirkung auf das Verhalten.«

Warum ist das in der Schule nicht so einfach, wie der Autor schreibt? Weil zu wenig Lehrerinnen, Lehrer und Eltern aus dem bürokratischen Gefängnis des Schulsystems ausbrechen. Dass dies möglich ist, zeigen die mit dem Deutschen Schulpreis ausgezeichneten Schulen und alternativen Modelle, Initiativen von Schulleitern, die mit ihren Lehrern an normalen Regelschulen neue Wege beschreiten. Es sind immer nur einige wenige mutige Personen, die andere mit ihrem pädagogischen Engagement anstecken und die Schule an ihrem Ort verändern.

In unserem Schulsystem herrscht jedoch »eine mechanische, quantitative Vorstellung von Bildung: Stundenzahlen, Stoffmengen, Bewertung in Form von Ziffern, Leistungsstandards. In der Unter- und Mittelstufe hat die in unserer Welt waltende Arbeitsteilung alles lebendige Lernen und Lehren in isolierte Einheiten verwandelt. Dass nach all den pädagogischen und didaktischen Anstrengungen des 20. Jahrhunderts an den Schulen immer noch so viel Langeweile herrscht, ist ein Skandal« (Hartmut von Hentig[26]).

---

25 Manfred Spitzer: Lernen. Gehirnforschung und die Schule des Lebens S. 416 (2003)
26 Hartmut von Hentig: SPIEGEL-Gespräch (2007)

7 Interesse beflügelt das Lernen

Kinder mit Neugier die Welt entdecken lassen

Ohne Interesse gibt es keine Bildung.
Der Gebildete ist auf der Suche nach Wissen
und nach den Methoden, Erfahrung zu prüfen.
Alexander Mitscherlich

Bildung erweist sich im Fragenkönnen:
Mit Fragen auf den Grund der Sache dringen.
Karl Jaspers

Thomas, ein Schulverweigerer – die Mutter vermittelt dem »Hohlkopf« die Liebe zum Lernen

Thomas war ein ungewöhnlich interessiertes Kind, die Schule gefiel ihm jedoch nicht. »Ich kann mich erinnern«, erzählte er, »dass ich im Unterricht nie zurechtkam. Immer war ich der Letzte in der Klasse. Ich hatte das Gefühl, mein Lehrer mochte mich nicht, und mein Vater meinte, ich sei dumm.« Drei Monate ging es in der Schule gut.

*Dann beschimpfte der Lehrer den Jungen: »Du bist ein Hohlkopf!«
Der Achtjährige verließ beleidigt das Klassenzimmer und rannte
schnurstracks nach Hause. Seiner Mutter erklärte er: »Ich werde nie
mehr in die Schule gehen.«*

*Er hat Wort gehalten und kehrte nicht in seine Dorfschule zurück.
Er besuchte auch nie eine andere Schule, weder ein Gymnasium noch
die Universität. Dennoch wurde er, getrieben von seinem Interesse
und seiner Intelligenz, einer der genialsten Erfinder. Er machte mehr
als tausend Erfindungen, konstruierte ein Mikrophon, verbesserte
das Telefon, erfand die elektrische Glühlampe, baute ein Filmgerät,
entwickelte einen Vorläufer des Grammophons.*

*Der Junge entkam der Schule, denn damals herrschte keine Schul-
pflicht. Nachdem er wegen des beleidigenden Lehrers – »Du bist ein
Hohlkopf« – die Schule verweigerte, unterrichtete ihn seine Mutter.
Er sagte später: »Meine Mutter verstand mich, sie vermittelte mir die
Liebe zum Lernen.«*

Der Erfinder, der nie mehr eine Schule besuchte, war Thomas Alva
Edison.[27] Sein Lehrer hatte sich in dem »Hohlkopf« getäuscht, wie
das auch heute Lehrern passiert, wenn sie sich anmaßen, Neunjährigen die Lernentwicklung vorherzusagen.

Edisons Eltern unterstützten die besonderen Neigungen des Kindes und regten die Freude am Lernen an. Wie Thomas Alva Edison
sind viele Kinder begeisterte Lerner. Ihr Interesse entwickelt sich
vor allem

- an *Dingen und Vorgängen*, die für Jugendliche fragwürdig sind;
  deshalb stellen Lehrer das Wissen von der interessanten Seite
  her dar.
- Interesse erwacht an *Themen*, die den Schülern etwas bedeuten. Das gelingt, wenn Lehrer den Schülern einen persönlichen
  Bezug zur Sache ermöglichen, wenn Kinder ihre Berührungs-
  punkte finden.

---

27 Nach: Gerhard Prause: Genies in der Schule (1998)

- Interesse hängt davon ab, welche *Begabungen* ein Kind mitbringt. Durch vorwiegend theoretischen Unterricht werden die Kinder benachteiligt, die praktisch begabt sind. Auch Begabungen, die nicht zu den Schulfächern gehören, sollten gelten.
- Interesse entsteht über die *Beziehung zu Menschen*, die Kindern etwas bedeuten, über Persönlichkeiten, die ihnen Vorbild sind.
- Interesse erwächst durch *eigenes Handeln,* statt überwiegend aufs Lehrerwort hören und es nachsagen zu müssen.
- Interesse erwacht, wenn die Barrieren zwischen dem Lernen in der Schule und dem Lernen im Leben abgebaut werden, wenn das Lernen an *echten Lebenssituationen* stattfindet.

Interessierte Schüler lernen ausdauernder und erreichen dadurch gute Lernfortschritte. Der Lernerfolg wirkt sich wiederum auf die Interessenentwicklung aus: Das Interesse steigt.

Kinder leben in Fragen – Bildung als Weltorientierung beginnt mit der Neugierde

»Ein Kind fragt seine Mutter: ›Was für ein Tag ist heute?‹ Die Mutter sagt: ›Heute ist Mittwoch.‹ ›Was wäre, wenn Donnerstag wäre?‹, fragt das Kind; und die Mutter sagt: ›Frag nicht so saudumm.‹ Mir hat die Frage des Kindes gefallen«, schreibt Peter Bichsel[28]. »Sie ist zwar unbeantwortbar, aber es ist eine gute Frage. Vielleicht weiß das Kind oder ahnt, dass die Frage unbeantwortbar ist. Vielleicht will es nichts anderes, als seine Mutter ins Unbeantwortbare locken, ins Absurde, ins ›Was wäre, wenn‹. Man kann sich in Fragen gut einrichten, man könnte in Fragen leben. Kinder leben in Fragen, Erwachsene leben in Antworten. Kinder sind Fragezeichenmenschen, Erwachsene oft Schlusspunktmenschen. Es kommt vor, dass

---

28 Peter Bichsel: Schulmeistereien S. 7 (1985)

Kinder auf Antworten verzichten, keine Antwort wollen, nur Fragen, als ob es eine Welt der Fragen und eine Welt der Antworten gäbe, die nur ganz zufällig etwas miteinander zu tun haben – Gegenwelten.«

Eltern und Lehrer, welche die Fragen ernst nehmen, erleben Kinder gelegentlich als Philosophen: Warum soll ich das tun? Warum ist es nicht anders? Warum funktioniert das so? Für Carl Friedrich von Weizsäcker ist Philosophieren eine unabschließbare Fragebewegung. Er charakterisiert Philosophie als Weiterfragen, als Element der Unruhe, das nie stillzustellen ist: »Philosophie ist die Frage, ob man verstanden hat, was man tut, ob man verstanden hat, was man redet.«

In vielen Unterrichtsstunden fragt der, der die Antwort bereits weiß: der Lehrer. Dieser krankhafte Frageunterricht verstümmelt das natürliche Sprechen. Lernanregende Fragen beziehen sich auf das, was der Schüler wissen möchte, was er weiß oder zu wissen fähig ist. Mit der Inflation von Lehrerfragen gehen Lehrer an der Urszene des Lernens vorbei, an der Schülerfrage. Wenn sich der Unterricht an Schülerfragen entzündet, wird er für die Kinder und für den Lehrer interessant. Denn er entdeckt, wie die Kinder denken, und kann ihrem Denken folgen. Deshalb sollten die Schüler in jeder Unterrichtsstunde nicht nur fragen dürfen, sondern zum Fragen ermuntert werden und es üben.

Dass Schüler in der Schule nichts zu fragen haben, ist Ausdruck der schulischen Machtstrukturen. Für Victor Klemperer[29] hängen Frageverbot und Gewaltherrschaft zusammen: »Hauptsache für die Tyrannis jeglicher Art ist die Unterdrückung des Fragetriebs.« Dann kann man umgekehrt folgern: Die Fragelust zu wecken treibt nicht nur das Lernen voran, sondern ist Teil demokratischer Erziehung, die Freiheit, den Mund aufzumachen.

Fragen der Kinder und Jugendlichen sind ein Element selbstregulierenden Lernens. Der Reformpädagoge Berthold Otto (1859

---

29 Victor Klemperer: Ich will Zeugnis ablegen bis zum Letzten S. 402 (1995)

– 1939) forderte »das unbeschränkte Fragerecht des Kindes«. Die Frage sei das wichtigste Instrument des Schülers, wenn er nach Erkenntnis strebt. In der von ihm geleiteten Schule schloss er seinen Unterricht konsequent an Schülerfragen an; nicht mehr die Lehrerfragen bestimmten das Unterrichtsgeschehen, sondern der Fragedrang der Jugendlichen.

Für den Philosophen Peter Bieri beginnt Bildung mit der Neugierde: »Man töte in jemandem die Neugierde ab und man stiehlt ihm die Chance, sich zu bilden. Neugierde ist der unersättliche Wunsch, zu erfahren, was es in der Welt gibt. Stets geht es um zweierlei: zu wissen, was der Fall ist, und zu verstehen, warum es der Fall ist. Bildung ist ein doppeltes Lernen: Man lernt die Welt kennen und man lernt das Lernen kennen. Was im Zuge der Weltorientierung entsteht, ist ein Sinn für Genauigkeit, ein Verständnis davon, was es heißt, etwas genau zu kennen und zu verstehen: ein Gestein, ein Gedicht, eine Krankheit, eine Symphonie, ein Rechtssystem, eine politische Bewegung, ein Spiel. Es gibt niemanden, der mehr als nur einen winzigen Ausschnitt der Welt genau kennt.«[30]

Das unbeschränkte Fragerecht des Kindes – keine Unterrichtsstunde ohne interessengeleitete Schülerfragen

Eine Biologielehrerin berichtet, wie sie sich durch Lehrplanvorschriften nicht einschränken lässt, das Fragerecht der Schüler zu verwirklichen: »Ich lasse die Schüler mitbestimmen, welche Themen sie im Rahmen der Lehrplanvorschläge bevorzugen. Wenn die Thematik klar ist, beginne ich jede Biologieeinheit damit, die Fragelust zu wecken; denn ich sehe im Fragen eine grundlegende Methode geistigen Arbeitens. Deshalb begann ich unlängst in einer 9. Klasse die erste Unterrichtsstunde zum Thema ›Bienen‹ so:

---

30 Peter Bieri: Wie wäre es, gebildet zu sein? S. 3 (2006)

›Bitte überlegt: Was wisst ihr bereits über Bienen? Was fällt euch dazu ein? – Schreibt in Stichwörtern oder kurzen Sätzen euer aktuelles Wissen über Bienen auf, oder welche Beobachtungen ihr dazu gemacht habt.‹ Die Schüler überlegten und schrieben ihre Notizen nieder. Nach zehn Minuten durften alle, die das wollten, mitteilen, was ihnen einfiel. Die Klasse und ich waren erstaunt darüber, wie viel die Schüler zutage förderten. Dann, und das mache ich in jeder Sachstunde, sagte ich den Schülern: Schreibt jetzt Fragen auf, die euch zum Thema ›Bienen‹ interessieren.

Eine Schülergruppe, die an diesem Tag das Unterrichtsprotokoll schrieb, sammelte die Fragen, zum Beispiel: Wie machen die Bienen den Honig? Stimmt es, dass die Biene stirbt, wenn sie mich gestochen hat? Ich hab gehört, die Bienen verständigen sich durch Tänze, wie geht das? – Bei Dutzenden weiterer Fragen – insgesamt notierten die Protokollführer 73 – merkte ich: Die Schüler begannen, in die Geheimnisse des Bienenvolkes einzudringen; bereits beim Fragen dachten und lernten sie. Die Fragen begleiteten uns während der zweiwöchigen Biologieepoche und es kamen immer neue hinzu.«

Die Lehrerin erzählte, wie die Kinder durch die Fragehaltung angeregt wurden zu forschen: Ein Junge bekam von einem benachbarten Imker eine Bienenkönigin geliehen; ein anderer lud aus dem Internet die Informationen herunter, die auf einem Honigglas angekündigt waren; einige Schüler zeigten, was sie in Tierbüchern und Tierlexika fanden, ein Junge brachte einen ungewöhnlich dunklen Honig mit, was die Frage aufwarf: Sagt die Farbe des Honigs etwas aus?

Im Verlauf der Bienenepoche besuchte die Klasse einen Imker. Jeder Schüler bekam von ihm ein Stückchen gefüllter Bienenwabe zum Auslutschen. Der Imker war beeindruckt von den Fragen der Schüler. Auf diesem Unterrichtsgang wurden einige Kinder von Bienen gestochen; ein Mädchen wollte bei ihrer Arztmutter erkunden, was da in der Haut vorging, wenn sie anschwoll und sich entzündete und wie es zum Schmerz kam. An einem weiteren Tag betrachteten die Schüler einen Film über die Tänze der Bienen und an einem anderen erarbeiteten sie anhand von Dias die Entwicklung der Bienen.

Die Tante eines Schülers, die acht Bienenvölker hatte, stellte sich in der Klasse einer Expertenbefragung, die eine Gruppe vorbereitete. Bereits die Interviewfragen erforderten von den Schülern, in die naturkundlichen Sachverhalte einzudringen. Die Imkerin brachte eine Bienenwabe hinter Glas mit, damit die Schüler genau beobachten konnten, wie sich die Bienen bewegen.

»Bildung erweist sich im Fragenkönnen. Es vermag im konkreten Fall, mit Hilfe des bis dahin erworbenen Wissens, auf den Grund der Sache zu dringen« (Karl Jaspers[31]). Unter diesem Bildungsbegriff wird unsere Schule dem Bildungsauftrag nicht gerecht. In ihr haben Schüler nichts zu fragen und wenig zu sagen. Da können die Kultusminister noch so viele Bildungsstandards anhäufen. Wenn das Schülerinteresse durch vorgeschriebene Stoffpläne so missachtet wird, wie das in Hunderten verschiedener und überladener Lehrpläne der Bundesrepublik der Fall ist, werden die Schüler gegenüber den Unterrichtsinhalten gleichgültig.

»Ich verliebte mich augenblicklich in meine Lehrerin« – über die gute Beziehung zu Lehrern wächst Interesse an der Sache

»Ich erinnere mich noch sehr gut an meinen ersten Schultag«, schreibt Peter Bichsel[32], »ich erinnere mich, wie ich mich augenblicklich in meine Lehrerin verliebte. Das ist für mich die einzige Erklärung dafür, dass ich kein Schulversager wurde. Ich könnte ihr Kleid heute noch beschreiben.« Zwar ist es pointiert, wenn Goe-

---

31 Karl Jaspers: Was ist Erziehung? S. 114 (1999)
32 Peter Bichsel: Schulmeistereien S. 7 (1985)

the meint: »Man lernt immer nur von dem, den man liebt.« Aber für Kinder ist die sympathische Beziehung zu Lehrerin oder Lehrer entscheidend dafür, Lerninteressen auszubilden. Haben sie das Glück, in einer freundlichen Beziehung lernen zu dürfen, färbt das auf das Fach ab und auf die Neigung, sich auf das Lernen einzulassen. Umgekehrt können abgelehnte Fächer mit abgelehnten Lehrern zusammenhängen.

»*Ob ich jemandem Kuchenbacken, Schillers Glocke oder die Infinitesimalrechnung beibringen will, ob ich ein Kind Rad fahren, Bilder anschauen oder Musikhören lehre – es geht nicht ohne Liebe. Liebe zum Gegenstand auf jeden Fall, über den lernt man dann manchmal auch kratzbürstige Objekte pädagogischen Bemühens! Das habe ich von meinem Griechischlehrer gelernt: Er verglich seine Bemühungen, uns diese Sprache beizubringen, immer mit der Suche nach Heidelbeeren im ewigen Eis – aber er liebte das alte Griechisch so sehr, dass er nie aufhörte, an diese Heidelbeeren zu glauben. Und deshalb fand er auch manchmal welche. Er war ein erwachsener Mensch. Er wollte nicht sein wie wir, er benutzte nicht unsere Ausdrücke. Er zog sich konservativ an. Er hatte Erfahrungen, die wir nicht hatten. Er war bereit, sie mit uns zu teilen, wissend, dass das nur teilweise geht. Er öffnete unsere Ohren für Dinge, die keinem materiellen Zweck und keiner Karriere dienten. Er respektierte uns zwar, aber nicht übertrieben.*«[33]

Interesse ist für die Entwicklung der Persönlichkeit grundlegend, wie es die Definition des Interessenforschers Hans Schiefele[34] ausdrückt: »Interesse ist die emotional beteiligte Auseinandersetzung mit einem Gegenstand: einer Sache, einer Person, einem Vorgang, einer bestimmten Beziehungskonstellation. Diese geistige Auseinandersetzung hat das Ziel, den Gegenstand zu erfassen, Wissen über ihn zu erwerben, ihn gedanklich zu durchdringen, ihn zu verstehen, weil er dem Lernenden etwas bedeutet. Er leistet auf diese

---

33 Eva Demski: Von Liebe, Reichtum, Tod und Schminke S. 68 (2004)
34 Hans Schiefele: Lernmotivation und Motivlernen (1974)

Weise ein Stück Selbstbestimmung. In seinen Interessen lebt der Mensch sein Selbstverständnis; er wird für sich selbst und für andere darin begreiflich. Indem die heranwachsende Person Interesse ausbildet, profiliert sie ihre Identität.«

Für ihre Interessenentwicklung brauchen die Schüler Lehrer, die interessiert sind. Lehrer ohne Leidenschaft für die Sache sind ein Unglück für Kinder. Lehrer sollten Lerner sein, dann erleben sie an sich selbst das Bewegende des Lernvorgangs, was schwierig daran ist und was befriedigend. Es erleichtert ihnen, sich in lernende Kinder einzudenken. Dann geht ihnen nicht der deprimierende Satz über die Lippen: »Jetzt hast du das immer noch nicht kapiert.« – Wenn im Lehrer nichts vorgeht, geht auch nichts von ihm aus; er hilft sich dann mit Routine. Lehrerinnen und Lehrer könnten sich fragen: Was antworte ich, wenn mich Schüler fragen: Interessiert Sie das, was Sie uns lehren? Interessieren Sie sich dafür, was uns interessiert? Und interessieren Sie sich für uns als Person?

Die Rückschau: Hat es sich heute gelohnt, in die Schule zu gehen? – Deutsch 1, Mathematik 5: Unterschiedliche Interessen

Ich habe mich als Lehrer täglich am Ende des Unterrichts zu Schlussbetrachtung und Lied mit den Schülern im Kreis versammelt. Wir überlegten: Hat es sich gelohnt, heute in die Schule zu kommen? Wer möchte sagen, was er heute Vormittag gelernt hat? Welche Frage wurde dir beantwortet? Interessierte dich, was wir lernten? Kannst du sagen: ›Das habe ich noch nie in meinem Leben gehört, das möchte ich mir merken?‹ Hat das, was wir lernten, mit deinem Leben zu tun? Ist es dir möglich, vom neuen Wissen etwas anzuwenden?

Die Selbstbefragung zum Lerngewinn sollte zu jeder Unterrichtsstunde gehören. Dabei merken die Jugendlichen ihren persönlichen

Lernzuwachs und erleben Leistungsstolz. Der Lehrer kann sich über die Resultate seines Unterrichts freuen. Die Rückschau ist ein freundlicheres Ende der Stunde oder des Vormittags, als nur die Hausaufgabe dranzuhängen. Oft sieht es so aus, als begänne mit dem, was Kinder als Hausaufgabe aufbekommen, das eigentliche Lernen. Aber genau dieses Lernen sollte in der Schule geschehen.

»Was habe ich heute Vormittag gelernt?« Diese Frage könnte eine innere Schulreform einleiten, nämlich: hinschauen, was wirklich gelernt wird, *gelernt*, nicht nur durchgenommen für die nächste Kurzprüfung oder das gefürchtete Abfragen. Die Rückschau »Was ist mein Zuwachs an Können?« kann Lehrer wie Schüler zufrieden machen. Aber die Antwort kann auch schockieren, wenn die Schüler nichts gelernt, nichts verstanden haben. Viele von ihnen haben beispielsweise in der Englischstunde nicht ein Wort gesprochen, dabei war es doch Fremdsprachenunterricht. Sie haben womöglich in diesen 45 Minuten nichts gelernt, sondern viel gesagt bekommen, was sie am Nachmittag zu lernen haben. Am Vormittag wird gelehrt, am Nachmittag gelernt; das erfahren viele Schüler weiterführender Schulen, deshalb lernen sie so wenig.

Manche Lehrer drücken sich um die selbstkritische Rückschau auf den Lernerfolg dieser Stunde oder dieses Vormittags: Was habe ich den Schülern an Können vermittelt? Was haben sie mit meiner Hilfe gelernt? Stattdessen werden die Schüler mit Fragen verfolgt: Was muss ich heute Nachmittag lernen, was haben wir bis morgen auf? Was muss ich für die Kurzprüfung auswendig lernen? Diese Fragen verzerren das natürliche Lernen um einer Sache willen.

Es gibt Lehrer, die verantworten nur das Lehren, ohne sich zu fragen, ob das, was sie vermittelt haben, auch angekommen ist. Dazu zählen jene, die bei Prüfungen überwiegend die Noten 4, 5 und 6 vergeben. Meistens entschuldigen sich diese Lehrer noch nicht einmal dafür, dass sie erfolglos unterrichtet haben, sondern geben den Schülern die Schuld am Versagen. Sie verantworten das Lernen nicht. Sie beschädigen das Interesse der Schüler, indem sie ihnen Misserfolg bescheren – und sie in diesem Misserfolg hängen lassen.

Individuelle Interessen und Neigungen der Kinder werden im Unterricht in der Regel wenig beachtet. Die Schüler sollen an allen Fächern gleich interessiert und leistungsfähig sein. Andernfalls können Lehrer sie scheitern lassen wie den späteren Literaturnobelpreisträgers Günter Grass:

„Als extrem einseitig interessierter Schüler – Deutsch, Geschichte und Fächer, die dazumal Erdkunde und Zeichnen hießen – hatte ich auf wechselnden Oberschulen einen schweren Stand. Ich blieb in der Quarta sitzen und war, was Mathematik und Chemie oder Englisch und Latein betraf, ohne familiären Rückhalt, mithin ganz auf mich angewiesen. Bei anhaltender Schieflage stand ich permanent auf der Kippe. Der Eins in Deutsch stand die Fünf in Mathematik gegenüber. Die Eins im Zeichnen konnte die stets drohende Fünf in Latein nicht aufwiegen. Gerade noch schaffte es die Zwei in Geschichte und Erdkunde die Vier in Englisch zu relativieren. Mein Scheitern, was die Oberschule betraf, war angezeigt, wenn nicht vorgegeben.«[35]

Spurlos gingen die schulischen Demütigungen auch an ihm nicht vorüber: *»Lehrergestalten hatten sich raumgreifend in meinen Träumen breitgemacht. So verkürzt meine Schulzeit gewesen ist, prägend war sie allemal. Narben blieben, die geheilt noch juckten. Gerüche hielten sich, gegen die kein Lüften half.«*

Unter diesen Gerüchen leiden Schüler heute ebenso: Lehrergestalten machen sich auch im Jahr 2009 in Kinderträumen breit – und auch die frischen Narben schmerzen. Wie damals lassen Eltern und Lehrer zu, dass Schüler scheitern, in ihrem Interesse beschädigt werden, dass Jugendliche auf Zensuren fixiert werden statt auf Weltkenntnis – und dass sie das interessante Leben außerhalb der Schule suchen müssen. Da ist es ein Glück für Kinder, wenn ihnen Lehrer begegnen, die erfüllt sind vom Interesse an den Sachen, die sie lehren, und erfüllt vom menschlichen Interesse an den Schülern, die sie unterrichten.

---

35 Günter Grass: Für- und Widerworte. Der lernende Lehrer (1999)

8 Schulische Zwangsarbeit: Immer weniger Lust auf Unterricht

Lehrer machen lernwillige Kinder zu lernunwilligen Schülern

Es ist ein sehr schwerer Irrtum, anzunehmen, dass die Freude an der Erkenntnis und am Forschen durch Zwang und Pflichtgefühl gefördert werden.
Albert Einstein

Werden Lehrer zu Lernstoffkontrolleuren? – Das Lerninteresse schwindet von Jahr zu Jahr

Wenn die Grundschüler zu uns ins Gymnasium übertreten, habe ich als Englischlehrerin einen großen Vorteil, denn die Kinder sind für Englisch motiviert. Andere Fächer kennen sie; aber sie sind neugierig darauf, eine fremde Sprache zu lernen. Ich lasse sie deshalb in jeder Englischstunde von Anfang an in der Partnergruppe miteinander reden; aber es darf nur Englisch gesprochen werden. Das motiviert die Kinder, nach Wörtern zu suchen, die sie brauchen, um sich mit dem Partner zu verständigen.

Jetzt kommt das Schlimme an der Geschichte. Nach kurzer Zeit bin ich verpflichtet, den Schwächeren die Motivation auszutreiben. Denn ich muss die vorgeschriebenen Kurzprüfungen, unangesagten Proben und Klassenarbeiten abhalten. Ich darf den Schwächeren keine einfacheren Aufgaben geben, was lernpsychologisch vernünftig wäre, sondern ich muss ihnen schlechte Noten erteilen.

Kinder, die doch erst lernen sollen, muss ich unter Druck setzen, statt sie in Ruhe lernen zu lassen. Und dann werden die lernängstlich gemachten Kinder auch noch gescholten: sie wären zu dumm, würden sich nicht anstrengen. Weder Lehrerkollegen noch Eltern wollen sehen, was am Anfang dieser Entwicklung stand: nicht die Dummheit der Kinder, sondern die Dummheit von uns Lehrern. Wir missachten die einfachste lernpsychologische Regel: Kindern bei neuen Lernvorgängen freundliche Bestätigung zu geben. Und wir Lehrerinnen und die Eltern trauen uns nicht, aufzubegehren gegen das Unrecht, das Kindern angetan wird.

Die Schüler schämen sich wegen ihrer Misserfolge, von manchen Lehrern werden sie sogar vorsätzlich beschämt. Dabei müssten wir Lehrer uns schämen, weil wir uns unpädagogisches Handeln vorschreiben lassen. Oft denke ich, ich halte diese verordnete Pädagogik der Unterdrückung nicht mehr aus; darunter leide ich als Lehrerin am meisten: unter dem Konflikt, Kinder vorschriftsmäßig zu kränken und solche Unvernunft praktizieren zu müssen.

Das berichtete Gymnasiallehrerin E. in einer Lehrer-Supervisionsgruppe. Im Gespräch zeigte sich: Alle Teilnehmer erleben Ähnliches. Sie umgehen zwar amtliche Vorschriften, um für Kinder das Unrecht früher Entmutigung abzumildern. Aber selbst diesen motivierten Lehrern ist das nur begrenzt möglich, mögen sie das Äußerste an zivilem Ungehorsam gegen die Schulbehörde wagen. Mehr oder weniger müssen sie, wie die Lehrerin sagt, den Schwächeren die Motivation austreiben.

Da wird der folgende lernpsychologische Befund verständlich: »Das Interesse am schulischen Lernen nimmt im Verlauf der Schul-

zeit beständig ab. Das betrifft alle Fächer, besonders die natur-
wissenschaftlichen. Bedenkt man, dass die Schule der Ort ist, wo
junge Menschen mit einer Vielfalt von interessanten Gegenständen
konfrontiert werden, dann sind diese mit hoher Übereinstimmung
berichteten Ergebnisse über das Abnehmen des Lerninteresses erstaunlich« (Prenzel/Lankes[36]).

Die Sünde der Völlerei – wir sollten Wissensmastschulen zu Erfahrungsräumen machen

Die Erkenntnis über die schwindende Lernmotivation müsste Eltern, Lehrer, Schüler, Politiker und Schulbehörden wachrütteln. Da
schafft die Gesellschaft eigens eine Einrichtung, in der Kinder und
Jugendliche lernen sollen. Und gerade diese Einrichtung zerstört
nachweislich eine wichtige Grundlage des Lernens: die Lernbereitschaft. Weil Lehrer die Bereitschaft der Schüler dringend brauchen,
um unterrichten zu können, setzen sie an Stelle der Motivation
den Zwang, die Zensurentyrannei, sie reglementieren und machen
Angst. Aber wenn in den Unterricht keine Lernmotive der Kinder
eingehen, wird er als Zwangsarbeit empfunden.

Der Weg, auf dem sich Lernen vollzieht, ist für die Entwicklung
von Lernmotiven so bedeutsam wie das Ziel. Wem Schwimmen unter Lebensgefahr beigebracht wird, gewinnt schwerlich Freude am
Wasser. Wer in Mathematik stündlich Angst vor Versagen erlebt
statt Hoffnung auf Erfolg, fürchtet das Fach und den Lehrer. Wer
im Englischunterricht blamiert wird, will am liebsten kein Wort
mehr sprechen und die Englischstunden meiden. Wer Gedichte unter dem Druck der Benotung und des Versagens lernen muss, mag
Gedichte nicht mehr. Wer im Literaturunterricht von abstrakten

---

36 Manfred Prenzel und Eva-Maria Lankes: Wie Lehrer Interesse wecken und fördern
können S. 75 (1989)

Analysen gepeinigt wird statt von den lebendigen Inhalten bewegt, verliert die Freude an der Literatur.

30 Prozent der Schüler geben an: »Viele Dinge lerne ich einfach auswendig, obwohl ich sie nicht verstehe. Bei manchen Fächern weiß ich nicht, wofür sie eigentlich gut sind.« Gar 60 Prozent meinen in einer Befragung von Volker Krumm[37]: »Mit vielen Dingen, die ich in der Schule lernen muss, kann ich im praktischen Leben nichts anfangen.« Diese Schüler lernen nicht nur nichts, sie lernen Sinnlosigkeit. Das wachsende Desinteresse entfremdet sie dem aktiven Lernen. Sie reagieren nur noch auf den Zwang der Eltern und Lehrer.

Eines Tages, als ich aus der Schule kam, warf ich das Fahrrad zu Haus wie jeden Mittag gegen die Hecke; es versank immer halb drin, kippte, die Lenkstange hakte sich an irgendeinem dickeren Ast fest und das Vorderrad schwebte in der Luft – und ich wusste, als ich das Rad hineinwarf, dass ich am andern Tag nicht mehr in die Schule gehen würde, dass ich nie mehr in eine Schule gehen würde. Ich war's nicht einfach satt – es war viel mehr, ich wusste, dass es ungehörig sein würde, auch noch einen Tag länger zu gehen.

Vater konnte nicht drüberkommen, weil es genau vier Wochen vor dem Abitur war, aber ich sagte zu ihm: »Hast du schon mal was von der Sünde der Völlerei gehört?« »Ja«, sagte er, »aber du hast doch mit der Schule nicht Völlerei getrieben.« »Nein«, sagte ich, »es ist ja nur ein Beispiel – aber wenn du einen Schluck Kaffee mehr trinkst oder ein Stück Kuchen mehr isst, als du bis zu einem gewissen Punkt essen oder trinken solltest, ist das nicht Völlerei?« »Ja«, sagte er, »und ich kann mir auch was unter geistiger Völlerei vorstellen, nur« – aber da unterbrach ich ihn und sagte: »Es geht einfach nichts mehr in mich hinein, ich fühl mich jetzt schon wie 'ne gestopfte Gans.« »Schade«, sagte mein Vater, »dass dir das vier Wochen vor dem Abitur passieren muss. Es ist so praktisch, das zu haben.« »Wofür denn?«, fragte ich, »vielleicht für die Universität?« – »Ja«, sagte er, und ich sagte:

37 Volker Krumm, Susanne Weiß: Machtmissbrauch von Lehrern in Österreich (2002)

»Nein, wenn ich schon in eine Fabrik gehe, dann in 'ne Richtige« –
und das hab ich getan (Heinrich Böll[38]*).*

Jugendliche müssen in der Situation erzwungener Völlerei ihre
Energie darauf verwenden, den Lernwiderstand zu überwinden, der
sich ihnen angesichts der für sie sinnlosen Zumutung aufstaut. Ihre
Anstrengung gilt nicht Aufgaben, an denen sie persönlich wachsen,
sondern der nächsten Prüfung oder dem gefürchteten Abfragen.
Danach kann das Gelernte ohnehin rasch vergessen werden.

Wissensmastschulen sollten in Lebens- und Erfahrungsräume
umgewandelt werden, schreibt der Lehrer und Schulleiter Rolf
Mantler. Er will Jugendliche »weltneugierig« machen: »Viele Schüler schaufeln Wissen wie Holzwolle in sich hinein, aber sie werden
zu wenig aktiviert, sich ›produktiv‹ Wissen und Fertigkeiten selbst
zu erschließen. Sie betreiben zu wenig von sich aus – aus eigenem
Interesse – Wissenserkundung und Quellenforschung. So bekommen die Schüler kein Gefühl für ihr eigenes Können; denn das ist
der entscheidende Punkt: Man muss Kindern früh das Gefühl geben, dass sie etwas können.«

Dazu brauchen sie die helfende pädagogische Beziehung: Wenn
sie fehlt, »ist die Schule seelenlos, die Kinder haben den Eindruck,
trockenes Stroh zu konsumieren, und fragen sich: ›Warum muss
ich das alles lernen?‹ Wenn die Beziehung zum Lehrer schwach ist,
fehlt das persönliche Element, um daran sachliches Interesse oder
Liebe zur Sache zu entzünden. Dann lernen die Schüler entfremdet
für die Leistungserhebung. Das ist der Ausgangspunkt für Schü-
lerresignation und Schülerlangeweile. Durch beziehungsarmes
Lernen werden gute Jahre vergeudet, die fruchtbar hätten sein
können«[39].

---

38 Heinrich Böll: Keine Träne um Schmeck. In: Gesammelte Erzählungen Band 2 S. 147
    (1981)

39 Rolf Mantler: Wir vermitteln Wissen, aber wir erziehen nicht. PSYCHOLOGIE HEU-
    TE Heft 8 (2004)

»Nützlich ist Latein seit 300 Jahren nicht mehr« – weshalb darf das türkische Mädchen Fatima nicht »Türkisch« wählen, statt »Latein«?

Latein gehört zu den Fächern, die viele Schüler als Zwangsarbeit empfinden. Sie erleben nicht, dass Latein ihr Weltverständnis vergrößert. Weder heute können sie mit der toten Sprache etwas anfangen, und die wenigsten künftig; es sei denn sie werden Lateinlehrer oder streben einen der seltenen Berufe an, in denen Latein notwendig ist. Aus jahrelangem Lateinunterricht bleibt vielen nur die Abneigung gegen Latein, die Angst vor Prüfungen, das Überfordertsein.

Der Lateinlehrer Hartmut von Hentig mag wohl recht haben, wenn er sagt[40]: »Nützlich ist Latein schon seit 300 Jahren nicht mehr, wohl aber die mit dem Erlernen dieser Sprache verbundene Anstrengung.« Aber für viele Schüler ist diese Anstrengung sinnlos. Aufmerksamkeit bringen sie nur dort leidenschaftlich auf, wo sie eine Sache interessiert, wo sie Neues entdecken und dabei wachsende Fähigkeiten erleben. In Latein müssen sie sich jedoch nur für die Note anstrengen, besonders da Latein zu den Fächern gehört, in denen Lehrer Kinder häufig sitzen lassen.

Immer noch wird das Vorurteil aufrechterhalten, Kinder bräuchten Latein, um logisch denken zu lernen. Aber »man kann nicht einsichtig lernen«, schreibt Hans Schiefele[41], »ohne zugleich Einsicht zu lernen. Und umgekehrt: Wer Denken will, kann das nur tun, indem er Sachverhalte denkend lernt. Es gibt kein Denken an sich, sondern immer nur ein denken von etwas. Einsichtig kann man immer nur im Hinblick auf einen Sachverhalt sein. Oft wird behauptet, man könne beim Erlernen der lateinischen Sprache Denken lernen, und dieses Denken stünde dann unabhängig vom

---

40 Hartmut von Hentig: SPIEGEL-Gespräch (2007)
41 Hans Schiefele: Schule von heute – Schule für morgen? S. 63 (1969)

Gegenstand ein für alle Mal zur Verfügung. Es ist das seit langem widerlegte Dogma von der formalen Bildung.«

Lateinlehrer klagen über die geringe Lernmotivation der Schüler. Für sie wäre es angenehm, dürften Schüler Latein wählen. In unserem undifferenzierten Schulsystem werden sie jedoch durch vorgegebene Sprachenfolgen – etwa im neusprachlichen Gymnasium – dazu gezwungen, Latein zu lernen. Für viele gebiert der Zwang zur toten Sprache ein totes Wissen. Sie können sich mit ihrer Aufgabe nicht identifizieren. Deshalb wird die an sich schöne Arbeit des Lernens zur Zwangsarbeit. Es ist nicht mehr die Person des Schülers, die sich die Schularbeit zu eigen macht, sondern die Schularbeit macht sich den Schüler zu eigen.

»Schüler sind überall da diszipliniert, wo sie beteiligt sind«, urteilt der Reformpädagoge und Altphilologe Hartmut von Hentig. »Wir verlieren die jungen Leute, weil wir uns nicht auf ihre Sache einlassen, weil wir ihnen Dinge aufdrängen, die in ihrem Leben jetzt keine Rolle spielen: ›Später werdet ihr's brauchen!‹, sagen wir, und: ›Es steht so im Lehrplan.‹ Gerade in der Altersstufe der 12- bis 15-Jährigen müssten wir ganz und gar anders verfahren, da funktioniert Paper-and-Pencil-Work nicht. Mein Rat: Versucht nicht immer, die Schüler in den Lehrplan, in die Leistung, die Bildung zu pressen. Macht viel mehr das ihrem Alter Entsprechende und Verständliche richtig, und es wird ein besseres Ergebnis herauskommen als aus allem, was uns PISA eingegeben hat.«[42]

Für das türkischstämmige Mädchen Fatima war Latein ein Verhängnis. Sie wuchs zweisprachig auf, hat in Deutsch die Note 3, in Englisch eine 4. Nur in Latein tat sie sich schwer. Als sie am Schuljahresende auf 5,5 stand, ließ sie der Lateinlehrer sitzen. Jeder weiß, wie Lehrer Noten manipulieren und dabei nachweisen können, sie seien gerecht. Aber weshalb muss Fatima eine vierte Fremdsprache erlernen, während deutsche Schüler nur drei erlernen? Die Jugendliche hat Englisch, Latein, Französisch und Türkisch. Warum

---

42 Hartmut von Hentig: SPIEGEL- Gespräch (2007)

rechnet man ihr nicht die Fähigkeit an, mit zwei Sprachen in die Schule zu kommen, sondern klagt darüber, sie könne noch nicht hinreichend Deutsch?

Man könnte ihre Zweisprachigkeit als Vorzug sehen und Migrantenkinder in ihrer Muttersprache weiterbilden. Es würde deren Selbstwertgefühl stärken, wenn man ihre Muttersprache als Hauptfach anerkennte wie ihr Englisch oder Latein. Ihr Sprachgefühl würde sich durch den muttersprachlichen Unterricht verfeinern, sie bekämen besseren Halt in ihrer ersten Sprache – und vielleicht dadurch auch mehr Halt in sich selbst. Viele Migrantenkinder tun sich schwer, weil sie sich weder in der Muttersprache noch in Deutsch sicher fühlen.

Das in den Leistungstests gut abschneidende Kanada zeigt, wie sich der individuelle und humane Umgang mit Schülern günstig auf die Lernergebnisse auswirkt. In kanadischen Schulen dürfen Migranten in der Sprache ihrer Eltern sprechen und werden in ihrer Muttersprache speziell gefördert. Dafür werden eigens Lehrer eingestellt, die diese Sprache beherrschen und in Absprache mit den Klassenlehrern unterrichten. Auch in den Niederlanden werden ausländische Schulkinder auf diese Weise gefördert und integriert.

Um dahin zu kommen, müssten Eltern, Lehrer und Politiker die Gleichgültigkeit gegenüber Schülern überwinden. Gleichgültig sein heißt, den Kindern die Aufmerksamkeit entziehen, sie vergessen oder gar stumm verachten, es bedeutet, sich nicht verantwortlich fühlen für das, was ihnen in der Schule widerfährt.

Der aufreibende Kampf des Lehrers gegen desinteressierte Schüler – entfremdetes Lernen, Risikofaktor für Gewalt und Drogenkonsum?

Der Unterricht wird für Schüler zur Zwangsarbeit, wenn Schulbehörden hartnäckig an überlieferten Lehrplänen festhalten. Lernbereiche wie Politik, Psychologie, Recht, Erziehung, Wirtschaftskunde, andere Sprachen und Sprachenfolgen, Umwelt- und Friedenspädagogik haben keine Chance. Manche Lehrer denken nur an ihr Fach, nicht an die Schüler. Sie versuchen, die von Schülern verweigerte Aufmerksamkeit mit Macht zu erzwingen; so wird der Unterricht zum Machtkampf.

Nicht nur für Kinder ist es zermürbend, uninteressanten Lernstoff eingetrichtert zu bekommen. Es zermürbt auch Lehrer, gegen die Interesselosigkeit anzukämpfen. Eine apathisch vor ihnen sitzende Klasse strapaziert die Nervenkraft. Um die Schüler zu disziplinieren, brauchen Lehrer Energie, die dem Unterricht verloren geht. Der aufreibende Kampf gegen das Desinteresse hat Folgen: Lehrer fühlen sich müde und erschöpft, werden oft krank, lassen sich früh pensionieren. Beide sind geschädigt: Lehrer, weil sie Kinder mit Macht für etwas motivieren sollen, was nicht in deren Interessenhorizont liegt; Schüler, weil sie zu Lernvorgängen gezwungen werden, die nicht ihren entwicklungsgemäßen Aktivitätswünschen entsprechen. Die Jugendlichen werden lernverdrossen, die Lehrer lehrverdrossen.

So kommt es zu entfremdetem Lernen: Die Schüler verbinden das zu Lernende nicht mit ihrem eigenen Denken und Erleben, der Stoff bleibt ihnen fremd. Siegfried Frech[43] sieht darin eine mögliche Bedingung für aggressives und gewalttätiges Verhalten: Die Schüler lassen »beliebige und austauschbare Inhalte über sich ergehen und entwickeln eine mehr oder weniger ausgeprägte Gleichgültigkeit gegenüber der Schule, den Inhalten und nicht zuletzt gegenüber Lehrerinnen und Lehrern. Entfremdungsgefühle, mangelnde Orientierung und eine ausgeprägte Distanz zu schulischen Wertstrukturen werden mögliche Vorhersagefaktoren für die Bereitschaft, Gewalt als Mittel der Konfliktlösung anzuwenden. Erweist sich den Schülern das angebotene Wissen als bedeutungslos, wird der Sinn schulischen Lernens und schulisch vermittelter Werte in Frage ge-

---

43 Siegfried Frech: Gewalt und Gewaltprävention in der Schule S. 380, 381 (2007)

stellt. Empirische Befunde belegen: Jene Schüler, die eine positive Grundhaltung zu schulischen Leistungs- und Wertanforderungen besitzen, sind gegenüber aggressivem Verhalten resistenter«.

Auch beim wachsenden Alkoholkonsum Jugendlicher ist zu fragen: Hat der mit der Lebensumwelt zu tun, in der Kinder die meiste Zeit verbringen? Jugendliche, die die Schule als sinnlos erleben, übertragen diese Sinnlosigkeit leicht auf das gesamte Leben und werden dadurch für Drogen anfällig. Das Einstiegsalter, in dem sie erstmals trinken, ist von Jahr zu Jahr gesunken und lag im Jahr 2007 bei etwas über 13 Jahren. »Jeder Vierte betrinkt sich mindest einmal im Monat«, sagte die Drogenbeauftragte. Dabei nehme bei Jungen wie Mädchen die Bereitschaft zu, innerhalb kürzerer Zeit mehr als fünf Gläser alkoholischer Getränke zu trinken. »Jeder zweite Jugendliche im Altern von 15 bis 16 Jahren gab an, im vergangenen Monat mindestens an einem Tag zu viel getrunken zu haben.« Die Drogenbeauftragte wies darauf hin, »dass die Situation beim sogenannten Komasaufen nach wie vor bedenklich sei. Noch immer geben 20 Prozent der 12–17-Jährigen an, mindestens einmal monatlich bis zum Vollrausch zu trinken. In absoluten Zahlen sind das eine Million Jugendliche«.[44]

Ein Großteil dieser Jugendlichen, sitzt täglich sechs bis acht Stunden in der Schule. Ist für sie die Schulzeit eine erfüllte Zeit, in der sie ihr Ich stärken können? Ist das Lernen für sie eine Situation, in der sie sich gehalten fühlen? Stärkt das gemeinsame Lernen ihre seelisch-geistige Gesundheit? Finden sie in Lehrern Vorbilder, die sie anspornen? Fühlen sie sich in der Schulgemeinschaft aufgehoben?

---

44 Süddeutsche Zeitung, 15./16. November 2008

9 Schüler nicht totreden – lesen und arbeiten lassen

Aktiv sein – die höchste Lebensqualität für Kinder

Das sollte meine Sache sein.
Kindern ihre Sprache schenken.
Sie als ebenbürtige Partner verstehen;
denen die Erfahrung der Erwachsenen noch fehlt,
die der Fantasie jedoch nie Zügel anlegen.
Kindern Wörter schenken, die ihnen Zukunft,
Vernunft und Würde verspricht.
Peter Härtling

Inflation der Lehrerworte: die alltägliche Machtausübung – immer zuhören müssen macht hörig

Mich macht es aggressiv, wenn ich im Unterricht ununterbrochen zu-
hören muss. Der Lehrer redet in einem fort. Nach einer Dreiviertel-
stunde kommt ein anderer, der uns ebenfalls ein Loch in den Bauch
redet. Ich habe den Eindruck: Lehrer, die so viel reden, nehmen uns
gar nicht wahr. Auf mich wirkt es gewalttätig, wenn ich den Rede-

strom über mich ergehen lassen muss. Viel lieber würde ich selbst im
Buch lesen und mich damit auseinandersetzen. Aber es heißt: »Das
könnt ihr zu Hause im Buch nachlesen.« Mitreden und fragen? »Ihr
könnt hernach Fragen stellen«, sagt der Lehrer, aber »hernach« sind
wir schon totgeredet. Ich bemühe mich immer wieder aufzumerken.
In der Monotonie der Lehrerworte drifte ich jedoch ab in eigene Fan-
tasien. Oder ich falle in eine Art Trance. Dann lasse ich das, was der
Lehrer sagt, wie in einem Dämmerzustand vorbeirauschen.

Dieser 17-jährige Gymnasiast erlebt, wie sich Lehrer durch den
Wortunterricht der Kinder bemächtigen. Sie werden durch die
Sprache des Lehrers ihrer eigenen Sprache beraubt, statt sich selbst
zur Sprache zu bringen. In vielen Gymnasien und Realschulen machen Lehrerworte den Hauptteil des Unterrichts aus. Die lernpsychologische Erkenntnis vom »Lernen durch Tun« ist noch wenig
in den Schulalltag eingedrungen. Sonst könnten nicht Lehrer mit
ihren Monologen Kinder buchstäblich totreden.

Zwar ist der Lehrervortrag in bestimmten Unterrichtssituatio-
nen unentbehrlich. In manchen Stunden spricht der Lehrer jedoch
80 Prozent aller gesprochenen Wörter, wie sich bei aufgezeichneten
Unterrichtsstunden zeigt. Wenn Jugendliche überwiegend auf Worte des Lehrers hören müssen, werden sie hörig: Worte sind dann
»nicht mehr etwas, was man spricht, sondern etwas, was man hört,
sie sind nicht etwas, was man tut, sondern was man erhält«. Der
Jugendliche wird in der Schule zu einem Menschen, der selbst nicht
mehr spricht und deshalb nichts mehr zu sagen hat; »und der, weil
er immerfort hört, ein ›Höriger‹ ist« (Günther Anders[45]).

Um Mitsprache, Einspruch und Widerspruch zu wagen, brauchen die Schüler Gelegenheit für das freie Wort: das Partnergespräch in jeder Stunde, die Kleingruppenarbeit, die Diskussion, das
Kreisgespräch, das persönliche Gespräch mit Lehrern und Mitschülern, interessante Projekte. Eine wichtige Frage des Lehrers bei der
Unterrichtsvorbereitung ist: Wie kann ich mein gesprochenes Wort

---

45 Günther Anders: Die Antiquiertheit des Menschen I S. 109 (1980)

vermindern, indem ich dafür sorge, dass sich die Schüler selbst informieren können: in ihrem individuellen Lesetempo, mit Texten, die für sie begreifbar und zum Lernen anregend sind?

In den PISA-Studien trat zutage: Zu viele der fünfzehnjährigen deutschen Schüler können nicht befriedigend lesen. Wurden sie von Lehrern statt zu Lesern zu Zuhörern gemacht? Lesen heißt: sich aktiv mit Texten auseinandersetzen; es ist eine Leistung des Verstehens. Der Leser entnimmt aus der Schrift den Sinn, denkt über das Gelesene nach, klärt die Sachverhalte, macht sich neue Ideen zu eigen.[46] Es geht darum, Anteil nehmend das Neue zu begreifen und produktiv darauf zu antworten. Die Schüler fühlen sich durch das Lesen bereichert, freuen sich über die erweiterte Sicht der Dinge, ziehen Konsequenzen für ihr persönliches Handeln. Lesend eignen sie sich Werte an, um die Richtung zu finden, in die sie ihr Leben lenken wollen.

Lesen als Methode geistigen Arbeitens – »Gebildet ist einer, der Bücher so zu lesen weiß, dass sie ihn verändern«

Viele Lehrer versäumen es, die Schüler in allen Fächern die Fähigkeit zu lehren, wie man sinnentnehmend liest. Sie setzen voraus, das müsse in der Grundschule geschehen sein oder könne dem Deutschunterricht überlassen werden. Mangelnde Lesefähigkeit stört jedoch das gesamte Lernen, weil sie in alle Lernbereiche hineinreicht: in Mathematik, wenn Schüler Textaufgaben begreifen, in Sachfächer, wenn sie Zusammenhänge herausarbeiten, im Sport, wenn sie Spielregeln begreifen sollen, wenn sie in der Einzelarbeit einen Arbeitsauftrag ausführen oder Computeranweisungen verstehen, einen Versuch ausführen müssen. Deshalb geht es auch je-

---

46 Kurt Singer: Lebendige Lese-Erziehung (1969 [6])

den Fachlehrer an, die Jugendlichen im Lesen als Methode geistigen Arbeitens zu unterstützen.

Aussichtslos ist die Lernsituation für Kinder, wenn Lehrer gar nicht merken, dass die Schüler nicht lesen können, und diese dann zunehmend in Rückstand geraten. »Jugendliche, die den Anforderungen der niedrigsten Kompetenzstufe nicht gewachsen sind, werden als Risikogruppe bezeichnet. Nach dieser Definition gehören zehn Prozent der 15-jährigen deutschen Schüler zur Risikogruppe. Der größte Teil von Schülern der Risikogruppe wird von den Lehrkräften nicht erkannt.«[47] Schwache werden ausgeblendet statt am vordringlichsten unterstützt.

In der Grundschule schneiden die deutschen Schüler im Lesen gut ab. Weshalb ist das bei den 15-Jährigen nicht der Fall? Könnte es damit zusammenhängen, dass Grundschullehrerinnen einen besseren Lese- und Literaturunterricht erteilen als Lehrer weiterführender Schulen? Sie kümmern sich darum, dass Kinder lesen können, besonders um jene, die ein besonders gründliches Lesetraining brauchen: wie man im Sachtext Wesentliches unterstreicht; wie man aufmerksamer liest, wenn man sich vornimmt, das Wichtige zu markieren; wie man sich Merkenswertes besser einprägt, wenn man dabei etwas mit Farbe hervorhebt; wie man persönliche Anmerkungen macht und damit den Text mit der eigenen Person verknüpft; wie man das Gelesene strukturiert.

»Aber«, wandte ein Lehrer in einem Seminar über Lernmethoden ein, »wir können doch Schulbücher nicht verschmieren lassen.« Bücher »verschmieren« nannten auch seine Kollegen, was für geistig arbeitende Menschen eine unentbehrliche Arbeitstechnik ist. Lernmethodisch ist es bedeutsam, Schüler zu lehren, sich aktiv Informationen zu erarbeiten. Bücher sauber zu halten darf nicht wichtiger sein als das Lernen. Protest muss sich dagegen richten, dass nicht jeder Schüler sein eigenes Buch hat, um fachgerecht arbeiten zu können.

---

47 PISA 2000 S. 120 (2001)

Wie bedeutsam Lesen innerhalb des Deutschunterrichts ist, zeigte sich bei einem regionalen Test. Alle siebten Klassen mussten sich einem Vergleich in Deutsch unterziehen. Das beste Ergebnis erreichte eine Klasse, deren Lehrerin »keinen richtigen Deutschunterricht« erteilte, wie Kollegen kritisierten. Ihr Unterricht bestand vornehmlich aus Lesen. Dazu baute sie eine Klassenbücherei auf, zusätzlich eine Handbibliothek für aktuelle Arbeitsthemen, und sie gab viel Zeit zum Lesen, organisierte Vorlesestunden und Buchbesprechungen.

Allerdings vernachlässigte sie den grammatikalischen Unterricht, wie er in Lehrplänen häufig vorgeschrieben wird. Dafür pflegte sie freies Schreiben; und auch das diente dem Lesen: Die Aufsätze verschwanden nicht im Schrank, sondern wurden zu Büchern gebunden. Die liehen sich die Jugendlichen mit Vorliebe aus, auch die Schüler anderer Klassen. Die Schüler bekamen Zeit, ihre Aufsätze auszutauschen und in einer Stillarbeitszeit gegenseitig zu lesen. »Selten herrscht eine so eindringliche Stille im Klassenzimmer wie in diesen Lesezeiten«, sagte die Lehrerin.

Alles Schreiben stand unter dem Motto: »Das Kind muss etwas auszusagen haben und braucht Leser.« Die Briefform wurde nicht »durchgenommen«, sondern die Schüler waren im Briefwechsel mit Klassen anderer Städte und Bundesländer und mit Fachleuten, von denen sie eine Auskunft erbaten. Das Lehrerkollegium staunte darüber, dass sich dieser als einseitig kritisierte Deutschunterricht auf die gesamte Leistung im Fach Deutsch positiv auswirkte, und es ist anzunehmen, auch auf andere Fächer.

Peter Bieri[48] bezeichnet den Gebildeten als einen, der Bücher so zu lesen weiß, dass sie ihn verändern. Er konsumiert das Gelesene nicht nur, sondern lässt sich darauf ein und ist nach dem Lesen ein anderer als vorher. »Das ist ein untrügliches Kennzeichen von Bildung: dass einer Wissen nicht als bloße Ansammlung von Information, als vergnüglichen Zeitvertreib oder gesellschaftliches

---

48 Peter Bieri: Wie wäre es, gebildet zu sein? S. 10 (2006)

Dekor betrachtet, sondern als etwas, das innere Veränderung und Erweiterung bedeuten kann, die handlungswirksam wird.

Der Leser von Sachbüchern sieht die Welt danach anders, kann differenzierter darüber reden und mehr Zusammenhänge erkennen. Der Leser von Literatur lernt noch etwas anderes: Wie man über das Denken, Wollen und Fühlen von Menschen sprechen kann. Er lernt die Sprache der Seele. Er lernt, dass man derselben Sache gegenüber anders empfinden kann, als er es gewohnt ist. Er kann nun nuancierter über sein Erleben reden, und das wiederum ermöglicht ihm, differenzierter zu empfinden.« Genau das können Schüler im Unterricht erleben und erlernen, wenn Lehrer sie im sinnentnehmenden Lesen stärken.

Darf Lesen im Unterricht Lust bereiten? – Vergebliche Suche nach Klassenbücherei und Schulbibliothek

Nur wer gern und viel liest, wird ein guter Leser; er verknüpft Lesen mit Neugierde, Freude und Lerngewinn. Aber 42 Prozent der 15-jährigen deutschen Schüler gaben an, nicht zum Vergnügen zu lesen.

Das hängt auch mit dem Leseunterricht zusammen. Sind die Lesestunden so, dass sich die Schüler auf die nächste Literaturstunde freuen?

Schüler würden lieber lesen, wenn sich Lehrer an Fragen wie diesen orientierten: Lasse ich sie durch Lesen erleben, die Welt um sich herum besser zu verstehen? – Gehört es für sie zum Genuss des Lesens, den Reichtum eigener Gedanken zu entdecken? – Können sie durch Lesen Widerstand gegen das entwickeln, was sie für unveränderbar ansehen? – Erleben sie Lesen als Zwiesprache zwischen Autor und Leser, und können sie produktiv darauf reagieren? – Haben die Jugendlichen mit innerer Anteilnahme Erkenntnisse gewonnen und etwas über sich selbst gelernt?

Viele Klassenzimmer machen nicht den Eindruck eines Ortes, an dem geistig gearbeitet wird. In Zimmern, in denen sich Menschen intellektuell auseinandersetzen, würde man Bücher erwarten; in zahlreichen Klassenzimmern fehlen sie. Schüler wie Lehrer und Eltern haben sich kritiklos daran gewöhnt, dass es in Klassenräumen selten Bücher gibt, außer den in den Schultaschen vergrabenen. Man würde wenigstens eine Arbeitsbücherei mit Nachschlagewerken, Lösungsheften, Sachbüchern zu aktuellen Themen in jedem Klassenzimmer erwarten, ein Regal mit anregender belletristischer Literatur für Kinder und Jugendliche – nichts dergleichen in einem Land, das über Schüler klagt, die nicht gut lesen können.

Ausnahmen sind Schulen, die sich als »Haus des Lernens« verstehen. Da richten interessierte Lehrerinnen eine Leseecke im Klassenzimmer ein, in der Kinder schmökern können. Sie bauen eine Klassenbücherei auf, in der man Bücher ausleihen, eine Arbeitsbücherei, in der man nachschlagen kann. In lesefreundlichen Schulen richten Lehrer und Schüler, oft mit Hilfe interessierter Eltern, eine Schulbibliothek ein, in der sich Kinder niederlassen können. Schüler stellen Mitschülern Bücher vor. Leseinseln, die so entstehen, sind beruhigte Orte, geschützt vor dem turbulenten Schulbetrieb. »Das Buch widersteht leise und selbstverständlich der allgemeinen Geschwindigkeit. Ein lesend in ein Buch versunkenes Kind – was für ein genaues Bild – bleibt für mich das schönste Zeugnis dieses Widerstands. Das Kind nimmt sich lesend seine Zeit« (Peter Härtling[49]).

Wenn Lesestoffe zu Lebensstoffen werden, wächst das Leseinteresse und damit die Lesefähigkeit. Klassenzimmer und Schulen mit Arbeitsbüchereien, mit ansprechender belletristischer Literatur und mit Leihbibliotheken auszustatten wäre eine sinnvolle Konsequenz aus unbefriedigenden Ergebnissen bei den Lesetests. Aber in der Schule herrscht immer noch der belehrende Unterricht vor. Dabei ist Selbsttätigkeit von alters her ein Grundsatz der Pädagogik, der sich nicht nur auf das Lesen bezieht. Die Reformpädagogik prak-

---

49 Peter Härtling: Kindern Sprache schenken S. 12 (2001)

tiziert seit hundert Jahren alternative Wege, die Kinder selbst tätig sein zu lassen.

Selbsttätig sein: für Kinder lebensnotwendig – die Schüler von der Passivität erlösen: Mehrfachinformation

Die Montessoripädagogik leitet der Gedanke, die Kinder zu lehren, es selbst zu tun. Vieles davon haben Grundschullehrerinnen in ihren Unterricht aufgenommen: die Freiarbeit, jedes Kind individuell zu fördern, ein Höchstmaß von Eigenaktivität zu ermöglichen. Auch Freie Waldorfschulen fördern die musischen und werkgestaltenden Kräfte, unterrichten nicht aufgefächert, sondern in ganzheitlichen Bildungseinheiten über mehrwöchige oder längere Epochen. Dabei achten sie auf geistige und körperliche Eigenbewegung der Jugendlichen. Peter Petersens Jenaplanschulen lenken den Blick auf die Individualität des Kindes und auf die Gemeinschaft. Jahresklassen werden abgeschafft, die starre Form frontalen Unterrichts wird ersetzt durch Gruppenunterricht, Einzelarbeit, gegenseitigen Unterricht der Schüler.

Die Arbeitsschulbewegung wandte sich gegen die Redeschule: Schüler sollen alles selbst tun, was sie selbst tun können. Kern des Unterrichts ist, die Kinder selbst handeln zu lassen. Georg Kerschensteiner führte unter sozialpädagogischem Aspekt handwerkliches Tun in den Unterricht ein: Schüler sollen nicht nur theoretisch, sondern praktisch lernen. Hugo Gaudig proklamierte die freie geistige Schularbeit, in der die Jugendlichen Arbeitsmethoden einüben, die sie zum selbstständigen Lernen befähigen.

In Célestin Freinets Modell des Arbeitsunterrichts lernen sie Techniken wie die der Schuldruckerei und spezielle Arbeitsmittel für persönliches Lernen. Allen Reforminitiativen ist gemeinsam, die Vorherrschaft des Stoffdenkens und die Gleichgültigkeit gegenüber der Schülerpersönlichkeit abzubauen. Eigenaktivität gilt als höchste Lebensqualität für Kinder. Die gegenwärtige Schule bleibt weit hinter dieser pädagogischen Maxime zurück.

André Gorz bringt das eigene Handeln in Zusammenhang mit der Intelligenz.[50] »Intelligenz umfasst die Fähigkeit, zu lernen, zu urteilen, zu analysieren, logisch zu denken, zu antizipieren, zu memorieren, zu rechnen, zu deuten, zu verstehen, zu fantasieren, sich Unvorhersehbarem zu stellen. Intelligenz entwickelt sich nur durch die eigensinnige Verfolgung eines Ziels, welche die Entfaltung dieser Fähigkeiten verlangt.« Gefühle, Bedürfnisse, Erwartungen und Ängste schwingen in den intellektuellen Tätigkeiten immer mit. Ohne Mitwirken »der körperlich-sinnlichen Wahrnehmungen fehlt die Fähigkeit, zu beurteilen, sinnvolle Entscheidungen zu treffen, aus Erfahrung zu lernen.«

Eine Konsequenz aus dem Learning by Doing ist die Mehrfachinformation: Die Lernenden eignen sich Wissen auf vielfältige Weise an. Dadurch wird es den Schülern möglich, Neues sicher zu verknüpfen. Sie lernen nicht nur begrifflich, sondern beziehen verschiedene Sinnesorgane und Lerntätigkeiten ein: etwas anfassen, beobachten, nachschlagen, hören, sprechen, sehen, betrachten, allein und mit dem Partner überlegen und Probleme lösen, lesen, unterstreichen, markieren, strukturieren, zeichnen, vorlesen, tasten, skizzieren, schreiben, erklären, argumentieren, fragen, nachdenken, erfinden, Stichworte als Einfallsworte benützen. Guter Unterricht erweist sich in der Vielfalt dieser Aktivitäten.

Die Methode der Mehrfachinformation berücksichtigt unterschiedliche Lerntypen der Schüler. Das Selbsttun in individualisierender Einzel- und Partnerarbeit ermöglicht es, die Sache über verschiedene Eingangskanäle aufzunehmen. Dadurch begreifen Kinder das Gelernte und prägen es sich nachhaltig ein; es bilden sich vielfältige Assoziationsstützen. Die Jugendlichen erleben mit Hilfe einer guten Lernmethode, dass sie Erfolg haben, wenn sie sich anstrengen. Das stärkt ihr Selbstwertgefühl.

---

50 André Gorz: Wissen, Wert und Kapital S. 107 (2004)

10 Prüfen – ohne Kindern Angst zu machen

Druck schafft nicht leistungsfähige, sondern unterdrückte Schüler

Aus dem Brief der »Schüler von Barbiana« an ihre Lehrerin:
Sie sahen mich in Schwierigkeiten oder Fehler begehen und
sagten nichts. Dort, gerade zwei Schritte von mir, stehen Sie.
Sie haben das Wissen. Sind bezahlt, mir zu helfen. Stattdessen
verlieren Sie Zeit damit, mich zu überwachen wie einen Dieb.

Machen Klassenarbeiten und Tests »Höllenangst«?

2000 Kinder im Alter von acht bis sechzehn Jahren wurden nach ihren Ängsten befragt. Sie nannten die Furcht vor Umweltkatastrophen, Krieg, Arbeitslosigkeit, vor Scheidung der Eltern, unheilbarer Krankheit, vor Ausländerhass, Terroranschlägen, Amokläufern. Häufig hatten die Ängste mit schlechten Noten zu tun. »Mathe macht mir Höllenangst«, sagte eine vierzehnjährige Realschülerin. Sie fürchtet sich vor mangelhaften Zensuren, weil ihr dadurch die Sympathie der Eltern verloren geht. Ein zwölfjähriger Gymnasiast meinte: »Ich fürchte mich vor unserem Lateinlehrer. Er macht einem mit Prüfungen ganz gemein Angst. Immer droht er mit unangesagten Proben, schlechten Noten und Sitzenbleiben. Ich bekomme richtig Herzklopfen, wenn er das Klassenzimmer betritt.« Ein Sechzehnjähriger meinte gar: »Vor Klassenarbeiten, Noten und Wiederholenmüssen habe ich die größte Angst. Krieg, Krebs, Ozonloch, Wirbelstürme sind nichts dagegen.«

So ohnmächtig fühlen sich manche Kinder: Sie setzen Schulangst mit schicksalhaften Katastrophen gleich. Was ist in den Erwachsenen, dass sie Kindern solche Ängste zumuten? Wo es so leicht wäre, die Schüler durch einen ermutigenden Unterricht von der Schulangst zu befreien. Das wäre nicht nur human, die Kinder könnten auch erfolgreicher lernen. Dafür muss im Unterricht ein pädagogisches Leistungsprinzip gelten. Dieses berücksichtigt die Grundbedingungen menschlichen Lernens: die Individualität des Kindes, seine persönliche Entwicklung, sein körperliches und geistiges Wachstum und genügend Zeit, damit das Kind seine Kräfte entfalten kann. Das pädagogische Leistungsprinzip weckt Lernbereitschaft und ist von der Einsicht geleitet: Aufgabe ist nicht nur, den Leistungserfolg der Kinder zu messen, die pädagogische Aufgabe ist, den Leistungserfolg zu *ermöglichen*.

Beim gegenwärtig niedrigen Stand der praktizierten Schulpädagogik ist das nicht einfach; denn der Grundsatz der Individualisierung ist in Unterrichtsgesetze noch wenig eingedrungen. Dennoch können Leistungsprüfungen psychologisch vernünftig gestaltet werden, sodass sie den Jugendlichen keine Angst einjagen und sie nicht in Versagen stürzen. Dazu müssen Prüfungen durchschaubar und von unkontrollierter Lehrermacht befreit sein.

Die unkontrollierte Lehrermacht kann sich zum Beispiel so äußern: »Wenn ihr nicht still seid, schreiben wir eine Stegreifaufgabe.« – »Ihr wisst offensichtlich schon alles und braucht nicht zuhören. Dann werde ich prüfen, wie groß eure Kenntnisse sind«, sagt der Studienrat und zückt sein Notenbüchlein. »Tanja, wiederhole bitte, was ich soeben erklärt habe!« Der Lehrer weiß: Tanja kann nicht wiederholen, denn sie hat geträumt. Sie aufzurufen diente dem Zweck, sie mit einer Sechs zu bestrafen, weil sie gedanklich abwesend war und ihm nicht zuhörte. Weshalb hat er sie nicht ermahnt?

Manche Lehrer disziplinieren Schüler mit Noten, weil sie keine pädagogischen Mittel kennen. Sie beklagen, Disziplinierungsmittel würden ihnen aus der Hand genommen. Es bestehe »Waffenungleichheit«, meint ein Lehrer, »ich muss das Mittel der Notengebung hernehmen, um mir Respekt zu verschaffen«. Er tut, was er sagt: Wenn ein Schüler stört, muss dieser den Unterricht verlassen und bekommt eine Sechs, obwohl er gar nicht mündlich geprüft wurde. Nicht jeder Lehrer bezeichnet so ehrlich die Zensur als Waffe wie dieser Studienrat.

Nicht alle Kinder können gleich viel lernen – Prüfungsaufgaben differenzieren

Deutsche Schulen sind mehr Prüfschulen als Lernschulen. Aus den Vergleichstests haben Lehrer und Politiker nicht gelernt, dass Schüler einen besseren Unterricht durch bessere Lehrer brauchen. Für viele von ihnen ist die Konsequenz, die Schüler noch mehr unter Druck zu setzen, immer noch mehr zu testen, statt gut zu unterrichten. Pädagogisches Prüfen hat den Sinn, zu erkennen, wo der einzelne Schüler steht; dann kann ihn der Lehrer genau dort abholen. In unseren Schulen wird jedoch geprüft, um Schüler zu zensieren und auszusortieren.

Lernen ist ein Wachstumsprozess, deshalb steht jedes Kind auf einer anderen Stufe der Lernentwicklung; eigentlich müsste man jeden Schüler individuell prüfen. In unserem Schulsystem ist das nicht möglich. Aber es wäre möglich, den Schwächeren einfachere Aufgaben zu stellen als den Stärkeren, damit sie auf ihrer Leistungsstufe eine Chance haben. Die Lehrerin einer 7. Klasse berichtet:

»Es ist doch hinterhältig, wenn ich Aufgaben stelle, von denen ich genau weiß: Die kann dieses Kind niemals lösen. Ich programmiere durch das gleichgeschaltete Prüfen für einen Teil der

Klasse Misserfolg und Angst. Deshalb mache ich bei Proben drei Leistungsgruppen, in denen die Kinder auch sonst arbeiten: für die, die sich schwertun, eine Aufgabengruppe, für die Mittleren und für die Leistungstüchtigeren. Auf diese Weise sitzen die Schwächeren nicht vor Aufgaben, die ihnen allenfalls eine Fünf einbringen, und die Intelligenteren werden nicht unterfordert, sondern bekommen schwierigere Aufgaben. Es macht mir viel Arbeit, diese Aufgabendifferenzierung vorzubereiten. Aber ich freue mich dann, wenn die Kinder ihren Erfolg haben. Leider muss ich bei unserem Notenzwang auch dreierlei Notenschlüssel aufstellen; denn wer in der Gruppe der Schwächeren alle Aufgaben lösen konnte, kann nicht ebenso eine Eins bekommen wie die Kinder aus der Gruppe der Fortgeschrittenen. Das erkläre ich den Schülern genau. Mir ist wichtig, dass alle Kinder so viel lernen, wie sie können, und nicht entmutigt werden, indem ich sie ständig an anderen messe.«

Ähnlich praktizierte das die Schulleiterin Enja Riegel in der Helene-Lange-Schule in Wiesbaden.[51] Ihr bestätigten die PISA-Forscher durch die Testergebnisse, dass Kinder offensichtlich besser arbeiten, wenn das Lernen im Vordergrund steht und nicht das Sortieren. Auch sie stellte den Kindern einer Schulklasse unterschiedliche Aufgaben. Lehrer und Schulverwalter, die die Schule zur Ausleseanstalt deformieren und auf dem dreigliedrigen Schulsystem bestehen, entrüsten sich über dieses nach Leistung differenzierte Prüfen. Aber sie können sich nicht über die Erkenntnis hinwegtäuschen: Diese Schüler – die Schwächeren wie die Tüchtigeren – lernen mehr dabei als jene, die gleichgeschaltet werden. Diese normale Regelschule in Wiesbaden ragte in allen PISA-Testbereichen über das deutsche Mittelmaß hinaus.

Zensuren sind immer ungerecht, weil sie nicht dem einzelnen Kind gerecht werden. Was ist das für eine Gerechtigkeit: Kinder, die sich schwertun, werden schullebenslang mit schlechten Noten gedemütigt, weil sie mit ihren geringeren Fähigkeiten an anderen

---

51 Enja Riegel in einem Vortrag in München am 15.11.2007

gemessen werden. Diese Schüler bräuchten Ermutigung und besondere Fürsorge. Durch die Unpädagogik der Zensuren werden sie jedoch in ihrem Selbstwertgefühl beschädigt und im Lernen zusätzlich geschwächt. Der Notenbürokratismus ist ein Unrecht, das vielen Schülern die Lernmotivation austreibt und sie zu »schlechten Schülern« abstempelt; oft fühlen sie sich dadurch auch als »schlechte Menschen«.

Lehrerinnen und Lehrer, die durch die in Deutschland vorgeschriebenen Zensuren gezwungen sind, unpädagogisch zu handeln, können dennoch versuchen, das Unrecht zu mildern. Zu einem lernpsychologisch vernünftigen Prüfen gehören folgende didaktische Bausteine; auf das jeweilige Unterrichtsfach bezogen sehen sie unterschiedlich aus.

Die Sachen klären, die Schüler stärken – Klassenarbeiten lernpsychologisch vorbereiten

- *Die Schüler genau über den Inhalt der Prüfung informieren*
  Der Prüfungsstoff muss klar eingegrenzt und überschaubar sein. Kinder können nur dann zielbewusst lernen, wenn die Lernziele eindeutig, für sie erkennbar und erreichbar sind. Die ängstigende Frage »Was wird der Lehrer drannehmen?« erübrigt sich bei einer schülerorientierten Prüfungsvorbereitung. Die Kinder können sicher sein: Der Lehrer legt uns nicht herein.

- *Die Schüler beim Zusammenstellen und Formulieren der Prüfungsaufgaben mitwirken lassen*
  Dadurch wird es ihre Prüfung. Sie überlegen mit dem Lehrer Fragen und Problemstellungen, mit denen sie den Prüfungsstoff erfassen. Wenn Schüler dabei mitwirken, die Fragen zu erarbeiten, setzen sie sich eingehend mit den Inhalten auseinander. Das sieht in Mathematik anders aus als in Englisch oder Erdkunde.

Sie mitwirken zu lassen gilt überall: Es macht selbstständig und schärft das Denken.

- *Unterschiedliche Leistungsanforderungen kenntlich machen*
  Da sich Kinder in ihrer intellektuellen Tüchtigkeit unterscheiden, müssen sie die Minimalanforderungen kennen. Diese sollen den Schwächeren ausreichende Leistungen ermöglichen. Der Lehrer teilt genau mit, welche Mathematikaufgaben für jene gestellt werden, die sich schwertun, sie stehen an erster Stelle. Dann kommt bei den Schwächeren nicht das Gefühl auf: »Das schaff ich ja doch nicht.« Die Schüler bekommen die Gewissheit: »Wenn ihr diese Aufgaben gründlich übt, dann könnt ihr eine ausreichende Leistung schaffen.« Dazu gibt der Lehrer frühzeitig Beispielaufgaben. Jeweils eine Stufe schwieriger werden die Problemstellungen für jene, die gute und sehr gute Leistungen erbringen können.

- *Ausreichend Zeit zur Vorbereitung geben*
  Die Schüler brauchen Zeit, planvoll zu lernen und nachzufragen, denn das Fragen befördert das Denken. Lehrerinnen und Lehrer helfen ihnen dabei, das Lernen auf Zeitabschnitte zu verteilen, um das »Von-heute-auf-morgen-Lernen« in einen nachhaltigen Lernprozess umzuwandeln.

- *Vorversuche zur Prüfung machen lassen*
  Die Kinder müssen wissen, wie die Prüfung abläuft. In Vorversuchen können sie die Art der Leistungsprüfung einüben und mit dem äußeren Rahmen vertraut werden.

- *Methoden des Lernens einüben*
  Der Lehrer zeigt den Kindern, wie sie sich lernpsychologisch vorbereiten können; er führt sie in Methoden geistigen Arbeitens ein: Lernen, wie man inwendig statt auswendig lernt, sich Vokabeln einprägt, wie man durch sinnerfassendes Lesen Infor-

mationen erarbeitet, wie man seinen Lerntyp herausfindet, wie
man durch Mehrfachinformation verschiedene Eingangskanäle
benutzt: lesen, sprechen, schreiben, zeichnen, anfassen, hören,
vorlesen, sehen, tasten, wie man das zu Lernende markiert und
Stichworte als Einfallsworte benutzt.

- *Ohne »Lampenfieber« geht es nicht – die Angst besprechen*
  Gespräche rund um die Prüfung handeln auch davon, was wir
  mit der Angst machen: weshalb wir Angst haben, weshalb wir
  die Angst brauchen, wie wir die Angst annehmen und konstruktiv nutzen, wie wir sie mildern können. Selbst wenn die
  Prüfung lernpsychologisch vor- und nachbereitet wird, bleibt
  eine gesunde Angst. Diese Realangst ist unvermeidbar, weil
  die Prüfung ein Risiko enthält. Sie setzt Körper und Geist in
  gespannte Erwartung, macht körperlich und seelisch hand-
  lungsbereit, erregt das vegetative Nervensystem, erhöht den
  Blutdruck, beschleunigt die Herztätigkeit, macht aktiv. Dieser
  Alarmzustand lässt den Schüler voll da sein, regt Denkprozesse
  an und erhöht die Aufmerksamkeit. Die Angst wird zur Kraft,
  etwa in jener Form, die man Lampenfieber nennt.

Die entspannte Prüfungssituation – hilfreiche Rückmeldung für die Schüler

- *Ausreichend Zeit zum Arbeiten bereitstellen*
  Weil Schüler ein unterschiedliches Arbeitstempo haben, sollte
  die Arbeitszeit so bemessen sein, dass auch die Langsameren
  nicht unter Zeitdruck geraten.

- *Die äußere Arbeitssituation wie im täglichen Unterricht belassen*
  Keine andere Sitzordnung herstellen, Schüler nicht »auseinandersetzen«, isolieren oder zu Sichtschutzmaßnahmen anhalten

durch Wände aus Schultaschen. Vor dem Abschreiben vom Nachbarn schützen ein gutes Klassenklima, eine Sicherheit gebende Vorbereitung und das Bewusstsein: Der Lehrer will uns helfen, gut zu arbeiten.

- *Offene Aufgaben geben für Spezialisten*
  Je nach Unterrichtsfach sollten die Schüler auch zeigen können, was sie – in Sachfächern – zusätzlich gelernt haben, wo sie Spezialist geworden sind. Neben den vorgegebenen Standardfragen bekommen sie Gelegenheit, freiwillige Beiträge und individuelle Interessen darzustellen.

- *Die Prüfungsarbeiten rasch zurückgeben*
  Das ist lernpsychologisch wichtig, damit die Kinder bekräftigt werden und mit dem Lernstoff noch so vertraut sind, dass sie aus Fehlern lernen können. Zum anderen ist es eine Geste der Achtung, wenn Lehrer die Arbeiten rasch korrigieren und wenige Tage danach zurückgeben, statt sie wochenlang liegen zu lassen. Die Schüler erkennen daran, dass dem Lehrer ihre Arbeit wichtig ist.

- *Kinder nicht bloßstellen*
  Das ist ein Gebot des pädagogischen Taktes. Die Rückgabe der Klassenarbeiten darf nicht dazu führen, dass sich Kinder blamiert fühlen – zum Beispiel, indem Noten bekannt gegeben oder die Arbeiten in der Reihenfolge der Notenstufen ausgeteilt werden – der »Schlechteste« zuletzt. Kinder, die nicht gut gearbeitet haben, brauchen nicht Verurteilung, sondern Anregungen, um besser lernen zu können.

- *Korrektur, Information, Zuspruch: helfen statt verurteilen*
  Lehrerinnen und Lehrer informieren durch die Korrektur, zeigen auf, was gut gelungen ist, wo Mängel sind, die ausgeglichen werden können, welche Übungen nötig sind, um Schwächen zu

überwinden. Kinder, die Misserfolg hatten, brauchen Hilfe, ihre Fehlleistung zu erkennen und die Schwächen zu bearbeiten. Oft geht in der Unterrichtsroutine unter, dass es emotional nicht einfach ist, eine Fünf einzustecken. Da kann das verständnisvolle Wort der Lehrerin dem Kind guttun. Vor allem braucht es die Chance, das Versagen auszugleichen.

▪ *Gemeinsame Überlegung mit der Klasse: Wie machen wir weiter?*
Schüler und Lehrer überlegen gemeinsam, wie zufrieden sie mit dem Leistungsergebnis sind, welche Folgerungen sie daraus ziehen, welchen Anteil der Lehrer am Ergebnis hat, wie die Schüler weiterlernen können. Sie erörtern, wie beide Seiten das Prüfungsklima einschätzen, und tauschen aus, wie sie die Prüfung erlebt haben. Lehrer sollten sich Zeit nehmen, die Schüler individuell zu beraten.

▪ *Missglückte Arbeiten wiederholen lassen*
So unüblich es ist, so vernünftig wäre es: Kinder, deren Arbeit misslungen ist, sollten die Prüfung wiederholen dürfen, um ihr Ergebnis zu verbessern. Weshalb sollen sie auf ihrem Misserfolg sitzen bleiben? Ihnen diese Chance zu verweigern ist psychologisch widersinnig und menschlich unfair. Das Bewusstsein, eine missglückte Arbeit wiederholen zu dürfen, wirkt überdies von vornherein entspannend.

Es muss Schlechte geben! – Lehrerpflicht: durch die Normalverteilung der Zensuren Versager herstellen?

Nicht selten müssen sich pädagogisch aufgeklärte Lehrerinnen und Lehrer rechtfertigen, wenn sie durch guten Unterricht die Schüler zu guten Leistungen befähigen. Dem Ethiklehrer N. war daran gelegen, die Jugendlichen für sein Fach zu begeistern. Die Schüler konnten Themen auswählen, die ihr Interesse weckten. Schülerfragen griff er als Lernimpulse auf: Er ließ die Jugendlichen zu jeder Thematik ihre Fragen aufschreiben, ging im Kreisgespräch auf ihre Problemstellungen ein. Am Ende jeder Stunde nahm sich der Lehrer Zeit, die Schüler nachdenken zu lassen: Was nehme ich aus dem heutigen Unterricht mit? War mir etwas vollkommen neu? Hat das Gelernte für mich lebenspraktische Bedeutung? Möchte ich mich mit einem Thema eingehender befassen?

Beim Thema »Die goldene Regel – Kants kategorischer Imperativ« sollten die Schüler an Problemen ansetzen, die für ihr gutes Leben bedeutsam sind. Sie führten Interviews mit Eltern, Lehrern und Mitschülern: »In welchen Situationen gilt für Sie die Regel ›Was du nicht willst, das man dir tu, das füg' auch keinem andern zu‹?« »Wo wünschten Sie sich von anderen, dass sie die Regel beherzigen?« »Wie versuchen Sie als Lehrer, die goldene Regel den Schülern gegenüber zu praktizieren?« »In welchen familiären Alltagssituationen kommen wir ohne diese Regel nicht aus?« »Was bedeutet für dich als Schüler der kategorische Imperativ in der Beziehung zum Lehrer?« – Eine Schülerin hielt ein Kurzreferat über Immanuel Kant, eine andere erarbeitete eine Definition zu »Philosophie«.

Die Leistungsprüfung bereitete der Lehrer nach lernpsychologischen Maßstäben vor: Er besprach mit den Schülern genau, was in der Klassenarbeit drankommt, damit sie sich gut vorbereiten konnten. Die Schüler überlegten selbst Prüfungsfragen, das wurde Anlass, sich eingehend mit den Problemstellungen zu befassen. Sie bekamen ausreichend Zeit, sich vorzubereiten. In Vorversuchen übten sie an einigen Fragen, wie die Prüfungssituation abläuft. Bei manchen Fragen durften sie Hilfsmittel verwenden, zum Beispiel ihr Ethikbuch. In einer freien Frage konnten die Schüler einen persönlichen Aspekt darstellen, der sie besonders interessierte.

Der Lehrer schaffte eine entspannte Prüfungssituation. Er gab die Klassenarbeiten in der nächsten Stunde zurück und informierte die Jugendlichen über Erfolg und Misserfolg. Die Ergebnisse der Leistungsprüfung zeigten: Die Schüler hatten gründlich gelernt und gute Kenntnisse erworben. Lehrer N. hatte sie zum eigenständigen Denken angeleitet und die Schüler nicht zu folgsamen Auswendiglernern deformiert. Sie mussten nicht darauf sinnen, wie sie dem Zensurendruck am besten entkommen, sondern konnten sich mit Freude und Interesse in die Arbeit vertiefen. Jugendliche und Lehrer freuten sich über den Lernfortschritt und die guten Noten.

Aber der Lehrer wurde vom Fachbetreuer vorgeladen. Der lobte das Engagement und den guten Unterricht. »Aber Sie geben zu gute Noten.« Der Ethiklehrer war überrascht über diese Wendung. Er bot dem Fachbetreuer an, ihm die Arbeiten vorzulegen. »Ja, aber darum geht es nicht, sondern um den Notenschlüssel. Es muss auch Schlechte geben. Ihr Notendurchschnitt von 2,5 ist zu gut.« Der Lehrer darauf empört: »Auf keinen Fall will ich Schlechte herstellen. Im Gegenteil: Ich möchte so unterrichten, dass auch Kinder, die sich schwertun, Erfolg haben, wenn auch nicht den gleichen wie die intelligenteren; die Schwächeren brauchen es besonders, bekräftigt zu werden. Die Gerechtigkeit, nach der ich Schlechte herstellen müsste, halte ich als Fachlehrer für Ethik ethisch verwerflich.« Der Fachbetreuer meinte, er wolle ja nur, dass es für den Lehrer zu keinen Schwierigkeiten komme.

Die Schwierigkeiten kamen alsbald, und zwar vom Schulleiter: Es ginge nicht, dass der Ethiklehrer besser zensiere als sein Kollege. Beim Parallellehrer fielen die Noten um zwei Stufen schlechter aus. »Da könnte man ja meinen, der eine wäre der gute, der andere der schlechte Lehrer.« Der andere Kollege war ein schulbekannter Tiefbeurteiler. Herr N. entgegnete, er wolle keinen Konkurrenzkampf, sondern den Schülern etwas beibringen und mit der Beurteilung ihrer guten Leistung gerecht werden.

Bürokratismus als Waffe gegen Schüler und Lehrer – in pädagogischer Vernunft den Gehorsam verweigern

Herr N. war unerfahren in Schulbürokratie und fragte, wo im Unterrichtsgesetz gefordert wird, sich an eine Durchschnittsnote zu halten. Darauf reagierte der Schulleiter ungehalten: Das stehe nirgends, aber es sei so üblich. Der Lehrer:»Ich kann doch nicht die Noten der Schüler manipulieren, nur weil ein Kollege schlechter zensiert als ich.« Herr N. wollte sich nicht einschüchtern lassen und machte sich sachkundig. Dabei wurde ihm klar, wie abwegig es ist, das Zufallsgesetz der Gauß'schen Glockenkurve auf 25 Kinder anzuwenden. Es trifft allenfalls auf Tausende zu – und auch da nicht für eine geistige Leistung. Er las auch, dass es schon lange nicht mehr vorgeschrieben ist, die Normalverteilung anzuwenden. Trotzdem hält sich an vielen Schulen offen oder verdeckt die nicht vorhandene Vorschrift. Hier stellen sich Bürokratismus und Machtprinzip gegen Kinder und Lehrer. Das bürokratische Verfahren schreibt einen Klassendurchschnitt vor und die Normalverteilung: sehr wenig Einser, wenig Zweier, in der Hauptsache Dreier und Vierer, wenig Fünfer und sehr wenig Sechser. Sollte dieses Verfahren nach einem Zufallsgesetz einen Sinn haben, wäre Unterricht ein Zufallsgeschehen: kein Kompliment für Lehrer.

Unterrichtet ein Lehrer erfolgreich und seine Schüler schreiben gute Arbeiten, zählt in diesem Bürokratismus nicht die Qualität der Leistung, sondern die Quantität der Ziffernverteilung. Der Lehrer soll den Notendurchschnitt drücken, damit er normal ist, zum Beispiel 3,2. Demnach muss er die Ergebnisse der Prüfung manipulieren, um die Vorschrift zu erfüllen. Die Normalverteiler täuschen vor, es handle sich um eine objektive Benotung. In Wirklichkeit verfälschen sie die Noten nach den Vorgaben der Durchschnittsnote. Schüler, denen Gerechtigkeit zuteil werden soll, geraten bei dieser Willkür aus dem Blick. Der Lehrer muss, wenn eine Arbeit gut ausgefallen ist, die nächste Arbeit schwerer machen, um die Notenschraube anzuziehen. Ein Folterinstrument? Dieser Gehorsamsleistung wollte sich Herr N. nicht unterwerfen.

Er fragte, weshalb nur Lehrer gemaßregelt werden, die zu *gute* Noten erteilen, wie jüngst im Fall der bayerischen Grundschullehrerin Sabine C., wie er in der Süddeutschen Zeitung vom 28.7. 2008 unter der Überschrift „Bloß nicht zu viele Einser bitte! Lehrer, deren Schüler zu gute Noten schreiben, werden systematisch ausgebremst" vorgestellt wurde. Die Lehrerin wurde für ihren Schritt in die Öffentlichkeit übrigens diszipliniert, was bei einem Lehrer mit einem „zu schlechten Schnitt« sicherlich nicht passiert wäre. Darf eigentlich nicht gefragt werden, wie ein solcher Lehrer, bei dem die Schüler so schlecht abschneiden eigentlich unterrichtet? Stattdessen kann er seine Entmutigungsdidaktik fortsetzen, ohne von Vorgesetzten davon abgehalten zu werden.

Erich Fromm[52] definiert Bürokratismus als »Methode, bei der Menschen wie Dinge verwaltet und Dinge nach quantitativen statt qualitativen Gesichtspunkten behandelt werden. Alles wird von statistischen Daten gesteuert. Bürokraten handeln auf Grund starrer Regeln, nicht in spontaner Reaktion auf die Personen, mit denen sie es zu tun haben. Der Bürokrat fürchtet die persönliche Verantwortung und sucht hinter seinen Vorschriften Zuflucht.« Was ihm Sicherheit gibt, ist seine Pflichttreue gegenüber den Vorgesetzten. Er kennt hingegen keine Gewissenstreue gegenüber den Geboten der Menschlichkeit. Er empfindet nur Schuldgefühle, wenn er die Anordnungen der Vorgesetzten verletzt, aber nicht, wenn er Menschen verletzt. Innerhalb der Vorschriften gibt es Handlungsspielraum. Lehrer mit autoritärer Charakterstruktur nutzen diesen Handlungsspielraum nicht. Sie nehmen gehorsam hin, was angeordnet wird, ohne die Anweisung zu hinterfragen.

Der Ethiklehrer wagte die Initiative und regte Kollegen zu eigenem Denken an. In der Lehrerkonferenz stellte er dar, was das Zufallsgesetz der Gauß'schen Glockenkurve bedeutet – und wie widersinnig es ist, sie auf die Noten der Kinder anzuwenden. Er hatte dabei die Kultusministerkonferenz hinter sich, die bereits vor Jahren bestimmte, dass es nicht zulässig ist, Zensuren an einem Klassendurchschnitt auszurichten. Da es keine schulrechtliche Grundlage für die Willkür der Normalverteilung gab, entschied das Lehrerkollegium, Lehrer dürften nach der ihnen

---

52 Erich Fromm: Haben oder Sein S. 182-184 (1975)

zugesicherten pädagogischen Freiheit handeln. Der moralisch argumentierende Lehrer hatte eine Reihe von Kollegen angesteckt. Gäbe es viele solcher Ansteckungen, würde das in eine Reform für eine pädagogische Schule münden.

Saskia, Opfer des Notenbürokratismus: Abgeschrieben, Note 6 – Kinder einfach fallen lassen

Am Konflikt des Ethiklehrers wird deutlich: Verantwortungsbewusste Lehrermitbestimmung ist nur möglich, wenn bürokratische Regelung durch humane Verständigung ersetzt wird: auf Menschen und Situationen unmittelbar eingehen, statt Paragraphen anzuwenden. Unterrichtsgesetze zeigen, wie die Schule vom Bürokratismus durchsetzt ist: genaue Regeln über das Vorrücken, über Verweise, über die Anzahl der Prüfungen, das Festlegen des Prüfungszeitpunktes, darüber, wie lange Klassenarbeiten aufbewahrt werden, über Notenausgleich, die Mitsprache von Eltern und Schülern, Klassenwanderungen, reglementierende Lehrpläne, vorgeschriebene Vergleichsarbeiten bis zur Forderung eines Zentralabiturs mit den gleichen Aufgaben für alle.

Die Willkür des schulischen Bürokratismus ist selbstverständlich, zum Beispiel, wenn Schüler für ungehöriges Verhalten eine mündliche Sechs bekommen. Nicht in »Betragen«, denn der Schüler störte den Unterricht, sondern in Latein. Da wird ein pädagogisches Problem zum bürokratischen gemacht, weil der Lehrer keine pädagogische Lösung weiß.

Die pädagogische Frage wäre: Was mache ich mit dem Schüler, der den Unterricht stört? Wie kann ich ihm Grenzen setzen? Bringe ich ihn durch Ermahnung zur Einsicht? Welche Strafe könnte helfen? Welche Vereinbarung kann ich mit ihm abschließen? Statt des längeren Wegs der Verständigung erfolgt ein kurzer Prozess durch die Note Sechs. Der Schüler wird in einer Leistung herabgestuft, die gar nicht gemessen wurde.

Saskia musste wegen dieser erbarmungslosen Bürokratie ein Schuljahr wiederholen. Sie stand in Latein zwischen den Noten Vier und Fünf, in Mathematik war die Fünf nicht mehr zu korrigieren. Durch eine Vier in der Lateinprüfung war es möglich, nicht sitzen zu bleiben: »Da wär' ich gerettet«, sagte sie. Sie bereitete sich gründlich auf die Klassenarbeit vor: durch intensive Nachhilfe, durch elterliche Hilfe und unterstützt von einer Freundin.

Aufgeregt ging sie in die Prüfung. Sie fand jedoch einen guten Einstieg und war zuversichtlich, es zu schaffen. Fünf Minuten vor Schluss kam dann doch noch Panik in ihr auf: »Wird es zu einer Vier reichen?« Deshalb warf sie bei der letzten Aufgabe einen verzweifelten Blick auf die Arbeit der Nachbarin – und schon hatte sie der Lateinlehrer mit Argusaugen erspäht. Er riss Saskia das Blatt aus der Hand, strich die Arbeit rot durch und setzte eine »6« darüber – wegen Täuschungsversuchs.

Mitschüler, Eltern und die Klassenlehrerin baten um eine Chance, das Mädchen doch noch vorrücken zu lassen, zumal alle übrigen Noten zufriedenstellend waren. Bei der Korrektur der mit Sechs bewerteten Arbeit stellte sich heraus: Bis zum Zeitpunkt der Regelverletzung durch die Schülerin war die Arbeit mit »2« zu bewerten. Und selbst, wenn sie die letzte Aufgabe verfehlt hätte, wäre es immer noch die Note 3. Trotzdem hielten Lehrer und Schulleitung daran fest, die Leistung wegen des Versuchs, abzuschreiben, mit »ungenügend« zu bewerten: »Wo kämen wir denn hin, wenn wir so etwas durchgehen ließen?«

Es wurde also nicht Saskias tatsächliches Können bewertet, wie die schlechte Note vortäuscht. Die objektiv gute Leistung wurde für ungenügend erklärt, weil die Schülerin versuchte, zu spicken. Die Leistung wurde einfach ausgelöscht, weil die Schülerin in ihrer Angst vor dem Sitzenbleiben in die Arbeit der Nachbarin schaute, sich vergewissernd, ob sie mit ihrer Antwort richtig liege. Das

Mädchen für sein Fehlverhalten mit einer Sechs für die Leistung zu bestrafen wurde als »Gerechtigkeit« bezeichnet, eine Gerechtigkeit, wie sie ungerechter nicht sein könnte. Saskia musste das Schuljahr wiederholen, das pädagogische Unrecht wurde gestützt durch eine Schulordnung, in die keine Spur von Pädagogik eingegangen ist – und durch Lehrer, die Kinder einfach fallen lassen.

TEIL 3

Humane Schule.
Die beste Leistungsschule

11 Das aufrichtende Wort – helfen statt tadeln

Akzeptiertwerden stärkt den Lernwillen

»Die Menschen stärken, die Sachen klären«
ist Leitgedanke für eine pädagogische Schule:
Ganzheitlich lernen,
Belehrung durch Erfahrung ersetzen,
den jungen Menschen Zutrauen geben, die Welt
zu verstehen, zu verändern, zu verantworten.
Hartmut von Hentig

»Die Bemerkung des Lehrers machte mich für Tage glücklich« – Erfahrungen des Glücks als Bildungsstandard?

Lehrer können unter der Unachtsamkeit von Kindern leiden: wenn diese grenzenlos sind, rücksichtslos, gleichgültig. Schüler wiederum klagen über achtlose Lehrer. Achtsamkeit, verstanden als Gewahrwerden des anderen und der eigenen Person, verringert die Distanz zu den Schülern. Bei einem Klassentreffen erzählte mir ein früherer Schüler, jetzt ein 50-jähriger Arzt, wie ihn die zugewandte Haltung anspornte, als ich sein Klassenlehrer wurde.

Ich war ein schlechter Schüler. Das änderte sich, als ich zu Ihnen in die 5. Klasse kam. Sie werden es nicht glauben, ich habe heute noch die Bemerkung im Kopf, die Sie mir unter den ersten Aufsatz schrieben. Bis dahin war ich gewohnt, bei der Rückgabe von Aufsätzen unter meiner Arbeit eine 5, allenfalls eine 4 stehen zu haben; meine Heftseiten waren nach der Korrektur ein blutrotes Schlachtfeld. Und jetzt las ich – ich sehe noch den gelben, mit Schreibmaschine geschriebenen Zettel vor mir, den Sie uns immer unter den Aufsatz klebten –, ich las:

»Ich hab deine Geschichte gern gelesen, Michael. Besonders gut konnte ich mir vorstellen, wie du zusammen mit deinem Vater das Baumhaus gezimmert hast. Gut, dass du dich beim Sturz noch festhalten konntest! Das mit der Rechtschreibung schaffen wir schon noch. Du hast lebendig erzählt!«

Ich musste vor den Mitschülern meine Tränen verbergen, so hat mich diese Anerkennung gefreut. Ich las die Worte wieder und wieder, am Schluss konnte ich sie auswendig. Ich bin mit der Geschichte nach Hause gerannt und hab sie allen gezeigt. Ich erinnere mich noch gut: Ich war für Tage glücklich. Ich legte dann gleich eine Berichtigungskarte an, um darauf die Fehlerwörter zu schreiben und täglich zu üben, denn ich wollte jetzt auch im Rechtschreiben besser werden. Die neuen Erfahrungen, die ich in Ihrem Unterricht machte, haben meine Schulkarriere völlig verändert. Vorher hätte ich mir nie zu denken getraut, einmal das Gymnasium zu besuchen und Arzt zu werden.

Lehrer sind sich oft zu wenig bewusst, was es für Kinder bedeutet, mittags mit einem guten Wort nach Hause zu gehen. Es kann Schüler verwandeln, wenn sie erleben: Der Lehrer hat mich gesehen. Lehrer unterrichten zwanzig bis dreißig Kinder, und als Fachlehrer sehen sie die Schüler nur wenige Stunden in der Woche. Da sollten sie jede Gelegenheit für ein persönliches Wort wahrnehmen. Michael war für Tage glücklich, weil der Lehrer ein anerkennendes Wort für ihn fand. Leicht unterschätzen wir, wie nachhaltig Lehrerurteile haften, im Guten wie im Bösen.

Ein aufmerksames Wort kann aufmerksam machen – auch den Lehrer, ein unbedachtes kann kränken, Übersehenwerden kann Resignation auslösen, eine aufmunternde Bemerkung die Hoffnung auf Erfolg stärken. Das gute Wort wirkt lange nach: manchmal Jahrzehnte. In meiner psychotherapeutischen Arbeit dachte ich oft: Es wäre schön, die damalige Lehrerin des Patienten könnte hören, wie lebensleitend sie für ihn als Schüler wurde, weil sie ihn aufrichtete. Schüler, die in einem Schulklima der Anerkennung lernen, strengen sich mehr an und können ihre Fähigkeiten mehr ausschöpfen als in einer Atmosphäre der Gleichgültigkeit.

Im philosophischen Denken sind Erfahrungen des Glücks aufs Engste mit Bildung verknüpft; sie sollten zu den Bildungsstandards gehören. Was Bildungspolitiker als solche ausgeben, sind überwiegend Wissensstandards. Peter Bieri[1] meint mit Erfahrungen des Glücks, die bilden:

»Die Freude, an der Welt etwas besser zu verstehen und sich nun besser orientieren zu können;

die befreiende Erfahrung, einen Aberglauben abschütteln zu können;

das Glück beim Lesen eines Buches, das einen historischen Korridor eröffnet;

die Faszination durch einen Film, der zeigt, wie ganz anders es anderswo ist, ein menschliches Leben zu führen;

die beglückende Erfahrung, eine neue Sprache für das eigene Erleben zu lernen;

die freudige Überraschung, wenn man sich mit einem Mal in einem wichtigen Aspekt seines Lebens besser versteht als bisher;

Bildung schließt noch eine andere Dimension von Glück auf: die gesteigerte Erfahrung von Gegenwart beim Lesen von Poesie, beim Betrachten von Gemälden, beim Hören von Musik, bei der Leuchtkraft von Worten, Bildern und Melodien.«

---

1 Peter Bieri: Wie wäre es, gebildet zu sein? S. 15 (2006)

Werden Jugendliche von Lehrern zu wenig aufgerichtet? – Der wahre PISA-Schock trifft die Kinder

Für den Arzt, von dessen Glückserfahrung ich berichtete, veränderte das aufrichtende Lehrerwort sein Schulleben. Lehrer sollten sich fragen: Wann habe ich Niklas, der rege mitarbeitet, zuletzt anerkannt: »Da brachtest du einen originellen Einfall«? Bei welcher Gelegenheit lobte ich Martha: »Diese Seite hast du schön geschrieben«, oder bekräftigte ich Richard: »Du hast deine Mathematikleistung deutlich verbessert«? Habe ich die schüchterne Miriam in letzter Zeit aktiv wahrgenommen: »Schön, dass du dich getraut hast, mitzusprechen«, oder Timo bestärkt: »Jetzt hast du die Algebraaufgabe verstanden«? An welche Klasse habe ich zuletzt ein gutes Wort gerichtet: »Das Arbeiten mit euch fand ich richtig interessant«?

Das Wort des Lehrers kann den kleinsten Fortschritt herausheben. Die Zustimmung kann in der Wortwahl einfach, sachlich, ohne Überschwang, nah an dem Geleisteten bleiben. Wenn sich der Lehrer den Kindern zuwendet, ist das nicht nur ermutigend für die Schüler. Es stärkt auch ihn selbst und versetzt ihn in eine freundlich-zuversichtliche Stimmung.

Viele Schüler müssen durch kinderfeindliche Schulgesetze weniger mit dem aufrichtenden als mit dem niederdrückenden Wort rechnen. Täglich werden sie zu bewerteten – und die Schwachen zu entwerteten – Menschen gemacht, unerbittlich und oft willkürlich der Zensurenskala 1–6 ausgesetzt. Die Zensurengebung ist besonders dann eine Methode der Entmutigung, wenn Lehrer die Schüler damit disziplinieren.

Sogar PISA wird zum Unterdrückungsinstrument. Der Lehrer überfällt eine 10. Gymnasialklasse in der zweiten Schulwoche nach den Sommerferien mit der Ankündigung eines zentralen Tests: »Ihr werdet über den Stoff der letzten zwei Schuljahre geprüft.« Mit dieser Drohung werden die Schüler angstvoll auf das neue Schuljahr eingestimmt. Erschrocken kommt ein Mädchen nach Hause: »Was soll ich machen? Wie kann ich in zwei Tagen den Stoff von zwei

Schuljahren üben?« Die Schüler erfuhren nicht, dass es gar nicht im Sinn dieser Leistungsprüfung ist, sich nun eigens vorzubereiten und »den Stoff von zwei Schuljahren« zu büffeln. Der Schock der Lehrerankündigung sitzt. Das ist der wahre PISA-Schock: nicht der, von dem ständig geredet wird: Die Kinder werden geschockt.

Der Schock wird in dieser Klasse noch schockierender: Von 21 Schülern erhalten siebzehn die Note 6, vier die Note 5. Die Direktorin sagt zu einer beschwerdeführenden Mutter: »Das kann vorkommen, dass eine Klasse so schlecht arbeitet.« – Die Mutter: »Aber hier hat doch der Lehrer versagt.« – Lehrerin: »Der kann nichts dafür, die Aufgaben waren vorgegeben.« – »Dann hat der Lehrer doch nicht durchgenommen, was die Schüler können müssen.« – »Schließlich muss er sich an den Lehrplan halten.« – »Aber ich meine, die Kinder dürfen nicht für Aufgaben schlechte Noten bekommen, die sie nicht geübt haben.« – »Tut mir leid, ministerielle Anordnung.« – »Aber die Tests von PISA sollten doch nur der Untersuchung dienen und nicht der Notengebung.« – »Die Noten zählen doch nur halb.« Nicht selten werden Eltern bürokratisch abgefertigt. Diese Mutter, selbst Lehrerin, gibt nicht auf: »Die Kinder werden doch durch die ungerechte Benotung in den ersten Mathematikstunden des Schuljahres entmutigt.« – »Da brauchen Sie sich keine Sorge zu machen, die kommen schon darüber weg.«

Solche Zurückweisung der Eltern wäre nicht möglich, wenn statt der einen Mutter 21 Elternpaare schützend vor die Kinder träten. Es kommt jedoch nicht zum gemeinsamen Protest! Dabei könnten die Eltern erkennen: Der Test war nicht dafür vorgesehen, die Schüler zu zensieren. Der Lehrer hat ihn dazu missbraucht, um den Schülern zu zeigen, wie schlecht sie sind. Die Note 6 gebührt dem Lehrer, der in zwei Jahren die Schüler zu wenig Mathematik gelehrt hat: Stattdessen lernten sie bei ihm das Fürchten. Er selbst lernte in sieben Jahren PISA-Kritik, die vor allem mangelnde Individualisierung beklagt, buchstäblich nichts. Aber nicht ihm werden Sechsen angerechnet, sondern den Kindern. Kein Protest des Elternbeirates, der sich nicht in unterrichtliche Angelegenheiten einmischen möchte. Er lässt die Kinder im Stich und nimmt die Unpädagogik hin. Solange Eltern nicht, wie diese Mutter, wahrnehmen, wie willkürlich Kinder entmutigt werden, und solange sie nicht für eine humane Pädagogik eintreten, nimmt das Leiden an der Schule kein Ende.

Gelobte Schüler leisten mehr – wird Lehrern eine positive Haltung gegenüber Schülern eingepflanzt?

Psychologen untersuchten wiederholt, ob Schüler mehr leisten, wenn sie akzeptiert werden oder wenn man sie tadelt: »Die gelobten Schüler zeigten im Leistungstest signifikant bessere Ergebnisse. Der überwiegende Anteil der Befunde weist darauf hin, dass Lehrer, die ihre Schüler häufiger tadeln, weniger gute Leistungen erzielen. Wenn sie hingegen die Ideen von Schülern akzeptieren, ist das mit besseren Leistungen verbunden.«[2] Daraus folgern die Erziehungswissenschaftler:

»Lehrer sollten ihrer Neigung nachgeben, positive Reaktionen auf die Antworten ihrer Schüler auszudrücken. Sie sollten Charaktere sein, denen eine positive Haltung gegenüber Schülern eingepflanzt wurde und die warmherzige und einfühlende Einstellungen gegenüber Menschen zum Ausdruck bringen. Lehrer sollten bei den Schülern einen Grund zum Loben finden, indem sie ausfindig machen, was sogar bei den ›Schlechtesten‹ lobenswert ist.«

Lehrerinnen und Lehrern positive Haltungen einzupflanzen ist möglich: durch pädagogische Lehrertrainings, in Selbsterfahrungsgruppen, in Konfliktgesprächsgruppen und Supervisionen, in der Auseinandersetzung mit den schwierigen Seiten dieses schönen Berufs, mit der Freude und der Sinngebung.

---

2 Gage/Berliner: Pädagogische Psychologie 2 S. 681 (1979)

In Lehrergruppen, wie ich sie seit Jahrzehnten durchführe, beobachte ich, dass die Teilnehmer durch die Gruppe wahrnehmungsfähiger für sich selbst und für die Kinder werden. In die amtliche Weiterbildung ist die Erkenntnis noch nicht eingedrungen, dass selbstreflexive Fortbildung den Lehrern weiterhilft. Die Frage nach der Bedeutung der Lehrerpersönlichkeit wird vernachlässigt, obwohl jedes Kind weiß und jeder Erwachsene erlebt: Auf den Lehrer kommt es an! Bei Lehrern, die mit Fehlerblick nur nach dem suchen, was Kinder nicht können, um sie dann mit schlechten Noten zu tadeln, entwickeln die Schüler nicht ihre volle Leistungsfähigkeit. Hingegen können Kinder ihre Leistungen verbessern, wenn sie auf eine Lehrerin treffen, die akzeptierende und einfühlende Einstellungen gegenüber Schülern hat, die unterrichtlich kompetent ist und von der die Schüler sagen: »Bei der lernt man was.« Die Bestätigung des Lernwachstums beschert Lehrern den Erfolg ihres Unterrichts, über den sie sich freuen können.

Tadel erweist sich nur dann als leistungssteigernd, wenn er im Klima einer positiven Lehrerhaltung ausgesprochen wird und die Schüler nicht entwertet. Das Kind wird durch das kritische Wort informiert und bekommt den Weg aufgezeigt, etwas besser zu machen. Es fühlt sich durch den Tadel ernst genommen und merkt: Der Lehrer will mir helfen. Werden Schüler allerdings überwiegend getadelt und fortwährend negativen Reaktionen ausgesetzt, zum Beispiel durch die korrekte schlechte Benotung, erweist sich der Tadel als leistungshemmend. Das Zensurensystem schwächt besonders die schwächeren Schüler. Sie werden mutlos und leisten immer weniger.

Einen Zusammenhang zu den destruktiven Zensuren und unbarmherzigen Auslesemethoden mögen jene nicht herstellen, die auf dem dreigliedrigen Schulsystem bestehen. Sie lehnen eine gemeinsame Schule für alle Kinder ab und ignorieren Erkenntnisse darüber, dass das gemeinsame Lernen nicht nur humaner ist, sondern auch allen Schülern, den leistungsstärkeren wie den schwächeren, größere Lernerfolge beschert.

Höflichkeit: Kritik, die den Schüler nicht umwirft, sondern ihm hilft – »Man hält ihm die Wahrheit so hin, dass er hineinschlüpfen kann«

Eine Lehrerin, die immer so wütend auf mich war, dass ich nie meine Alternativlösung bedauerte, mir einmal kochendes Wasser über den Fuß gegossen zu haben, um die Stunde im Krankenhaus zu verbringen. Fortwährende Ermahnungen: »Mit dem Kopf auf den Armen kannst du nicht denken.« (Als Erwachsene habe ich immer am besten denken können, wenn ich den Kopf auf die Arme legte.) – »Du wirst ein Krüppel, wenn du mit übergeschlagenen Beinen dasitzt.« (Ich schlage meine Beine noch heute, sogar zweifach übereinander.) Am Ende verabscheute ich die Schule so sehr, dass ich ständig krank spielte und zu Hause blieb, in dem Glauben, ich hätte Mama überzeugt, dass ich wirklich eine Erkältung oder Leibschmerzen hatte.

Es gab natürlich andere Lehrer, die sympathisch waren, zu diesen hatte ich auf eine stille Art einen besonders engen Kontakt. Der eine schrieb einmal unter einen meiner Aufsätze: »Liebe Liv, du hast viel Fantasie und die ungewöhnliche Fähigkeit, ihr Ausdruck zu geben. Aber manchmal gerätst du in tiefes Wasser, und von da aus muss man weit schwimmen, bis man wieder ans Ufer kommt. Auch das ist eine bildliche Darstellung. Verstehst du, kleine Liv, was ich meine?« Die kleine Liv verstand und sie bewahrte diese Zeilen viele Jahre lang auf.[3]

Das Bedürfnis der Schüler, anerkannt zu werden, ist von dem Wunsch getragen, als Person respektiert zu werden, nicht nur Objekt für den Lehrer zu sein. In unserem autoritären, übertrieben leistungsbezogenen Schulsystem müssen Lehrer in einem fort bewerten, benoten, prüfen, kontrollieren und ausfragen. Es geht immerfort um Richtig oder Falsch. Da geraten Lehrer leicht ins Kritisieren als Dauerhaltung, hinter der die für Kinder lebenswichtige Anerkennung zu kurz kommt.

---

3   Liv Ullmann: Wandlungen S. 39–41 (1976)

Jugendliche zu konfrontieren und mit Unzulänglichkeiten zu kritisieren, bedeutet ebenfalls, sie ernst zu nehmen. Das mag für Schüler unter Umständen schmerzlich sein. Aber es hilft ihnen, ihre Abhängigkeit zunehmend durch Selbststeuerung aufzuheben. Kritik ist eine Chance, sich weiterzuentwickeln, vorausgesetzt, die Kritik ist mit Höflichkeit verbunden, wie es Max Frisch[4] beschreibt:

Das Höfliche, oft als leere Fratze verachtet, offenbart sich als eine Gabe der Weisen. Das Höfliche nämlich, das nicht im Gegensatz zum Wahrhaftigen steht, sondern eine liebevolle Form für das Wahrhaftige ist. Ohne das Höfliche können wir nicht wahrhaftig sein und zugleich in menschlicher Gesellschaft leben. Höflichkeit natürlich nicht als eine Summe von Regeln, die man drillt, sondern als innere Haltung. Wesentlich geht es darum, dass wir uns vorstellen können, wie sich ein Wort oder eine Handlung, die unseren Umständen entspricht, für den anderen ausnimmt. Man begnügt sich nicht damit, dass man dem andern einfach seine Meinung sagt; man bemüht sich zugleich um ein Maß, damit sie den andern nicht umwirft, sondern ihm hilft. Wohl hält man ihm die Wahrheit hin, aber so, dass er hineinschlüpfen kann.

Liv Ullmanns Lehrer hat der Schülerin seine Kritik höflich und einfühlsam mitgeteilt: so, dass sie in die Wahrheit hineinschlüpfen konnte. Treffende Kritik regt die Selbstkritik an; sie weckt Impulse, für sich und für andere etwas zu verändern. Lob ist nicht hilfreich, wenn es gleichförmig wiederholt wird. Dann bedeutet es dem Kind nichts mehr, sondern wird leer. Die einfache, genau treffende Anerkennung hingegen – von »erkennen« abgeleitet – stärkt die Identität des Schülers; sie bestätigt ihn in seinem Selbstverständnis.

---

4   Max Frisch: Tagebuch 1946-1949 S. 60, 61 (1980)

»Und wer lobt mich?« – »Ich finde es fürchterlich, in einem ätzenden Fach einen so netten Lehrer zu haben«

Nicht nur Schüler brauchen ein gutes Wort. In einem Lehrerseminar, das ich über »die Anerkennung im Unterricht« abhielt, rief eine Oberstudienrätin ärgerlich dazwischen: »Und wer lobt mich?« Ja: Auch Lehrerinnen bedürfen der Achtsamkeit und sollten sich fragen: Von wem erfuhr ich zuletzt ein zustimmendes Wort? Von welcher Schülerin, welcher Klasse, von welcher Kollegin, dem Schulleiter oder Schulrat, von Eltern? Schüler denken meist nicht daran, dass auch Lehrer ein anerkennendes Wort aufrichtet; aber die Lehrerinnen könnten ihnen das sagen.

Mit dem ungekünstelten Anerkennen kommt eine Wechselwirkung in Gang, zum Beispiel bei einer Schülerin und ihrem Mathematiklehrer. Lena ist schlecht in Mathematik. Schlecht, wie man so leichtfertig feststellt, ohne zu überlegen, was das Prädikat »schlecht« an Selbstzweifeln in der Schülerin auslöst. Die Elfjährige sagt nach einer Fünf zu ihrem Mathematiklehrer: »Ich finde das fürchterlich, dass ich in einem so ätzenden Fach einen so netten Lehrer habe.« Der überraschte Studienrat entgegnet unsicher: »Ja sei doch froh, es wäre noch schlimmer, wenn du einen ätzenden Lehrer hättest.« – Unter Lenas nächsten Hefteintrag schrieb der Lehrer: »Du kannst mich gern fragen, wenn du etwas nicht verstehst« – er hat Lena aufmerksamer wahrgenommen. In der darauf folgenden Kurzprüfung hatte Lena eine Eins – überraschend und hoffnungsvoll für sie. Und in der nachfolgenden Klassenarbeit bekam sie keine Fünf, sondern eine Drei. Was ist da passiert?

Sie wusste nicht, wie man den Notendurchschnitt ausrechnet; denn im Lehrplan standen x-Gleichungen. Deshalb fragte mich Lena: »Großpapa, was bekomm ich jetzt mit diesen Noten im Zeugnis?« Ich rechnete, es war eindeutig: Der Lehrer musste ihr eine Vier geben, da mochte ihm Lena noch so sympathisch sein. Ich sagte, wie es mich freut, dass sie das geschafft hat. Aber: Sie durfte noch mal mündlich vorrechnen und bekam ins Zeugnis eine Drei. Wirkte da die sympathische Beziehung in Lena und im Lehrer? Das gute Wort kann Lernenergien wecken – bei Schülern wie Lehrern.

Eine Pädagogik der Ermutigung ermöglicht mehr Menschlichkeit und stärkt die Leistungsmotivation. Das wird durch die Neurobiologie gestützt, sagt der Neurobiologe und Psychiater Joachim Bauer[5]: »Das Wichtigste ist, dass Kinder durch die Rückmeldung von Lehrern nicht gedemütigt, nicht bloßgestellt und nicht beschämt werden. Stärkster Stimulus für die biologischen Motivationssysteme des Gehirns sind die Zuwendung und das Interesse anderer Menschen. Soziale Ausgrenzung oder Demütigung bewertet das Gehirn fast gleichwertig wie absichtsvoll zugefügten körperlichen Schmerz. Die Reaktion auf Demütigung oder Ausgrenzung sind Motivationsverlust und Aggression. Das hat auch neurobiologische Gründe«, nicht nur psychologische.

Unser Schulsystem kann allerdings nicht viel Freundlichkeit ertragen. In einem Wochenendseminar mit Gymnasiasten sprachen wir darüber, wie lernanregend die Anerkennung auf Menschen wirkt. Ich sagte den Schülern:»Auch Lehrerinnen und Lehrer ermutigt es, wenn sie ein zustimmendes Wort von euch bekommen: ›Die Geschichtsstunde fand ich heute richtig spannend.‹ ›Das hat mir geholfen, dass Sie mir die Matheaufgabe in Ruhe erklärten. Jetzt hab ich sie verstanden.‹ ›Ich finde es gut, dass wir in jeder Stunde auch Partnerarbeit machen dürfen, da kann ich meine eigenen Gedanken äußern.‹ – Vielleicht könntet ihr einmal daran denken«, sagte ich zu den Gymnasiasten:»Auch Lehrer brauchen Wertschätzung, genau wie ihr Schüler.«

Ich merkte, dass die Schüler von meinen Worten befremdet waren, und einige lachten:»Das ist doch unmöglich, dem Lehrer zu sagen, was wir an ihm gut finden. Da könnte der ja denken, wir wollen uns wegen einer guten Note anbiedern.« Ein anderer Schü-

---

5   Joachim Bauer: Gespräch zu seinem Buch »Lob der Schule« taz 11.04.2007

ler: »Den Lehrer loben? Ich kann mich doch nicht einschleimen! Außerdem möchte ich vor den anderen nicht als Streber dastehen.« – So verzerrt werden menschliche Beziehungen in dem von der Notendiktatur vergifteten Schulsystem.

12 Gute Stimmung – gute Leistung

Motivation und Lernerfolg durch ein sozial angenehmes Schulklima

Wir träumten von einer Schule, an der Schüler und Lehrer jeden Tag aufs Neue die Erfahrung machen: Es ist gut, dass ich hier bin. Was ich tue, ist sinnvoll und befriedigt mich, auch dann, wenn es anstrengend ist. Ich kann stolz sein auf das, was ich zusammen mit anderen geschafft habe.
Enja Riegel

Was stärkt den Arbeitswillen? – Das sozialpsychologische Experiment von Elton Mayo

In dem klassisch gewordenen Experiment aus dem Jahr 1933 ging der Sozialpsychologe Elton Mayo der Frage nach: Wie beeinflusst das Arbeitsklima die Leistung von Arbeiterinnen? Ihn und seine Auftraggeber interessierte, ob man die Produktivität steigern kann, wenn man die Arbeitsbedingungen verändert. Das Mayo-Experiment wurde in einer Fabrik der General Electric in Chicago durchgeführt und dauerte fünf Jahre. Es zielte auf mehr Leistung, dabei kristallisierten sich jedoch humane Erkenntnisse heraus; sie sind bis heute gültig.

Die Frauen mussten Telefonspulen montieren, eine monotone Arbeit mit sich ständig wiederholenden Handgriffen. Für das Experiment durften sechs Arbeiterinnen in einem eigenen Raum arbeiten. Sie erhielten morgens und abends eine Ruhepause, die Arbeitszeit wurde um eine halbe Stunde verkürzt, man reichte ihnen Tee und Erfrischungen. Die Frauen wurden über das Experiment informiert und darüber, wie wichtig ihre Mitarbeit wäre. Die Folge war: Die Stückleistung stieg beträchtlich und die Frauen blieben weniger häufig der Arbeit fern. Das Ergebnis schien einleuchtend: Die angenehme Arbeitsatmosphäre erhöhte die Leistung.

Die nächste Versuchsperiode brachte ein unerwartetes Resultat: Im Einverständnis mit den Arbeiterinnen kehrte die Gruppe zu den Arbeitsbedingungen wie am Anfang des Experiments zurück. Ruhepausen wurden wieder abgeschafft, ebenso Erfrischungen und andere Vergünstigungen. Zu jedermanns Verwunderung führte dieser Entzug aber nicht zu Leistungsminderung, sondern die wöchentliche Stückleistung war höher denn je. Nach drei Monaten wurden die Vergünstigungen erneut eingeführt, die Leistung stieg weiter. Die Durchschnittsrate der Erkrankungen war bei den am Experiment beteiligten Arbeiterinnen um 80 Prozent geringer als im übrigen Betrieb.

Es schien, als wären es nicht nur die Pausen und besonderen Anreize, welche die Produktivität erhöhten: »Die soziale Seite der Gesamtarbeitssituation hatte sich verändert, sie bewirkte eine neue Einstellung der Arbeiterinnen. Man hörte sich ihre Vorschläge an und befolgte sie auch. Sie waren sich bewusst, an einem sinnvollen und interessanten Experiment beteiligt zu sein, das nicht nur für sie allein, sondern für die Arbeiter der gesamten Fabrik wichtig war. Die Gruppe entwickelte das Gefühl, persönlich an der Arbeit beteiligt zu sein, weil die Frauen wussten, was sie taten, weil sie einen

Zweck und ein Ziel sahen und weil sie auf den gesamten Betrieb durch ihre Vorschläge Einfluss nehmen konnten« (Erich Fromm[6]).

Durch Mayos Experiment wurde die Erfahrung wissenschaftlich bestätigt: Das Interesse an der Arbeit stellt einen mächtigen Anreiz dar, der dem Anreiz durch Geld unterlegen ist. Eine aktive und verantwortungsbewusste Mitbestimmung des Arbeiters hat eine belebende und anfeuernde Wirkung. Mayos Untersuchung ging von der Frage aus:»Wie kann man Menschen motivieren, eine höhere Produktivität zu erzielen?« Sie führte zu dem Ergebnis, dass mehr Menschlichkeit ein Motiv für engagiertes Arbeiten ist. In einer kleinen Arbeitsgruppe wuchs die persönliche Arbeitsmoral; es entstanden persönliche Bindungen.

Positive Stimmung erhöht die Lernfähigkeit der Schüler, negative Gemütsverfassung vermindert sie

Diese sozialpsychologische Erkenntnis kann Lehrerinnen, Lehrer und Eltern in ihrem pädagogischen Handeln bestärken: Was ist wichtig, damit jedes einzelne Kind in einer sozial anregenden und Halt gebenden Lernatmosphäre aufwächst? Wie schaffen wir Lernbedingungen, in denen Schüler Interesse entwickeln? PISA und was Eltern, Lehrer und Politiker daraus machten, verführte dazu, nicht das menschliche Wachstum in den Mittelpunkt zu stellen, sondern die messbare Leistung. Übrig blieb die Testwut, mit der Lehrer auf Schüler losgehen. Das bringt viel Unglück über Kinder und steht im Widerspruch zu den Methoden der Länder, die gute Testergebnisse aufweisen. Dort zeigt sich: Schüler, die sich wohlfühlen, lernen besser und ihre Lehrer lehren besser.

Ein Element des Klassen- und Schulklimas ist die Stimmung: die Gemütsverfassung, in der Schüler lernen. Sie hängt ab von den

---

6   Erich Fromm: Gesellschaftstheorie S. 212 (1999)

Emotionen innerhalb der Klassengemeinschaft, von Sympathie in den Lerngruppen, von der Atmosphäre, in welcher Unterricht geschieht: in einer gelockerten Atmosphäre oder angespannten, freundlichen oder unfreundlichen, ermutigenden oder deprimierenden. »Denken und Handeln geschehen niemals stimmungsneutral, sie sind immer in einen bestimmten Stimmungskontext eingebettet.«[7]

Umgekehrt wirken sich Lernerfahrungen auf die Stimmung aus. Erfolgserlebnisse verändern die Gemütsverfassung positiv: Der Schüler freut sich, erlebt Zuversicht, fühlt sich bestätigt und in seinem Lerneifer gestärkt. Bei Misserfolg hingegen, besonders bei sich wiederholendem Versagen, gerät er in eine negative Stimmung: Er fühlt sich bedrückt, traurig, in seiner Lernbereitschaft eingeschränkt.

Der Psychologe Wolfgang Metzger befasste sich eingehend mit dem Zusammenhang zwischen Stimmung und Leistung und kam zu dem Ergebnis: »In gut gelauntem Zustand machen Kinder weniger Fehler und gewinnen mehr Einsichten. Die Folgerung daraus ist, dass die Arbeit in entspanntem, heiterem Zustand bei gleicher Ausgangsleistung nach und nach die volle Leistungsfähigkeit erbringt. Deshalb ist es grundlegend, Kinder für die Sache zu begeistern und sie Freude an der Durchdringung und Beherrschung des Neuen erleben zu lassen.«[8]

Die ein halbes Jahrhundert später geschriebene Studie von Andrea Abele zeigte im Hinblick auf logisches Denken: »Positive Stimmung führte zu verbesserten Leistungen, negative Stimmung zu verschlechterten Leistungen.« Die positive Stimmungsgruppe verbesserte ihren Lösungsprozentsatz um 17 Prozent, die Kontrollgruppe lediglich um 5 Prozent. In der negativen Stimmungsgruppe sank der Prozentsatz richtiger Lösungen um 13 Prozent.

---

7   Andrea Abele: Stimmung und Leistung S. 13 (1995)
8   Wolfgang Metzger: Stimmung und Leistung (1957)

Zum Zusammenhang zwischen einem ängstigenden Lernklima und der Lernleistung liegen seit 1950 rund 600 empirische Studien vor[9]: Wenn der Schüler Lernschwierigkeiten hat, Wissenslücken entdeckt, etwas nicht begreift, wird er in angstvoller Lernatmosphäre so sehr von seiner Angst beansprucht, dass die Angst sein Leistungsbemühen überdeckt. Nur in einer angstfreien Unterrichtssituation können Kinder ihre Leistungsfähigkeit entfalten. Es ist eine Schande, dass trotz dieser hundertfach überprüften Tatsache die Angst vor Lehrern immer noch den Schulalltag bestimmt.

Ebenso beeinflusst das Klassenklima die Kreativität: »In einem strengen, ausschließlich sachbezogenen und stark kritisierenden Unterricht treten ungewöhnliche Ideen, spontane Einfälle und produktive Denkprozesse kaum auf. Schüler äußern sich hingegen ungehemmt und einfallsreich in einem entspannten Unterrichtsklima ohne Furcht vor Blamage oder Tadel. In diesem Lernklima interessiert sich der Lehrer für die Mitteilungen der Kinder, nimmt sie ernst und steuert dem Leistungsdruck entgegen« (Hans Schiefele[10]).

Hirnforscher fordern aus neurowissenschaftlichen Gründen, Lehrer sollten für erfolgreichen Unterricht eine positive Atmosphäre schaffen:»Nervenzellen haben Verbindungen miteinander, man nennt sie Synapsen. Beim Lernen werden diese Verbindungen gestärkt. Neurobiologisch stellt das positive Emotionssystem unseren Lernturbo dar. Gute Gefühle sorgen dafür, dass mehr Synapsen mit Impulsen versorgt werden. Dadurch wird mehr gelernt« (Manfred Spitzer[11]).

Wie produktiv Schüler zum Beispiel im mündlichen und schriftlichen Ausdruck sind, hängt vom Beziehungsklima zwischen Lehrern und Schülern ab und von den Kontakten der Jugendlichen untereinander. Sprache dient der Verständigung; deshalb brauchen

9   Krapp/Weidenmann: Pädagogische Psychologie S. 215 (2001)

10 Hans Schiefele: Lernmotivation und Motivlernen (1974)

11 Manfred Spitzer: Wer seinem Kind Gutes... PSYCHOLOGIE HEUTE Heft 1 (2006)

Kinder zu ihrer Sprachentwicklung die sichere Beziehung, das Gefühl der Zugehörigkeit. Ein gestörtes Beziehungsklima stört das Sprechen und Schreiben, es nimmt Schülern Spontaneität und Mut. Wenn es einem Jugendlichen die Stimme verschlägt, weil er Angst vor dem Lehrer hat, blockiert das seinen sprachlichen Ausdruck. Das Klima der Zugehörigkeit hingegen wirkt sich positiv auf den Leistungs- und Ausdruckswillen aus. Der Gestaltpsychologe Kurt Lewin[12] schrieb: »Der Unterrichtserfolg, den ein Lehrer oder eine Lehrerin hat, hängt zum großen Teil von der Atmosphäre ab, die sie schaffen. Die Verstandeskräfte werden gestärkt auf der Grundlage emotionalen Befindens und sozialer Beziehung.«

Das Schulzimmer, ein dritter Lehrer – strahlt der Klassenraum als vorbereitete Umgebung eine gute Stimmung aus?

»Jeder Schüler hat drei Lehrer«, heißt es in einem Spruch. »Der erste sind die anderen Kinder, der zweite ist die Person des Lehrers. Und der dritte Lehrer ist der Raum, in dem gelernt wird.«[13] Der »Raum« als Lehrer: Betrete ich das Schulhaus in freudiger Erwartung? Freue ich mich, ins Klassenzimmer zu gehen? Halte ich mich gern darin auf? Fällt mein Blick auf Schönes und Interessantes?

Im Klassenraum verbringen Schüler und Lehrer einen Großteil ihrer Lebenszeit. Da ist es nicht gleichgültig, wie er gestaltet ist: Wie sieht für mich als Lehrerin oder als Schüler der Blick auf den »dritten Lehrer« aus? Machen wir unsere Schule zu einem Ort, in dem Lehrer und Schüler gut leben können? Zu einem Raum, in dem Kinder gesammelt arbeiten, sich bewegen dürfen? In dem es möglich ist, sich zurückzuziehen auf ruhige, geschützte Studierplätze?

12 Kurt Lewin: Die Lösung sozialer Konflikte (1953)
13 Ulrich Herrmann: Außen hui und innen...? Schulen und ihre Architektur (2005)

Nicht selten erscheinen Schulräume als Ort der Unruhe statt der Sammlung. Da kommt nicht das Gefühl auf, Lehrer und Schüler seien willkommen. Manche Klassenräume wirken abweisend wie Aggressionsräume und regen nicht als Lernwerkstatt zum Arbeiten an. Es gibt Schulgebäude, die machen den Eindruck betonierter Lernhindernisse. Sie strahlen Gleichgültigkeit aus und fungieren vor allem als Lehrplanvollzugsanstalt und Testlabors.

Andererseits kann man Schulgebäude als Lernorte sinnstiftenden Lebens entdecken. In solche Häuser zieht es einen geradezu hinein. Da tritt man in Räume mit einer Fülle wohlgeordneter Materialien in offenen Regalen. Sie regen die Schüler an, zuzupacken. In der Klassenbibliothek finden sie anregende Literatur und Sachbücher für ihre Lernvorhaben. Zu den Unterrichtsmitteln gehören Arbeitshefte mit Lösungskontrollen; die erlauben es den Jugendlichen, sofort zu kontrollieren – »Ist das Ergebnis richtig?« – »Ich kann das jetzt.«

Für den Klassenraum als »dritten Lehrer« hat die Montessoripädagogik einen eigenen Begriff: die »vorbereitete Umgebung«; sie gilt als Mittel der Selbsterziehung. Jugendliche finden Experimentiergeräte, Schautafeln und Programme, um selbstständig zu lernen. Am Ende eines Besuchsvormittags an einem solchen Lernort fiel mir auf, dass ich nicht ein einziges Mal in einen Klassenraum kam, in dem die Lehrerin vor der Klasse stand und redete. Sicher war es Zufall, dass ich gerade zu Zeiten der Freiarbeit auf die Lerngruppen traf; denn die Schüler haben auch Lektionsunterricht. Aber das konzentrierte Arbeiten in solchen Alternativschulen ist beeindruckend. Die Kinder sitzen an Tischen oder auf dem Teppich, einzeln oder in Gruppen, und arbeiten an unterschiedlichen Themen. Die Lehrerin fiel nicht auf, aber sie war jederzeit da: den Kindern individuell zugewandt unter dem Montessori-Motto: »Hilf mir, es selbst zu tun.«

Gut lernen können und sich wohlfühlen vermindern den Krankenstand von Lehrern und Schülern. Das einladende Gebäude wehrt die Zerstörungslust ab: Die Schüler wirken mit, ihre Schule zu gestalten. Putzen sie dann noch ihre Zimmer selber wie in der Helene-Lange-Schule[14], liegt den Jugendlichen selbst daran, eine gute Ordnung einzuhalten.

Wenn das Gebäude von Achtsamkeit geprägt ist, erzwingt es durch sich selbst den achtsamen Umgangs mit ihm. Es erzeugt Orientierung, aufmerksames Wahrnehmen, künstlerische Impulse. Bruno Bettelheim[15] errichtete eine weltberühmte Klinik für psychisch und psychosomatisch schwer gestörte Jugendliche. Er maß dem Schulgebäude eine heilende Wirkung zu. Alles im Haus musste von ansprechender Ästhetik sein, damit es auf die Jugendlichen ichstärkend und gesundmachend wirke. Die Heimbewohner essen aus wertvollem Geschirr, im Schulhaus hängen wertvolle Gemälde und Kunstgegenstände, das Mobiliar ist von guter Gestalt. Bruno Bettelheim erwartete von Lehrern, den Jugendlichen auch dadurch Achtung zu erweisen, dass sie sich gut kleiden. Er schuf ein therapeutisches Milieu. Ähnlich können Lehrerinnen und Lehrer ein pädagogisches Milieu schaffen, in dem Schule und Klassenzimmer lernanregend und geschmacksbildend wirken.

Freundliche Lehrerzimmer für ein kollegiales Klima

Lehrer brauchen nicht nur Klassenzimmer, in denen sie sich wohl fühlen; sie brauchen auch Lehrerzimmer, in denen sie miteinander reden, planen, arbeiten. »Aber«, bemerkt der Architekt Günter Behnisch, bekannt geworden durch seine Olympiabauten in München[16]: »Arbeitszimmer für Lehrer wurden mir aus meinen Schul-Bauplänen immer herausgestrichen, und ich wunderte mich jedes Mal, wie eine Schule funktionieren soll, in der die Lehrer nicht selber

---

14 Enja Riegel: Schule kann gelingen (2004)
15 Bruno Bettelheim: Der Weg aus dem Labyrinth. Leben lernen als Therapie (1975)
16 Ulrich Herrmann: Außen hui und Innen? (2005)

arbeiten können.« Dass dem Architekten Lehrerzimmer verweigert wurden, hängt mit der mangelnden Erkenntnis zusammen, dass Kooperation nicht nur humaner ist als Konkurrenz, sondern auch wirksamer im Hinblick auf die Leistungsfähigkeit. Lehrer haben es oft schwer: mit schwierigen Jugendlichen, unzufriedenen Eltern, Macht behauptenden Vorgesetzten, unpädagogischen Vorschriften. Sie könnten mehr Sicherheit finden, wenn sie aus der Isolation herausträten: durch kollegiale Kontakte und pädagogische Konferenzen. Dazu gehören Räume, die das Gefühl des Miteinanders unterstützen. In großen Schulen sind Lehrerzimmer oft Großraumbüros, die nicht zum Verweilen einladen.

Ein Lehrerkollegium lud mich zu einer Supervisionsgruppe ein. An dieser Schule ist es üblich, sich jeden zweiten Mittwoch von 14.00–16.00 Uhr zu einem pädagogischen Gespräch zusammenzusetzen. »Jeden zweiten Mittwoch zwei Stunden?«, fragte ich, »wird Ihnen das nicht zu viel?« – »Anfangs stöhnten wir schon: noch mehr Zeit von unserer Freizeit. Aber heute möchten wir die pädagogische Konferenz nicht mehr missen. Wir merkten: Das ist nicht verlorene Zeit, sondern gewonnene. Die Offenheit im Umgang mit unseren Alltagsproblemen, die unterstützende Zusammenarbeit tut uns allen gut.«

Ich fragte die Schulleiterin, wie es zu dieser Zusammenarbeit kam; sie sagte: »Zugegeben, anfangs übte ich sanften Zwang aus. Aber dass unsere Gespräche so viel pädagogische Energie freisetzen, dachte ich nicht. Die Engagierten nehmen mir buchstäblich die Arbeit aus der Hand: Die eine baut ein Schulgartenprojekt auf, die andere die Schülerbibliothek, ein Kollege pflegt politische Kontakte zum Gemeinderat und betreibt sein bevorzugtes Thema: politische Erziehung. Eine andere betreut eigenständig den Computerraum, eine Kunsterzieherin das Projekt ›Freundliches Schulhaus‹. Die kollegialen Beziehungen haben sich bei uns gewandelt, wir sind ein Team geworden. Alle haben sich näher kennen gelernt und können einander helfen.«

13 Kein Kind darf verloren gehen

Alle Schüler sind wertvoll

Mein Kopf zuerst, dann auch mein Gemüt waren unter der tödlichen Haube der Schule und ihrer Unterrichtszwänge beinahe erstickt. Ich trug schon viel zu viele Verletzungen davon. Zwei Möglichkeiten hatte ich: mich umzubringen oder das Gymnasium zu verlassen.

Thomas Bernhard

Einer, der verloren ging: »Ich musste immer denken, dass ich von mir weggehe.« – Wenn Schüler sich selbst entfremdet werden

Die Schulzeit war für mich eine Unglücksperiode, eine fürchterliche Epoche. Ich hatte mich nicht umgebracht, sondern das Gymnasium von einem Tag auf den andern verlassen und begann eine Lehre in einem Ladengeschäft. Ich stellte die Schultasche, wie sie war, in die Ecke und berührte sie nicht mehr. Ich hatte das Gefühl, einer der größten menschlichen Sinnlosigkeiten, dem Gymnasium, entkommen zu sein.

Plötzlich fühlte ich: Meine Existenz ist wieder eine nützliche Existenz. Ich war einem Alptraum entronnen.

Ich hatte mich ganz einfach nützlich gemacht. Ich war jahrelang in eine Lernfabrik gegangen und an einer Lernmaschine gesessen, die meine Ohren taub und meinen Verstand zu einem verrückten gemacht hatten. Alles außerhalb der Schule und ihrer Zwänge hatte ich jahrelang nur mehr undeutlich durch den Nebel des Unterrichtsstoffes wahrgenommen. Jetzt hatte ich ganz einfach an dieser Tätigkeit ein Vergnügen. Was ich mir gewünscht hatte, nützlich zu sein, hatte sich erfüllt.[17]

Thomas Bernhard war zuvor nahe daran, sein wahres Selbst aufzugeben:

Der Weg durch die Reichenhaller Straße zur Schule ist immer der gewesen, der mich ununterbrochen und mit der größten Rücksichtslosigkeit, die sich denken lässt, von mir selbst entfernt hat, hinein in eine tagtägliche Fürchterlichkeit. Ich musste immer denken, dass ich von mir weg gehe, aus mir heraus und von mir weg, immer nur dahin, wohin ich gar nicht gehen wollte, ich war auf diesen Weg gezwungen worden von meinen Erziehern, von meinen Verwaltern, von meinen Vermögensverwaltern, die mein Vermögen, mein Geistesvermögen und mein Körpervermögen verwalteten und immer nur schlecht verwalteten und die diesen fürchterlichen tödlichen Weg für mich ausgesucht und bestimmt hatten, keine Widerrede hatten sie geduldet.[18]

Es gibt auch heute Schüler, die diese Ohnmacht erleben. Ihr Eigen-Sein zählt nicht, deshalb werden sie sich selbst entfremdet. »Mit Entfremdung ist eine Erlebnisweise gemeint, bei welcher der Mensch sich selbst als einen Fremden empfindet. Er erlebt sich nicht selber als den Mittelpunkt, als Urheber seiner Taten, vielmehr sind erzwungene Handlungen und ihre Folgen seine Herren geworden. Karl Marx bezeichnet als Entfremdung jenen Zustand, ›wo die eigene Tat des Menschen ihm zu einer fremden, gegenüberstehenden

---

17 Thomas Bernhard: Der Keller S. 8-10 (1980)
18 Ebenda S. 20

Macht wird, die ihn unterjocht, statt dass er sie beherrscht«. Der Mensch empfindet sich nicht als aktiven Träger seines Kräftereichtums, sondern als armseliges ›Ding‹, abhängig von Mächten außerhalb seiner Person.«[19]

Diese unterdrückende Macht erleben Schüler, wenn sie zu Tätigkeiten gezwungen werden, die ihrer Person fremd sind, oder solchen, die sie überfordern und ohnmächtig machen. Ein Abiturient drückt die Entfremdung so aus: »Ich schäme mich, es zu sagen: Aber ich habe gelernt, und wenn es sein musste, auch gespickt, um gute Noten zu kriegen. Ich habe in der Kollegstufe die Fächer gewählt, bei denen es mir am leichtesten schien, die meisten Punkte zu kassieren. Ich habe immer nur für die nächste Klassenarbeit gelernt, um dann alles wieder zu vergessen. Ich kann von mir nicht sagen, ich hätte für das Leben gelernt, ich lernte für die Lehrer, die mich zensierten. Nur selten konnte ich hinter dem, was ich mir eintrichterte, einen Sinn sehen. Ich kann mich nicht erinnern, dass uns je ein Lehrer in 12 Schuljahren gefragt hat: ›Ist die Schulzeit für Sie eine schöne Zeit? Hilft sie Ihnen, das Leben hilfreich und sinnvoll zu gestalten?‹«

Es müsste Lehrerinnen und Lehrer beunruhigen, wenn sie Ansichten wie die des Abiturienten bedächten.

Die Pubertät abschaffen? Oder die Entwicklungsstufen des Kindes ernst nehmen – »Von der nützlichen Erfahrung, nützlich zu sein«

Kinder gehen in der Schule verloren: als Sitzenbleiber, Schulabbrecher, Schulabsteiger, Ungeeignete, Verhaltensauffällige, Zurückgestellte. Sie gehen verloren, weil sie sich nicht in Ruhe entwickeln dürfen. Die Entwicklungsphasen Jugendlicher werden sogar als

---

19 Erich Fromm: Der moderne Mensch und seine Zukunft S. 110, 113 (1969)

störend empfunden. Zum Beispiel müssen in den Klassen 7–9 besonders viele Schülerinnen und Schüler das Schuljahr wiederholen, sie werden fallen gelassen.

»Das liegt an der Pubertät«, heißt es. Schwierigkeiten werden der Pubertät zugeschrieben, nicht dem pädagogischen Versagen der Lehrer. In der Pubertät, heißt es, »hätten die Schüler zu viel anderes im Kopf«. Da wäre wohl am besten, es gäbe keine Pubertät, denn sie passt nicht in den Plan der Schule? Sollen wir die Pubertät abschaffen, statt die Schule so einzurichten, dass Jugendliche in diesem Lebensabschnitt gut lernen können?

Pubertierende sind auf der einen Seite keine Kinder mehr, auf der anderen noch nicht erwachsen. Es ist eine Phase der Unsicherheit und vieler Umbrüche, in der Jugendliche verletzlich reagieren. In dieser Zeit bedürfen sie besonderen Schutzes. Aber sie werden vorsätzlich gekränkt, indem man sie gehäuft sitzen lässt, statt sie in dem schwierigen Prozess der Identitätssuche zu unterstützen.

Hartmut von Hentig[20] schlägt vor, die Jahrgänge 7 und 8 zu entschulen: »In den mittleren Jahren und vor allem in der Pubertät wird die Schule zur Qual. In diesem Alter richtet schulisches Lernen so gut wie nichts aus – und die Schule ignoriert das hartnäckig.« In diesen Jahren, meint er, müsste der theoretische Unterricht auf zwei Stunden am Tag beschränkt werden. Wichtiger sei für die Schüler: sich selbst erproben im Erlebnis, in der Beziehung zu anderen Menschen, Abenteuer bestehen, praktische Aufgaben meistern, gemeinsam kochen, haushalten, wenigstens drei Praktika ableisten, den Mofaführerschein ablegen und dabei physikalisches Wissen lernen: wie der Motor des Mofas funktioniert, was die Reibung für das Bremsen bedeutet, die Fliehkraft für das Lenken in der Kurve. Jugendliche sollten einen Erste-Hilfe-Kurs machen und Rettungsschwimmen lernen, Streitgespräche führen und Theater spielen. – In seinem Buch »Bewährung – Von der nützlichen Erfahrung, nützlich zu sein« stellt Hartmut von Hen-

---

20 Hartmut von Hentig: Die Schule neu denken S. 232 (1993)

tig[21] seinen Vorschlag konkret dar. »Ich bewundere Lehrerinnen und Lehrer, die ihre Sache gut machen«, schreibt er. »Die größte Hochachtung habe ich vor denen, die von dieser Altersstufe ernst genommen werden – offenbar weil sie ihrerseits die jungen Menschen ernst nehmen.«

Waldorfschulen ermöglichen es den Schülern, sich über die ganze Schulzeit hinweg handwerkliche Fähigkeiten anzueignen: in der Schreinerei, Töpferei, Metallverarbeitung, Elektroinstallation und anderen Handwerkszweigen. Sie machen mehrere Praktika, zum Beispiel ein Landwirtschafts- und Forstpraktikum, ein Betriebs- und Sozialpraktikum. Dabei üben sie soziale und persönliche Fähigkeiten und bereiten sich auf die Berufswelt vor.

Nützlich sein können Schüler auch im Unterricht, wenn Lehrer von der frontal darbietenden Methode abgehen: in Gruppenarbeit, Projektarbeit oder dem Helfersystem. Da brauchen die Schüler einander in ihrer Verschiedenheit: Der Helfer fehlt dem Mitschüler, dem er in Mathematik zur Seite steht; ohne das Mädchen, das sie »Gärtnerin« nennen, würden die Pflanzen im Klassenzimmer verdorren. Das Schultheater kommt nur zustande, wenn jeder seine Rolle einnimmt und wenn auch Beleuchter und Tonmeister da sind. Die Streitschlichterin wird geholt, wenn zwei Mitschüler hart aneinandergeraten, der Klassensprecher, wenn es gilt, mit einem überfordernden Lehrer die Konfliktbearbeitung zu riskieren. Das Unterrichtsprojekt »Zivilcourage« kommt nur voran, wenn die einen ihre Interviews durchführen, andere die Literaturarbeit betreiben, wieder andere die Rollenspiele vorbereiten und eine Gruppe das Gespräch mit Zeitzeugen führt. – Die Schularbeit unter dem Aspekt der Nützlichkeit des Einzelnen zu sehen, also Kinder in ihrer individuellen Wichtigkeit wahrzunehmen, weckt in den Schülern Kräfte, oft solche, die bis dahin verborgen blieben.

---

21 Hartmut von Hentig: Bewährung. Von der nützlichen Erfahrung, nützlich zu sein (2006)

Jedes Kind ist anders und hat eine andere Geschichte – »Die wahre moralische Prüfung zeigt sich in der Beziehung zu Schwächeren«

Wenn kein Kind verloren gehen darf, müssen wir akzeptieren, dass jedes Kind anders ist. Heribert Prantl[22]:

> *Das Leben beginnt ungerecht, und es endet ungerecht, und dazwischen ist es nicht viel besser. Der eine wird mit dem silbernen Löffel im Mund geboren, der andere in der Gosse. Der eine zieht bei der Lotterie der Natur das große Los, der andere eine Niete. Der eine erbt Talent und Durchsetzungskraft, der andere Aids und Antriebsschwäche. Die Natur ist ein Gerechtigkeitsrisiko. Der eine hat eine Mutter, die ihn liebt, der andere einen Vater, der ihn hasst. Der eine kommt in eine Schule, die ihn stark, der andere in eine, die ihn kaputt macht. Der eine ist gescheit, aber es fördert ihn keiner; der andere ist doof, aber man trichtert ihm das Wissen ein. Der eine müht sich und kommt keinen Schritt voran, der andere müht sich nicht und ist ihm hundert Schritte voraus. Die besseren Gene hat sich niemand erarbeitet, die bessere Familie auch nicht.*

Das Leben teilt ungerecht aus, und es macht die Ungerechtigkeit nicht immer gut. So sitzen die Ungleichen in jeder Schulklasse und werden gleich behandelt, manche idealisieren das als Gerechtigkeit. Die Bewusstheit um die Ungleichheit könnte aufmerksam machen: Lehrer müssten Ungerechtigkeiten nicht vertiefen, indem sie es jenen, die es ohnehin schwer haben, noch schwerer machen. Sie müssen lernen, individuell zu unterrichten und mit Schülern eine helfende pädagogische Beziehung einzugehen: auch mit den Schwierigen, Aggressiven, den Außenseitern, den Entmutigten, den Langsamen und Aufgegebenen, den Depressiven und Lerngestörten, denen, die psychisch und psychosomatisch erkrankt sind.

---

22 Heribert Prantl: Kein schöner Land S. 185 (2005)

In der Hinwendung zu den Schwächeren zeigt sich Humanität, schreibt der französische Philosoph Alain Finkielkraut[23]. Demnach ist es in unseren Schulen um Humanität schlecht bestellt: »Die wahre moralische Prüfung äußert sich in der Beziehung der Menschen zu denen, die schwächer und ihnen ausgeliefert sind. Der Begriff ›Würde‹ erkennt jeder Person allein kraft ihrer Menschlichkeit einen absoluten Wert zu. Die Würde des Menschen verlangt, den Einzelnen in seiner Besonderheit zu sehen.«

Schüler werden in ihrer Besonderheit nicht wichtig genommen. Das führt dazu, dass sie die Schule nicht wichtig nehmen. Eine Meldung vom Oktober 2002 besagt: In der Bundesrepublik Deutschland schwänzen 500 000 Schüler die Schule. Von den zehn Millionen Schülern bleibt eine halbe Million regelmäßig dem Unterricht fern? Die Autoren der Studie fanden als Gründe: Angst vor der Schule, Misserfolge, wiederholtes Sitzenbleiben, Schulwechsel, die Jugendlichen fühlen sich stark unterfordert oder überfordert, Schulwelt und Lebenswelt haben für sie wenig miteinander zu tun. Diese Ursachen könnten eine Schulreform abgeben.

Der Gymnasiallehrer Albert von Schirnding[24] schrieb: »Heute steht in mächtigen, mehrfarbigen Lettern auf dem Boden zum Eingang des Gymnasiums zu lesen: ›Ich bin klein, die Schule ist groß, bleib ich daheim, bin ich sie los.‹ Es ist die Botschaft derer, die nicht fehlen, wenn sie fehlen. Zwar werden Anwesenheitskontrollen streng gehandhabt und verursachen viel Arbeitsaufwand, Schwindeleien und Ärger. Aber das Problem ist nicht die laxe Pflichtauffassung der Kollegiaten, sondern die prinzipielle Gleichgültigkeit ihrer Präsenz. Hätte der Einzelne eine Rolle zu spielen, hinge das Zustandekommen der Unterrichtsstunde wie das einer Theateraufführung von seiner Anwesenheitsmoral ab.«

---

23 Alain Finkielkraut: Verlust der Menschlichkeit S. 94, 95 (1998)
24 Albert von Schirnding: Hamlet auf der Akropolis S. 16 (2000)

»Der Mensch ist kein Ding« – vom Unrecht, das Hauptschülern angetan wird

Den Satz »Kein Kind darf verloren gehen« fanden Besucher über dem Eingang einer finnischen Schule. Ein finnischer Lehrer sagte dazu: »Diese moralische Haltung gilt bei uns für alle Schulen.« In Deutschland hingegen ist es Prinzip, Kinder verloren gehen zu lassen. Da werden sie behandelt wie »Sachen«. – »Der Mensch ist kein Ding«, schreibt Erich Fromm[25], »und wenn man versucht, ihn in ein Ding zu verwandeln, schädigt man ihn und er wird krank. Er ist ein lebendiges Wesen in einem fortdauernden Entwicklungsprozess. An jedem Punkt seines Lebens ist er noch nicht das, was er sein kann und was er möglicherweise werden wird.« Dieser Entwicklungsprozess wird durch das staatlich verordnete Scheitern gestört.

Mehr als ein Viertel der Kinder aus sozial schwachen Familien beklagt, ihre Eltern hätten nicht genug Zeit für sie und würden sich nicht um sie kümmern. Gerade deshalb müssen sich Lehrerinnen und Lehrer um sie kümmern: um Kinder aus armen Verhältnissen, aus Migrantenfamilien, in schwierigen Lebenssituationen. Lehrer, die das tun, entdecken, wie viel Bereitwilligkeit ihnen von den vernachlässigten Kindern entgegenkommt.

Für Zehntausende von Hauptschülern setzt sich das schulische Scheitern fort, wenn sie arbeiten wollen. »Viele unserer Schüler haben sich schon aufgegeben«, sagt ein Hauptschullehrer. »Wer diesen Jugendlichen zuhört, kann ihren Frust verstehen: ›Die nehmen lieber Realschüler‹, sagen jene, die reihenweise ihre Bewerbung zurückgeschickt bekommen. Andere bemühen sich erst gar nicht, sie sind apathisch geworden.« Karl-Heinz Heinemann[26] bezeichnet das als »Supergau der Schulkarriere«:

---

25 Erich Fromm: Politische Psychoanalyse S. 601 (1999) Sozialistischer Humanismus und Humanistische Ethik S. 362 (1999)

26 Karl-Heinz Heinemann, Der Supergau der Schulkarriere (2004)

»Hauptschüler beenden ihre Schulzeit, wie sie sie begonnen haben: als Verlierer. Aus aufgeweckten und lernbegierigen Kindern werden frustrierte Schulverweigerer, wenn sie nur mit Mitschülern zusammen sind, die sich ebenfalls abgewertet fühlen. Im Laufe der Jahre kommen die abgewiesenen Gymnasiasten und Realschüler dazu. Sie können in der Schule nur noch verlieren lernen. Wir brauchen eine Schule für alle: eine Schule, die Raum lässt für individualisierten Unterricht, für das Voneinanderlernen, eine Schule, in der die positiven Vorbilder dominieren und die allen Kindern nach oben offene Perspektiven bietet. Wir brauchen eine Schule, die Kinder nicht entmutigt und kränkt, sondern ihre Fähigkeiten herausfordert.«

Die frühe und durch die Schulzeit fortgesetzte Auslese des dreigliedrigen Schulsystems verurteilt Kinder zum Misserfolg. Ungeachtet dieser Inhumanität wird den Schwachen immer noch die Selbstwertverletzung des Scheiterns verordnet, besonders jenen, deren Selbstwertgefühl gestärkt werden müsste. Die Gleichgültigkeit Erwachsener gegenüber der Situation benachteiligter Schulkinder ist ein krankhaftes soziales Verhalten.

Die Hauptschulrektorin Helena Päßler[27] meint, Jugendliche würden sich womöglich rächen, wenn sie keine Chance bekommen. »In Deutschland organisiert der Staat die Benachteiligung. Und die Gesellschaft schaut zu.« Man muss den Kindern »die Chance geben, zu lernen. Alle haben ein Recht auf Bildung. Das ist im gegliederten Schulsystem nicht gegeben. Wenn wir die Kinder in Hauptschulen stecken, riskieren wir, die Kriminellen von morgen zu produzieren. Sie werden sich an der Gesellschaft rächen«.

Helena Päßler, die 2007 den Hauptschulpreis in Hessen bekam, unterrichtet Haupt- und Realschüler gemeinsam. Dieses Modell gibt es bereits in mehreren Bundesländern. Die Lehrerin träumt allerdings von mehr: »Manchmal habe ich den Traum, dass wir zu den Schülern der Grundschule nebenan sagen: Ihr könnt einfach

---

27 Helena Päßler im taz-Gespräch 24.-26.12.2007

hierbleiben. Dann machen wir Schule für alle. Gleichzeitig würde eine Anordnung erlassen, dass kein Kind mehr durchfallen darf, nirgendwo. An den Schulen würde das Sitzenbleiben abgeschafft. Und es gäbe für jedes Kind genügend Lehrer und Helfer, die sich kümmern, die Kinder nicht mehr abschieben vom Gymnasium zur Realschule, von der Realschule zur Hauptschule oder in die Förderschule. Das Wichtigste ist für mich, wenn ich sehe, dass die Schüler glücklich sind, dass sie bei ihren Lehrern spüren, etwas leisten zu können.«

Heimliches Unterrichtsprinzip: Kinder scheitern lassen – das dreigliedrige Schulsystem, organisierte Benachteiligung von Schülern

Kinder brauchen die Erfahrung: »Ich kann stolz sein auf das, was ich geschafft habe.« Das erleben sie in unseren Schulen zu wenig. Hier herrscht ein heimliches Prinzip, das lautet: Kinder müssen scheitern, wenn sie nicht gut genug sind. Scheitern können sie bereits beim Schulanfang: Sie sind nicht reif für die Schule und werden zurückgestellt. Beim Übertritt in weiterführende Schulen droht ihnen wiederum das Scheitern, wenn sie nicht »geeignet« sind. Hunderttausende Schüler scheitern täglich durch überfordernde und überfallartige Prüfungen und plötzliches Aufrufen. Andere haben das Pech, einem Mathematiklehrer ausgeliefert zu sein, bei dem ein Drittel der Schüler durchfällt.

Offizielles Instrument der Lehrer sind die Zensuren: Die Schwächeren müssen nach Noten scheitern; sie sind auf das Scheitern abonniert. Wenn Gymnasiasten scheitern, müssen sie in die Realschule, bürokratisch nennt man so einen Vorgang »Abschulung«. Realschüler, die scheitern, müssen in die Hauptschule absteigen. Die meisten sind dort, wo sie einsteigen sollen, nicht willkommen.

Mit dem geglückten Abschluss der Schule ist das Scheitern nicht zu Ende. Mia hat einen qualifizierten Hauptschulabschluss und weist alle Eigenschaften auf, eine gute Kinderpflegerin zu werden. Sie bewirbt sich für die Kinderpflegeschule und hat Glück: Die Schule nimmt von 750 Bewerbern nur 250 auf, sie ist dabei; 500 Jugendliche scheitern. Alle Aufgenommenen sind es nur auf Probe, es wird ihnen gleich zu Anfang gesagt, jetzt werde noch gründlich ausgesiebt; Mia sitzt als 16-Jährige unter bis zu 30-Jährigen, unter Schülern mit Realschulabschluss oder gymnasialem mittlerem Abschluss in einer überfüllten Klasse: Sie ist nach der Probezeit durchs Sieb gefallen, gescheitert.

Karl-Heinz will nach erfolgreich beendeter Realschule auf die Fachoberschule für Soziales: Von 500 Bewerbern werden 200 genommen; er scheitert. Mena verlässt mit mittlerem Abschluss das Gymnasium und möchte, weil sie künstlerisch begabt ist, auf die Fachoberschule für Gestaltung. In einer Aufnahmeprüfung für 630 Bewerber scheitert sie mit 410 anderen, denn die Schule nimmt nur 220 Schüler auf.

Ronald möchte zum Halbjahr von der 9. Klasse Gymnasium in die Realschule wechseln, er hat in Mathematik eine Fünf und tut sich in Latein schwer. Der vernünftige pädagogische Entschluss von Eltern und Jugendlichem wird durch die Schulbehörde vereitelt; denn keine Realschule der Millionenstadt nimmt ihn auf, die Klassen sind überfüllt, er müsse warten. Er muss erst einmal weiter scheitern bis zum Schuljahresende. Das ist die Durchlässigkeit des Schulsystems. Selbst wenn sich Kinder in einer Leistungskrise nur kurzzeitig verschlechtern, werden sie erbarmungslos abgewertet.

Die von Bildungspolitikern gepriesene Durchlässigkeit des dreigliederigen Schulsystems ist vor allem ein Durchfallenlassen, Herunterstufen, Rauswerfen, Hängenlassen der Kinder. Das zeigte sich 2004/2005 in Nordrhein-Westfalen. Da »wurden 16.200 Kinder heruntergestuft, 6.700 vom Gymnasium auf die Realschule und 700 vom Gymnasium auf die Hauptschule. Ferner 8.800 von der Realschule auf die Hauptschule. Den Aufstieg zur höheren Bildung schafften aber nur 1.350 Kinder. Auf 12 Abstiege kommt nur ein Aufstieg. Kinder, die einmal zu niedrig eingestuft worden sind, schaffen im Regelfall den Aufstieg aber gerade nicht«[28]. In dieser kalten Institution machen sich wenige die Mühe, sich in gescheiterte Kinder einzufühlen, sich vorzustellen, welche Lebensschicksale sie fahrlässig verursachen.

Gemeinsam lernen in einer »Schule für alle« – »Jede Schule kann so arbeiten, das ist eine Frage des Wollens«

Die Robert-Bosch-Gesamtschule Hildesheim gewann 2007 den deutschen Schulpreis. Zum Schulporträt[29] dieser »Schule für alle« gehört:

- *Gemeinsames Lernen:*
  Hauptschüler, Realschüler und Gymnasiasten lernen gemeinsam, ab der siebten Klasse wird der Unterricht schrittweise in A- und B-Kurse differenziert; es gibt kein Sitzenbleiben, es wird nicht ausgelesen. »Jeder Dritte schafft einen höheren Abschluss als von der Grundschule vorhergesagt. Die übliche Formel, ›die Herkunft eines Schülers entscheide über seine Zukunft‹, gilt in der Hildesheimer Gesamtschule nicht.«

- *Das Helfersystem:*
  »›Es ist leichter, einen Mitschüler zu fragen‹, sagt Sharon, ›deshalb gehe ich zu Franca, sie ist der Crack bei uns.‹ ›Und ich muss es verstanden haben, um es erklären zu können‹, sagt Franca. ›Dafür kann ich Sharon in anderen Fächern fragen.‹ – Das ist ein Geben und Nehmen. Die Starken helfen den Schwachen.«

---

28 Lotte Kühn: Schulversagen S. 42 (2007)
29 Robert-Bosch-Gesamtschule Hildesheim www.schulpreis.bosch-stiftung.de (2007)

- *Viele Projekte:*
  Seit 28 Jahren gehört die Schule zum Netzwerk der UNESCO-Projektschulen mit dem Schwerpunkt »Völkerverständigung«. »Projektwochen und fächerübergreifendes Lernen finden so oft wie möglich statt. Das geht so weit, dass Schüler der Oberstufe aus dem Biologie- und Geschichtsunterricht gemeinsam Facharbeiten zum Thema Natur schreiben. Auch in Kunst und Deutsch wird zu dem Thema gearbeitet.«

- *Selbstständigkeit und Verantwortung:*
  »›Einzelarbeit, Gruppenarbeit und Präsentieren‹ ziehen sich wie ein roter Faden durch den Unterricht. An ›Methodentagen‹ lernen die Schüler, wie man Referate hält, wie man wesentlichen Thesen im Text unterstreicht, wie man recherchiert. Diese Techniken wenden sie jeden Tag an. Während der Arbeits- und Übungsstunden arbeitet jeder Schüler für sich. Wer mit seiner Aufgabe fertig ist, zeichnet auf dem Wochenplan seine Aufgaben ab; denn die Schüler lernen mit Arbeits- und Wochenplänen.«

- *Ganzheitlicher Unterricht:*
  »Die Fachlehrer stimmen ihren Unterricht aufeinander ab und legen gemeinsam Lernziele fest. In der sechsten Klasse findet das Thema ›Afrika‹ zum Beispiel in drei Fächern statt: Kunst, Gesellschaft und Religion, Werte und Normen. Es gibt keinen Dreiviertelstundentakt: Kein Klingeln unterbricht das Lernen; die Schulglocke wurde abgeschafft.« Der Unterricht findet überwiegend in Doppelstunden statt.

- *Lernentwicklungsberichte:*
  Ziffernzeugnisse schaden mehr, als dass sie nützen, sie sind ungerecht und verderben vielen Kindern das Lerninteresse. An der Robert-Bosch-Gesamtschule weichen sie Lernberichten. Die zeigen den Schülern auf, wie sie ihre Schwächen bearbeiten und ihre Stärken ausbauen können. Kinder werden nicht aneinander gemessen, sondern am eigenen Lernfortschritt. Es zählen auch praktische Fähigkeiten.

- *Achtsamer Umgang:*
  »Es gibt keine Zeichen von Vandalismus. Überall stehen Grünpflanzen, kein Schüler rupft an ihren Blättern. An den Wänden hängen Plakate oder Bilder von Schülern, Schmierereien gibt es nicht. In der Pausenhalle stehen Terrarien mit Schildkröten und ein großer Vogelkäfig, die von Schülern gepflegt werden. Auf dem großen Schulgelände finden sich überall Nischen, kleine Gärten, der Steg am Schwimmteich oder das UNESCO-Cafe.« Achtsam miteinander umgehen: Dafür gibt es Trainings in sozialer Kompetenz und Übungen, Konflikte zu bewältigen.

- *Lernen außerhalb der Schule.*
  Gelernt wird nicht nur im Klassenzimmer. »So fährt der achte Jahrgang jedes Jahr zur Sommerschule auf die dänische Insel Aarö. Die Schüler erforschen die Natur und die Lebensbedingungen auf der Insel. Das Camp ist ein fester Bestandteil in der Schullaufbahn, ein Initiationsritus für die Schüler.«

- *Teamarbeit der Lehrer:*
  Sie »arbeiten in Jahrgangsteams und Fachbereichen zusammen. Sie befragen ihre Schüler und hospitieren gegenseitig im Unterricht. Hier hat keiner Angst vor Offenheit – im Gegenteil, die Offenheit motiviert. Der Krankenstand unter den Lehrern ist mit zwei Prozent auffallend niedrig«. Das Kollegium arbeitet an der Entwicklung eines Leitbildes der Schule, erarbeitet einen modernen Lehrplan und einen pädagogischen Konsens, macht Supervision, es gibt eine kollegiale Schulleitung.

- *Elternmitarbeit:*
  149 ehrenamtliche Eltern leiten »Gruppenstunden«, in denen Kinder basteln, kochen, Theater spielen, Sport treiben, auf schuleigenen Instrumenten musizieren, singen ... »Wir Eltern bekommen einen ganz anderen Einblick in den Schulalltag«, sagt eine Mutter, »für mich zählt das soziale Engagement.« – Auf die Frage »Kann jede Schule so arbeiten wie die Robert-Bosch-Gesamtschule?« antwortet Schulleiter Kretschmer: »Natürlich, das ist eine Frage des Wollens.«

14 Macht eine demokratische Schule klüger?

Lernen in Freiheit und Verantwortung

Die Unfähigkeit, Widerstand zu leisten, macht dumm.
Sie führt dazu, die eigenen Fähigkeiten nicht zu nutzen.
Es geht darum, sich nicht von der Macht der anderen
und nicht von der eigenen Ohnmacht
dumm machen zu lassen.
Oskar Negt

»Die Menschen stärken, die Sachen klären« – Auch Glück ist eine Erfahrung, die Kinder im Unterricht machen sollen

Hat der PISA-Schock die Deutschen wirklich erschüttert, wie es immer heißt? Was dabei herauskam, zeigt eher die Unerschütterlichkeit, mit dem Schulpolitiker, Lehrer und Eltern am unpädagogischen Schulsystem festhalten. Erschütternd ist vielmehr, was über die Kinder hereingebrochen ist: durch den einseitigen Blick auf die Leistung mehr Druck auf die Schüler, mehr Angst, mehr unbarmherzige Auslese, mehr Scheitern, nicht endende Prüfungsschikanen. Die Schulstrukturen ließen sich nicht erschüttern, obwohl viel bewegende Pädagogik aus Ländern mit guten Schülerleistungen sichtbar wurde. Schlimmer noch: Die starren Prinzipien, nach denen unsere Schule aufgebaut ist, wurden noch härter zementiert. Zwar wurde hier eine Agenda geschaffen, da ein Versuch mit 50 Schulen begonnen, dort eine Schule mit besonderer Prägung genehmigt, es wurden Bildungsstandards proklamiert, Schulen wurden prämiert, die besten deutschen Schulen gekürt. Aber im Grunde blieb alles, wie es war, als wäre das Schulsystem unwandelbar. Ellen Key, nach der das zwanzigste Jahrhundert zum Jahrhundert des Kindes werden sollte, sah das Dilemma im Jahre 1902 ebenso unwandelbar:

Wer vor die Aufgabe gestellt würde, mit einem Federmesser einen Urwald zu fällen, müsste vermutlich dieselbe Ohnmacht der Verzweiflung empfinden, die den Reformeiferer vor dem bestehenden Schulsystem ergreift – diesem undurchdringlichen Dickicht von Torheit, Vorurteilen und Missgriffen, wo jeder Punkt sich zum Angriff eignet, aber jeder Angriff mit den zu Gebote stehenden Mitteln fruchtlos bleibt.[30]

Nicht nur die mäßigen Leistungen deutscher Schulen hätten schockieren können, sondern auch die guten Leistungen getesteter Reformschulen. Diese unterschieden sich durch das pädagogische Engagement von Lehrerinnen und Lehrern. Es waren Schulen ohne Noten, ohne frühe Auslese, ohne Trennung nach Schularten, ohne Sitzenbleiben, ohne die frontale Methode des Blockunterrichts, ohne zerstückelnden Dreiviertelstundentakt. Die getesteten Reformschulen ragten mit guten Leistungen aus dem Niveau deutscher Schulen heraus.

Eine von ihnen wurde wiederholt als leistungsfeindlich bezeichnet. Jetzt erwiesen sich ihre Schüler als leistungsstark: die Bielefelder Laborschule. Sie wurde vor vier Jahrzehnten von dem Lehrer und Pädagogikprofessor Hartmut von Hentig gegründet. Dessen Anliegen war nicht die Frage: »Wie leisten die Kinder mehr?«, son-

---

30 Ellen Key: Das Jahrhundert des Kindes (1902), zitiert in Marga Bayerwaltes: Große Pause! S. 5 (2002)

dern: »Was ist eine humane Schule?«[31] Bringt eine humane Schule auch gute Leistungen hervor? – Sie tut es, denn eine Schule, die Kinder ernst nimmt und ihre Individualität achtet, ist die beste Leistungsschule: durch eine ermutigende Stimmung, die Erfahrung von Leistungsglück, eine aufrichtende pädagogische Beziehung und die Zukunftsorientierung.

Die Lehrer der im Leistungstest gut bewerteten Reformschule legen mehr Wert auf Zusammenarbeit als auf Konkurrenz. Die Schüler lernen miteinander, unterstützen sich, regen sich gegenseitig an. Auch schwache Schüler zeigen ein Mindestmaß an Wissen, vielleicht weil die Kinder glücklicher sind? Das war Hartmut von Hentigs[32] Vorstellung:

Kindheit sollte als eine Zeit des Glücks erlebt werden. Um keinen Preis darf man die Gegenwart der Kinder irgendeiner Zukunft opfern. Kostbares fällt uns durch Anstrengung zu. Die geübte Selbstdisziplin ist auch für Kinder nicht ohne Lust. Sie ermöglicht, die eigene Kraft zu erkennen. Die Wahrnehmung der eigenen Leistung bringt dem Kind größere Sicherheit als alles, was ihm die Erwachsenen geben können. In meinem Lateinunterricht habe ich versucht, dem Schüler von der ersten Stunde an das Gefühl zu geben: »Jetzt kann ich schon Latein.« Mit diesem Gefühl kommt er wieder und geht die nächste Aufgabe an. Deren Schwierigkeit darf nie größer sein als die Lust an ihrer Bewältigung.

Hartmut von Hentigs Unterrichtsmotto lautete: »Die Menschen stärken, die Sachen klären.« Die Bielefelder Laborschule ist eine Schule für alle Kinder, sie nennt sich ein »Haus des Lernens«. Die Reformschule ist eine Lernschule, keine Prüfschule. Sie führt die Schüler in Methoden des Lernens ein: wie man lernt, wie man fragt und Wissen findet, wie man sich Erkenntnisse zu eigen macht, wie man das Gelernte anwendet. Die Schüler lernen in individueller Ar-

---

31 Hartmut von Hentig: Was ist eine humane Schule? (1975)
32 Hartmut von Hentig: Die Menschen stärken, die Sachen klären (1991)

beit, in Partner- und Gruppenarbeit. Dabei erleben sie: Lernen ist anstrengend; aber das Gelernte macht selbstbewusst und die Schüler können sich an der geglückten Leistung freuen.

Leitendes Prinzip ist, die Selbstständigkeit der Kinder zu unterstützen. Das führt zur Freiheit des Denkens, zur Freiheit, kritisch zu fragen und zu argumentieren. Diese Freiheit fördert in den Schülern die politische Wachheit. Das macht sie nicht nur klüger, sondern auch widerstandsfähiger gegenüber Forderungen nach blindem Gehorsam. Die Selbstständigkeit stärkt ihren sozialen Mut.

Die »Freiheit des Denkens« stärkt die Leistungsfähigkeit – Lehrerinnen und Lehrer als Beispiel für politisches Engagement

In der Untersuchung über die Bielefelder Laborschule fiel außer den guten Schülerleistungen auf, dass die Jugendlichen demokratische Kompetenz lernen. Sie entwickeln ein ausgeprägtes politisches Bewusstsein, sind bereit, Verantwortung zu übernehmen und sich sozial zu engagieren. Sie stecken sich in ihren sozialen Wertvorstellungen hohe Ziele.

Man könnte denken: Das ist eine erfreuliche Zugabe, wenn zu guten Leistungen auch noch charakterliche Eigenschaften kommen wie demokratisches Engagement, Verantwortungsbereitschaft, ethische Grundhaltungen. Oder ist es umgekehrt? Macht die Freiheit des Denkens leistungstüchtiger? Führt kritisches Argumentieren zu geistiger Beweglichkeit? Stärkt politische Wachheit die Kritikfähigkeit und Eigenaktivität?

Diese Schüler lernten Politik nicht nur im Klassenzimmer, sondern auch in ihrem Lebensumfeld. Sie engagierten sich gesellschaftlich, ökologisch und friedenspolitisch durch Stellungnahme, Demonstration und Mitarbeit, durch Projekte für Menschen. Diese werterfüllte Eigenbewegung macht intellektuell wacher.

Wenn Schulen mit demokratischen Strukturen gute Leistungen erzielen, liegt die Frage nahe: Behindert eine undemokratische, vorwiegend vom Machtprinzip bestimmte Schule die Lernfähigkeit? Schüler, die nur Anordnungen befolgen müssen, verkümmern in ihrem eigenständigen Denken. Ihr Verantwortungsbewusstsein verringert sich in dem Maße, wie der Spielraum ihres persönlichen Handelns reglementiert wird. Auf Unterordnung ausgerichtete Strukturen des Schulsystems schränken die Eigenbewegung nicht nur von Schülern ein, sondern auch die von Lehrern und Eltern.

Eine andere reformpädagogische Schule, die demokratischen Unterrichtsstil und lebensbezogene politische Bildung praktiziert, ist die Helene-Lange-Schule. Auch sie schnitt im Leistungstest gut ab. In ihr werden Schüler nicht nur über Demokratie belehrt, sondern sie erfahren, was Demokratie ist. »Wir mischen uns ein, auch durch politisches und soziales Engagement außerhalb der Schule«, schreibt die langjährige Schulleiterin, Enja Riegel[33]. Es ist notwendig, »über politisches Engagement nicht nur zu reden, sondern auch konkret etwas zu tun. Beispielsweise für die eigene Meinung zu demonstrieren«. Dabei »ist es wichtig, dass Schüler erleben, wie ihre Lehrer für die eigene Meinung einstehen; nicht nur in der Schule, sondern öffentlich«. Deshalb beteiligten sich Kinder und Lehrer der Helene-Lange-Schule nach ausländerfeindlichen Übergriffen an Lichterketten, demonstrierten gegen Krieg, arbeiteten an Projekten, wenn irgendwo in der Welt eine Katastrophe geschah. Es »gehört sehr wohl zur Verantwortung von Lehrern, ihren Schülern ein Beispiel für politisches Engagement zu geben«.

Dietrich Bonhoeffer[34] verweist auf den Zusammenhang zwischen Machtausübung und Dummheit: Es zeigt sich, »dass jede starke Machtentfaltung, sei sie politischer oder religiöser Art, einen großen Teil der Menschen mit Dummheit schlägt. Die Macht der einen braucht die Dummheit der anderen. Der Vorgang ist dabei

---

33 Enja Riegel: Schule kann gelingen S. 169–172 (2004)
34 Dietrich Bonhoeffer: Widerstand und Ergebung S. 17 (1998)

nicht der, dass bestimmte intellektuelle Anlagen des Menschen verkümmern oder ausfallen, sondern dass unter dem überwältigenden Eindruck der Machtentfaltung dem Menschen seine innere Selbstständigkeit geraubt wird und dass dieser nun – mehr oder weniger unbewusst – darauf verzichtet, zu den sich ergebenden Lebenslagen ein eigenes Verhältnis zu finden. Er ist in seinem eigenen Wesen missbraucht, misshandelt«.

Die Geschichte zeigt, dass Menschen dazu neigen, sich von der Machtentfaltung der Regierenden dumm machen zu lassen. Das spielt auch eine Rolle bei der Unveränderbarkeit des Schulsystems. Bürger lassen sich eine Schule vorschreiben, die weder demokratisch erzieht noch lernwirksam unterrichtet. Sie nehmen hin, wogegen sie sich mit moralisch begründetem Widerspruchsmut wehren könnten. Ohne Widerspruchsmut und sozialen Ungehorsam gibt es keinen Fortschritt – auch nicht in der Schule. Der Antrieb für zivilcouragierte Eltern, Lehrer und Schüler sollten pädagogisches Sachverständnis sein, demokratisches Bewusstsein und das Mitgefühl für Kinder, die dem inhumanen Schulsystem ausgeliefert sind.

TEIL 4

Die Würde des Schülers ist antastbar – und die des Lehrers

15 Verletzende Worte: »Du bist ein hoffnungsloser Fall«

Entwertende Lehrersprache erniedrigt die Kinder

Worte haben im Sprechen die Macht, uns tatsächlich zu verletzen. Mit Worten können wir andere in den Wahnsinn treiben, sie vernichten. Wenn wir an Beleidigung, an Kränkung denken, empfinden wir Worte wie körperliche Schläge. Die Sprache hat die Kraft, auf uns zu wirken, als wären wir das Opfer wirklicher Gewalt.
Sybille Krämer

»Fehlerlos, aber ein bisschen schwerfällig« – kann man kränkende Lehrerworte abschütteln?

»Fehlerlos, aber ein bisschen schwerfällig«, hatte der Professor für Latein gesagt, als Gregorius im Hörsaal aus den »Metamorphosen« von Ovid übersetzte. Ein Dezembernachmittag, Schneeflocken, elektrisches Licht. Mädchen, die grinsten. »Ein bisschen mehr tanzen!«, hatte der Mann mit der Fliege und dem roten Halstuch über dem

Blazer hinzugefügt. Gregorius hatte das ganze Gewicht seines Körpers in der Bank gespürt. Die Bank hatte geknarrt, als er sich bewegte. Die verbleibende Zeit, in der andere drankamen, hatte er in dumpfer Betäubung dagesessen. Die Betäubung hatte angedauert, als er durch die weihnachtlich geschmückten Lauben ging.

Nach den Feiertagen war er nicht mehr in diese Veranstaltung gegangen. Dem Mann mit dem roten Halstuch war er ausgewichen, und auch den anderen Professoren ging er aus dem Weg. Von da an hatte er nur noch zu Hause studiert. Warum taten all diese Dinge so weh, auch jetzt noch, warum war es ihm in zwanzig, dreißig Jahren nicht gelungen, sie abzuschütteln?

Gregorius, der selbst Lehrer wurde, behielt die peinlichen Worte seiner Lehrer im Gedächtnis[1], jahrzehntelang: »Betäubt« war der Jugendliche von der abfälligen Bemerkung »Etwas schwerfällig« und von dem Zusatz »Ein bisschen mehr tanzen«. Es traf ihn an einem verletzlichen Punkt; diesen konnte der Lehrer nicht kennen. Aber er könnte um das pädagogische Gebot wissen, behutsam mit dem Selbstwertgefühl der Schüler umzugehen. »Bin ich ein Langweiler?«, fragte sich Gregorius. Er war schon zwanzig Jahre ein geachteter Lehrer, und noch immer bewegte ihn die peinliche Erinnerung.

In einem Schülerseminar, das ich mit Jugendlichen abhielt, berichteten Jugendliche empört oder betroffen, manche weinend, von beleidigenden Ausdrücken, die ihnen entgegengeschleudert wurden: »Wie kann man sich nur so dumm anstellen.« – »Wir sind hier auf dem Gymnasium und nicht in der Sonderschule.« – »So eine miserable Lateinklasse habe ich noch nie erlebt.« – »Eine blinde Henne findet auch mal ein Korn.« – »Das war ja eine fantastische Leistung, Note 5.« – »Deutschlands Schnellster bist du nicht.« – »Sitzen hier lauter Idioten?« – »Du bist wohl nicht in der richtigen Schule.« – »So etwas Bescheuertes kann nur ein Mädchen sagen.« – »Geh doch

---

1 Pascal Mercier: Nachtzug nach Lissabon. Roman S. 438, 442 (2004)

wieder zurück auf die Volksschule.« – Die beleidigenden Ausdrücke setzten sich noch in einer langen Liste fort.

Lehrer halten manche geringschätzige Bemerkung für harmlos, und doch können sie die Schüler kränken. Um sich dessen bewusst zu werden, kann es helfen, sich der eigenen Schulzeit zu erinnern. Entwertende Worte schreiben den Schülern unerwünschte Eigenschaften zu, drücken Vorurteile aus, stellen Kinder bloß, grenzen sie aus, schüchtern sie ein, machen sie lächerlich, beschämen sie. Gregorius konnte seinen gefürchteten Lehrern aus dem Wege gehen. Den meisten Schülern wird das durch undemokratische Schulgesetze und bürokratische Schulleiter verwehrt, mögen sie unter verunglimpfenden Lehrerworten noch so leiden. Viele Menschen erlebten an sich selbst, wie demütigende Lehrerworte nicht nur die aktuelle Schulgeschichte belasten, sondern lange in das Erwachsenenleben hineinwirken, oft auch in die Träume.

»Das ist das Ergebnis deiner Faulheit« – das Wort kann eine schreckliche Waffe des Menschen sein

»Von allen Waffen des Menschen ist die schrecklichste und mächtigste das Wort. Dolche und Lanzen ließen blutige Spuren zurück. Pfeile konnten von fern gesehen werden. Gifte konnten letztlich erkannt und gemieden werden. Doch das Wort konnte zerstören, ohne Spuren zu hinterlassen.« Das sagt der Priester in Paulo Coelhos Roman »Der fünfte Berg«[2]. Das Wort kann zerstören ohne äußerlich sichtbare Spuren, ohne blutige Striemen und blutunterlaufene Male auf der Haut, welche die Gewalt der körperlichen Züchtigung hinterlässt. Aber auch die seelische Züchtigung durch das gewaltsame Wort hinterlässt schmerzende Narben.

---

2   Coelho, Paulo: Der fünfte Berg S. 61(1998)

Volker Krumm und Susanne Weiß[3] untersuchten den »Machtmissbrauch von Lehrern«. Sie fanden unterschiedliche Arten von
Kränkungen: Lehrer haben eine vorgefasste Meinung über das
Leistungsniveau: »Mathematik wirst du nie begreifen.« Sie schrei-
ben dem Schüler mangelndes Denkvermögen zu und zweifeln sei-
ne Eignung für das Gymnasium an: »Hier hast du keine Chance.«
Kränkend erleben Jugendliche, wenn Lehrer sie mit Schwächen vor
der Klasse bloßstellen: »Jetzt zeig mal an der Tafel deine großartige
Leistung.« Der Lehrer kritisiert Eigenschaften oder Aussehen der
Schüler: »Deine Langsamkeit nervt mich«, stellt Aufgaben, die den
Schüler überfordern und zwingt das Kind zu Tätigkeiten, von denen er weiß, dass es sie nicht bewältigen kann.

Unfair finden es Jugendliche, wenn der Lehrer ihren Arbeits-
einsatz falsch bewertet: »Das ist das Ergebnis deiner Faulheit.« Als
kränkend bezeichnen die Befragten ferner: Der Lehrer schreit den
Schüler an, beschimpft ihn, verwendet unflätige Ausdrücke, macht
sich über mangelnde Fähigkeiten lustig, beschämt den Schüler, indem er zum Beispiel einen missglückten Aufsatz gegen den Willen
des Kindes vorliest.

Eine andere Kategorie verletzenden Lehrerverhaltens ist, Schüler
zu ignorieren, zu vernachlässigen oder zu missachten, sie fühlen
sich wie Luft behandelt. Ebenso kränkt sie, ihnen den Mund zu ver-
bieten und Unterstützung zu verweigern. Die Persönlichkeitsrechte
werden verletzt, wenn der Lehrer das Privatleben des Schülers an-
greift oder ihn einschüchtert. Häufig nennen zu ihren Schulerfahrungen befragte Personen die Drohung mit schlechten Noten oder
damit, den Schüler durchfallen zu lassen oder ihn auszufragen.

Die über den Machtmissbrauch forschenden Wissenschaftler fragten in ihrer Studie danach, wie die Schüler auf das kränkende Verhalten reagierten. Häufige Antworten: »Ich habe nichts
unternommen, weil es nichts genützt hätte.« »Ich versuchte, mich

---

3   Volker Krumm und Susanne Weiß: Machtmissbrauch von Lehrern in Österreich S. 6
    (2002)

bei diesem Lehrer möglichst unauffällig zu verhalten.« »Ich habe herumerzählt, wie der Lehrer sich verhalten hat.« »Ich habe nichts unternommen, weil ich nicht wusste, was ich tun sollte.«

»Auf den obersten Plätzen« – so Volker Krumm und Susanne Weiß – »rangiert resignatives Verhalten. Die Schüler unterwarfen sich nicht, wenn sie dem Lehrer Recht gaben, aber sie zeigten, dass sie sich zu schwach fühlten, um Widerstand zu leisten. Das ungleiche Machtverhältnis zwischen Lehrern und Schülern lässt diese Konsequenz erwarten.« Jugendliche sind dem Lehrer gegenüber in aussichtsloser Position. Das hat nicht nur für ihr Selbstwertgefühl verheerende Folgen, sondern auch für die demokratische Erziehung: die Erfahrung, machtlos zu sein.

V. Krumm und S. Weiß: »Verletzendes Lehrerverhalten ist so vielfältig wie die Arten des Mobbings unter Erwachsenen oder das, was als ›Gewalt von Schülern‹ genannt wird. Die Arten von ›inakzeptablem Lehrerverhalten‹, ›Mobbing in der Arbeitswelt‹ und ›Schülergewalt‹ gleichen sich im Prinzip. Kränkungen führen zu gestörter Beziehung zwischen Schüler und Lehrer, zu Antipathie gegen den Lehrer und sein Fach. Oder sie bewirken Angst und Fluchtverhalten, Motivationsverlust, gestörtes Selbstvertrauen. Auch aggressive Folgen wurden genannt, jedoch seltener als Angst und Resignation. Etwa ein Drittel der Schüler gibt an, gegen verletzendes Lehrerverhalten offen opponiert zu haben. Aber die Lehrer ließen sich vom Widerspruch nicht berühren.

»Du wirst das Abitur nie bestehen!« – Wenn Lehrer Schülern Dummheit und Unfähigkeit zuschreiben

Die Schüler sehen keinen anderen Weg, als sich anzupassen. Das ist zwar eine vernünftige Reaktion in einer Situation, in der Jugendliche machtlos sind. Beschämend daran ist jedoch: Es handelt sich um eine Unterwerfung »unter ein pädagogisch unakzeptables

Lehrerverhalten in Schulen, zu deren obersten Zielen Erziehung zur Selbstständigkeit und Kritikfähigkeit gehört. Wenn Gewalt von Schülern die Aufmerksamkeit verdient, die sie seit Jahren in und außerhalb der Schule hat, dann verdient Machtmissbrauch von Lehrern mindestens die gleiche Aufmerksamkeit«[4].

Eltern und Schüler beklagen unpädagogisches Lehrerverhalten, aber es kommt selten zu öffentlicher Klage. Schon gar nicht lassen sich Politiker auf das Thema »Verletzungsmacht der Lehrer« ein. Wenn Lehrer ihre Macht missbrauchen, wird das überwiegend tabuiert. Diese Tabuierung wirkt wie ein Krankheitserreger in das Schulsystem hinein. Wenn nicht über schlechte Lehrer geredet werden darf, entstehen Denkverbote. Diese halten den pädagogischen und schulpsychologischen Erkenntnisstand auf niedrigem Niveau, wie die praktizierte Schulpädagogik zeigt. Die Tabus über unpädagogisches Lehrerverhalten lassen Unrecht als selbstverständlich erscheinen, etwa überfallartige Tests, Drohen mit schlechten Noten, Zensuren öffentlich bekanntgeben, Angstmachen.

Schüler, Eltern und Erwachsene beteuern aus ihrer eigenen Schulzeit, es seien nicht nur Einzelfälle, wenn Kinder in der Schule gekränkt werden. Volker Krumm und Susanne Weiß überschrieben eine ihrer Studien mit dem Titel »Du wirst das Abitur nie bestehen«. Darin zeigen sie auf, wie verletzend es wirkt, wenn Lehrer den Schülern zuschreiben, sie seien dumm oder unfähig. Für ihre Untersuchung baten sie knapp 3000 Studenten in Österreich, Deutschland und der Schweiz, schriftlich zu schildern, »wenn sie während ihrer Schulzeit von einem Lehrer gekränkt worden sind oder wenn sie erlebten, dass die Kränkung einem Mitschüler widerfahren ist.« An einem Fallbeispiel veranschaulichen die Autoren, was die Studenten wiederholt aussagten[5]:

Es war in der 9. Klasse Gymnasium bei einem Mathematik- und Physiklehrer. In mehreren Stunden kam es zu Eskalationen zwischen

---

4 Volker Krumm und Susanne Weiß wie oben S. 16-19 (2002)
5 Volker Krumm und Susanne Weiß: Du wirst das Abitur nie bestehen S. 42 (2001)

mir und diesem Lehrer. Wobei man sagen muss, dass ein Großteil der Klasse mit ihm Probleme hatte. Es kam unter anderem zu Aussagen wie: »*Du kannst ja überhaupt nichts, du gehörst auf die Sonderschule, was machst du überhaupt noch hier?*« *Zu diesen Äußerungen des Lehrers kam es, wenn man seine Mathematik- oder Physikaufgaben nicht beantworten konnte und er dann verächtlich feststellte:* »*War ja klar, dass du das nicht kannst.*« *Meistens habe ich dann auf solch eine Aussage geantwortet, das heißt ihm gesagt, dass ich diese seine Äußerung nicht korrekt fände, woraufhin er den vorhin erwähnten Schwall an Beschimpfungen ausstieß. Ich vermute, das sagte er mir auch, da er mich für zu vorlaut hielt, das heißt für zu rebellisch. Des Öfteren verwies er mich des Unterrichts, da er, Zitat,* »*meinen Anblick nicht länger ertragen könne*«*. Briefe von verschiedenen Eltern sowie Gespräche mit der Direktorin änderten nichts an seinem Verhalten. Die Direktorin meinte, ihr seien die Hände gebunden.*

Die Ausrede der Direktorin kann nur als heimliche Kumpanei mit dem Lehrer verstanden werden. Denn sie könnte handeln und die Schüler schützen, wenn sie das wollte: nach dem Unterrichtsgesetz, dem Beamtenrecht, dem Grundgesetz, dem Strafgesetzbuch, das »Beleidigung« als strafbare Handlung einstuft. Womöglich hatte die Direktorin selbst Angst vor dem Lehrer, aber die entbindet sie nicht ihrer Verantwortung für die Schüler.

Der zitierte Schüler wehrte sich gegen das Lehrerverhalten. Das schien den Lehrer in seinem unfairen Verhalten anzustacheln. Ihm kam es nicht darauf an, dem Schüler zu zeigen, warum er die Aufgabe nicht lösen konnte; er versuchte nicht, ihm zu helfen, die richtige Lösung zu finden. Er nahm unbefriedigende Leistungen zum Anlass, die Person des Schülers zu erniedrigen.

Negative Vorhersagen sind nicht nur kränkend, sie wirken sich auch auf die Leistungsfähigkeit aus: Trägt ein Lehrer an Schüler die Erwartung »gute Intelligenz« heran, steigert das deren Tüchtigkeit, wie sich in Experimenten zeigte. Bei der Erwartung »schlechte Intelligenz« scheint sich die intellektuelle Tüchtigkeit zu verringern. Dabei verändert sich nicht die anlagebedingte Intelligenz, aber die

genetisch vorgegebene wird bei positiver Erwartung besser aus-
geschöpft. Deshalb ist es pädagogisch verhängnisvoll, wenn Lehrer von schlechten Klassen oder hoffnungslos schlechten Schülern
sprechen.

»Ich habe einen Schaden fürs Leben davongetragen« – Folgen ungesetzlichen Lehrerhandelns

»Worte haben im Sprechen die Macht, uns tatsächlich zu verletzen«, sagt die Philosophin Sybille Krämer[6]: »Das Machtwort wird
dann Gewalt, wenn es von Autoritäten für Manipulationszwecke
missbraucht wird. Worte haben immer auch die Kraft, das, was sie
besagen, ins Werk zu setzen. Worte haben auch die Kraft, etwas
hervorzurufen.« Das Verhängnis ist: Eltern und Lehrerkollegen
empören sich nicht sofort und distanzieren sich nicht öffentlich
und entschieden von der Unpädagogik, die manche Lehrer Kindern
zumuten. Die Schüler selbst sind überfordert, sich gegen die Über-
macht des Lehrers zu wehren.

Susanne Weiß und Volker Krumm fragten auch danach, was verletzendes Lehrerverhalten bewirkte. Antworten waren:

– *Ich hatte richtig Panik vor dem Unterricht dieses Lehrers. Ich fand
das total unfair und beleidigend.*

– *Ich, eher sensibel, was Leistung und Selbstbewusstsein angeht,
ging weinend nach Hause und dachte noch den ganzen Tag voller
Hass an diesen Lehrer.*

– *Das Resultat dieses grausamen Schultages war, dass ich von nun
an jeden Morgen mit Bauchschmerzen in die Schule ging, bis ich
die schreckliche Frau nie mehr sehen musste.*

---

6 Sybille Krämer in einem Interview zum Buch Herrmann/Krämer/Kuch: Verletzende
Worte (2007)

- *Die meisten von uns hatten richtige Angst, in diesen Unterricht zu gehen, weil wir vor anderen nicht gedemütigt werden wollten.*
- *Nachdem der Lehrer der Drittklässlerin sagte, sie sei unfähig, zu singen: Seitdem habe ich nie mehr gesungen – oder nur leise im Hintergrund.*
- *Ich möchte meinen, dass ich einen Schaden fürs Leben davongetragen habe. Insofern, weil ich krampfhaft versuche – auch im Studium bei der Auswahl der Fächer – Fremdsprachen, wenn möglich, zu umgehen, wegen einer demütigenden Fremdsprachenlehrerin.*

75 Prozent der Studenten erklärten, die Kränkungen würden sie »noch heute beschäftigen«. Die Erziehungswissenschaftler[7] resümieren: Zentrale Aufgabe der Lehrer ist, die ihnen anvertrauten Schüler vielseitig zu fördern. »Was Lehrer mit ihren Dummheitszuschreibungen anrichten, bewirkt das Gegenteil von Förderung: Sie demotivieren, verunsichern, entmutigen, sie bewirken Wut, Hass, Zorn und Abneigung gegen das Fach; sie lösen Angst und gelegentlich Wechsel des Kurses, der Klasse oder Schule aus. Einige Schüler berichten, dass sie wegen des Lehrerverhaltens Selbstmordgedanken nachgehangen haben.«

Auf Grund ihrer umfassenden empirischen Untersuchung[8] kommen die Wissenschaftler zu dem Schluss: »Es sind nicht nur einige wenige ›schwarze Schafe‹, wie solche ›Unpädagogen‹ verharmlosend von Lehrervertretern genannt werden. Auf die Frage, ob sie von einem ihrer Lehrer als dumm erklärt wurden, antworteten 30 Prozent aller Befragten mit ›Ja‹. Die Frage, ob sie als ›ungeeignet für die Schule‹ bezeichnet wurden, bejahten 26 Prozent. 12 Prozent erwähnten, dass und wie ihnen die Lernfähigkeit abgesprochen wurde. Bezogen auf die Gesamtzahl aller Befragten sind 7,7

---

7 Volker Krumm und Susanne Weiß, wie oben, S. 47
8 Volker Krumm und Susanne Weiß: Machtmissbrauch von Lehrern in Österreich (2002)

Prozent in ihrer Schulzeit den geschilderten Angriffen ausgesetzt gewesen. Dürfte man diese Schätzung verallgemeinern, dann sind von solchen Lehrerangriffen 900 000 Schüler betroffen. Bislang ist es eindrucksvoll gelungen, kränkendes Tun und Lassen mancher Lehrer aus der öffentlichen Diskussion herauszuhalten.«

Wie ist das möglich, wo Eltern ihre Kinder vor Gefahren schützen wollen? Das zerstörerische Potenzial verletzender Lehrerworte wird hingenommen. Dabei sind Beleidigungen nicht nur taktlos, sondern strafbar. Das Strafgesetzbuch verteidigt die persönliche Ehre durch den Persönlichkeitsschutz. Nach Paragraph 185 – Beleidigung – macht sich strafbar, wer über andere abfällige Werturteile abgibt. »Der Tatbestand der Beleidigung ist erfüllt, wenn eine Äußerung die ›Kundgabe von Nichtachtung, Gering- oder Missachtung darstellt, weil dem Betroffenen der sittliche, personale oder soziale Geltungswert durch das Zuschreiben negativer Qualitäten ganz oder teilweise abgesprochen, ihm also Minderwertigkeit oder Unzulänglichkeit attestiert wird‹. Wer als ›üble Nachrede‹ ehrverletzende Tatsachenbehauptungen über einen Dritten öffentlich verbreitet, dem drohen bis zu zwei Jahren Freiheitsstrafe oder Geldstrafe.«[9] Diese trifft auch auf die Beleidigung von Schülern zu.

Die Kinder vor seelischen Verletzungen bewahren – Leitgedanken für ein solidarisches Handeln

- *Sich den Kindern zuwenden, sie anhören*
  - *Kinder frei erzählen* lassen, was sie bedrückt. Zuhörend sich dafür interessieren, wie sie das ängstigende oder überfordernde oder kränkende Unterrichtsklima erleben. Nur wenn Eltern und Lehrer zuhören, können sie sich in die Situation der Kinder eindenken.

---

9 Peter Raue: Persönlichkeitsrechte. Die Verteidigung der persönlichen Ehre S. 192 (1997)

–   Mit dem Kind überlegen, ob es *selbst etwas tun* kann: ob es
    sich zutraut, zum Lehrer hinzugehen und ihn beispielswei-
    se zu bitten, es nicht mehr auszulachen. Oft überfordert das
    Kinder und Jugendliche; dann darf man es nicht verlangen.
    In jedem Fall brauchen sie das Vorbild von Eltern, die zu ih-
    nen stehen und sich beim Lehrer beschweren.
–   *Kinder in der Schulsprechstunde* dabei sein lassen, um grö-
    ßere Offenheit und Gemeinsamkeit zu schaffen. Da haben
    Lehrer, Eltern und Kind Gelegenheit, ihre Sicht darzustellen.
–   *Klassen- und Schulsprecher* sowie Mitschüler – vom Alter
    abhängig – in die Konfliktbearbeitung einbeziehen, dadurch
    werden sie ernst genommen.

▪ *Als Eltern aktiv werden und sich einmischen*
–   *Genau hinsehen*, statt wegzuschauen. Den Ist-Zustand der
    Situation sorgfältig wahrnehmen, statt zu bagatellisieren:
    »Es wird schon nicht so schlimm sein.«
–   Das *Elterngespräch* mit dem schwierigen Lehrer riskieren:
    sich als Mutter begreiflich machen, die Not des Kindes und
    die eigene Not erkennen lassen. Den Lehrer nicht vorschnell
    verurteilen, sondern seine Sicht anhören, auf den Persön-
    lichkeitsrechten des Schülers bestehen.
–   Gespräche mit *anderen Schülereltern* führen, über deren Be-
    obachtungen und Erfahrungen. Sich solidarisieren und zum
    Widerstand ermutigen.
–   Vorkommnisse *schriftlich festhalten*. Aus den Protokollen
    eine Dokumentation verfassen. Diese dem betreffenden Leh-
    rer als Grundlage der Konfliktbearbeitung vorlegen.
–   Den Lehrer, der Kinder mit sprachlicher Gewalt verletzt,
    über alle Schritte, die Eltern vorhaben, *informieren*: über Ge-
    spräche mit Schulbehörde, mit Psychologen, mit Erziehungs-
    wissenschaftlern, mit Politikern und darüber, den Konflikt,
    wenn keine Lösung möglich scheint, öffentlich zu machen.

- Gespräche der Eltern mit der *Klassenlehrerin*, dem Vertrauenslehrer und mit aufgeschlossenen Lehrern des Kollegiums. Sich mit der durch Beispiele fundierten Kritik erkennen lassen und anstreben, sich zu verständigen.
- Gespräch mit der *Schulleitung* auf der Grundlage der Dokumentation über das verletzende Lehrerverhalten. Auf einer Stellungnahme des Schulleiters und des Schulrats bestehen.
- *Briefe* mit nachweisbaren Informationen über beleidigende Vorfälle als Gesprächsgrundlage an die Beteiligten schreiben; sie erleichtern die Argumentation und erschweren es, auszuweichen.
- Diskussion im *Elternbeirat*. Gespräche von Elternvertretern mit allen Beteiligten.
- Eine *Elternversammlung einberufen*, erste konkrete Schritte der Konfliktbearbeitung planen.
- Sich *pädagogisch sachverständig* machen, um argumentieren zu können, erziehungswissenschaftlichen Rat einholen.

- *Pädagogisch engagierte Lehrerinnen und Lehrer einbeziehen*
  - Gespräche von *Lehrerkollegen* mit dem unpädagogisch handelnden Kollegen anregen: einzeln oder in kleiner Gruppe den Konflikt klären und Hilfsangebote machen.
  - Gespräche mit *Schulpsychologin, Beratungslehrer* oder *Schulsozialarbeiter;* sie bitten, Stellung zu nehmen und sich für die Kinder einzumischen.
  - Gespräch in *Lehrerkonferenz* und *Schulforum;* ein Bündnis für Veränderungen anstreben.
  - Gespräche mit *Schülern* aus der betroffenen Klasse.
  - *Konfliktbearbeitende Gespräche* der Schüler mit dem schwierigen Lehrer, zusammen mit einem vermittelnden Vertrauenslehrer.

- *Handlungsmöglichkeiten mit Hilfe der Schulgesetze wahrnehmen*
  - *Schulordnung* und *Schulgesetze* auf den aktuellen Konfliktfall hin zur Argumentation heranziehen.
  - Gegebenenfalls vom *Kinderarzt* schulbedingte psychosomatische Erkrankung bescheinigen lassen, im Fall einer Therapie die Kinder- und Jugendlichenpsychotherapeutin einbeziehen.
  - Antrag auf *Versetzung* eines durch den Lehrer gekränkten Kindes zu einer anderen Lehrerin, um dem Schüler einen neuen, angstfreien Anfang zu ermöglichen.
  - Vorsprache bei der Schulbehörde, Dienstaufsichtsbeschwerde.

- *Demokratische Öffentlichkeit herstellen*
  - Wenn sich innerhalb der Schule nichts bewegen lässt: *Öffentlichkeit herstellen* mit Hilfe der Medien. Kinderschutzbund, Jugendhilfeeinrichtungen, Bürgerinitiativen, die zuständigen Gemeinderäte, Stadträte oder Landtagsabgeordneten in ihrem Bürgerbüro aufsuchen und in die Konfliktlösung einbeziehen.
  - Vom *Petitionsrecht* Gebrauch machen, sich an zuständige Stellen, an Politiker, den Abgeordneten des Wahlkreises, den Landtag, den Kultusminister mit einer Beschwerde wenden.
  - *Gerichtliches Vorgehen* auf der Grundlage des Strafgesetzbuches bei Verstößen gegen die Persönlichkeitsrechte der Kinder.

Diese Initiativen müssen vom gemeinsamen Willen getragen sein, keinerlei Gewalt in der Schule zu akzeptieren, auch nicht die Gewalt verletzender Worte. Die sprachliche Gewalt von Lehrerinnen und Lehrern ist für die erleidenden Schüler dramatisch, weil es ihnen in der Regel unmöglich ist, sich zu wehren. Sie können sich der Gewalt nicht entziehen. »Sprache kann verletzen – und das nicht obwohl, sondern gerade weil sie symbolisch ist. Denn sprachliche Gewalt zielt gerade nicht auf die Schädigung der materiellen Existenz einer Person, sondern auf ihr symbolisches Leben. In dieser Sphäre ist sprachliche Gewalt nicht weniger ›real‹ oder ›effektiv‹ als physische Gewalt. Auch sie kann in letzter Konsequenz tödlich sein.«[10]

---

10 Herrmann/Kuch: Symbolische Verletzbarkeit, in: Herrmann u.a.: Verletzende Worte S. 179 (2007)

16 Sozialer Mut statt blinden Gehorsams

Ein Junge verteidigt das Schülerrecht, taktvoll behandelt zu werden

Berechtigte Frage eines lernwilligen Schülers
an seinen Lehrer:
Wie kann ich lernen, was Sie wissen,
ohne zu werden, wie Sie sind.
Arnfrid Astel

Widerspruchsmut: »Mir tut die Amelie leid«

Gespannte Stille in der Klasse von Frau Leibhart, sie teilt gerade eine
Probearbeit aus. Erschrocken oder erfreut blicken die Kinder auf das
Blatt mit der Note, manche sind enttäuscht, andere erleichtert. Anita
ist beglückt über die Zwei minus, Manfred erleichtert darüber, dass
die Zensur nicht schlimmer ausfiel. Volker sitzt bedrückt vor seiner
Vier, Susanne ist enttäuscht wegen der Note Drei. Amelie ist verzwei-
felt wegen der Fünf; sie weint still vor sich hin. Frau Leibhart verkün-
det, ungerührt von den Tränen des Mädchens und den bedrückten
oder erfreuten Kindern: »So, ihr wisst, es geht darum, wer aufs Gym-*

nasium kommt. Ich möchte, dass es möglichst viele schaffen. Jeder Schüler steht jetzt auf und spricht laut seine Note.«

Stille im Klassenzimmer. Da sagt Florian: »Das finde ich nicht gut, wenn jeder vor allen seine Note sagen soll. Da blamieren sich die mit der schlechten Note. Die können doch nichts dafür, dass sie nicht so leicht lernen können. Mir tut die Amelie leid, weil sie jetzt wegen ihrer Fünf weint.« – Die Lehrerin überrascht der Einspruch, verärgert sagt sie: »Na, du musst ja alles besser wissen; dann machen wir eben weiter.«

Florian hat ein Empfinden für Recht und Unrecht; er spürt, was Menschen guttut und was nicht. Ob die Lehrerin merkte, was ihr der Junge sagt? »Bitte seien Sie nicht so taktlos!« Er lehrt sie Anstand. Der Junge setzte sich mutig für die Würde einer Mitschülerin ein und für Klassenkameraden. Für die Schwächeren wäre es peinlich gewesen, vor allen zeigen zu müssen, dass sie versagt haben. Florian wagte Zivilcourage:

- Die eigene Meinung sagen, auch gegenüber der Obrigkeit, selbst wenn der Einspruch Nachteile bringen mag.
- Couragiert eingreifen. Das Unrecht nicht in Schweigen hüllen, sondern für die Persönlichkeitsrechte eintreten.
- Die eigene Überzeugung nicht nur privat kundtun, sondern öffentlich, und zwar gewaltfrei.

Ein Ziel moralischer Erziehung ist es, Kinder stark zu machen, damit sie nicht zu unterwürfigen Bürgern werden. Der couragierte Junge stellte die Gerechtigkeit über die Macht der Lehrerautorität; er bewertete das Gefühl, zusammenzugehören, höher als den Autoritätsgehorsam, er stellte sozialen Mut über blinden Gehorsam.

Zu Hause erzählte Florian den Vorfall. Die Eltern zollten ihm Respekt für seinen Widerspruchsmut und unterstützten ihn in der Tugend, zum Unrecht Nein zu sagen. »Nur wenn Kinder rechtzeitig lernen, ein eigenes Gewissen auszubilden, und wenn sie erfahren, dass dieses von Eltern und Erziehern respektiert wird, haben sie Aussicht, sich später standfest gegen unmoralische Zumutungen zu behaupten. Eine emanzipatorische Erziehung in einer demokratischen Gesellschaft kann der moralischen Selbstentmündigung entgegenwirken« (Horst-Eberhard Richter[11]).

Wie viele Erwachsene hätten Florian Anerkennung ausgesprochen, um ihn in seinem moralischen Mut zu bestärken? – Wie viele wären protestierend zur Lehrerin geeilt, wenn diese ihre demütigende Absicht verwirklicht hätte? – Das Schweigen zu einer Untat ist wahrscheinlich die allgemeinste Art unserer Mitschuld. Leicht finden wir Gründe, nicht hinzusehen, sondern wegzuschauen, wenn Unrecht geschieht.

In der Schule soll »nur gelten, was sich mit der Humanität verträgt« – der Selektionsblick verdirbt das Lehrerethos

Nach dem Philosophen David Hume gründen Moralprinzipien auf dem ursprünglichen Gefühl der Sympathie: »Nicht Vernunft, sondern Gefühle und Empfindungen führen zu ethischem Handeln. Unter Moral versteht er nicht, vernunftgegebene Regeln zu befolgen, sondern Charakterzüge auszubilden und zu verfeinern und Tugenden, die uns zu einem angemessenen Umgang mit anderen befähigen. Grundlegende moralische Fähigkeiten sind Mitgefühl und Mitmenschlichkeit, Empathie. In den persönlichen Beziehungen zu Freunden und geliebten Personen erleben wir jenes Wohlwollen, welches den Kern der Moralität bildet.«[12]

Lehrer, die sich nicht mit diesem Kern der Moralität identifizieren, geraten leicht in Gefahr, lieblos zu handeln. Das Wohlwollen, von dem David Hume schrieb, hatte Florian, aber nicht seine Lehrerin. Sie findet nichts dabei, Kinder mit ihrem Versagen bloßzustellen; bei ihr gelten die in Kommanoten zu berechnenden Testergebnisse.

---

11 Horst-Eberhard Richter: Wanderer zwischen den Fronten S. 79 (2000)
12 Herlinde Pauer-Studer: Ethik und Geschlechterdifferenz. (1996)

Sie kann nicht sensibel mit der Verletzlichkeit der Kinder umgehen. Eltern und Lehrerkollegen klagen zwar über diese Kälte, finden aber nicht den Mut, dagegen zu protestieren. Deshalb ist eine Ethik der Fürsorglichkeit in der Schule nicht selbstverständlich.

Eine andere Seite der Unmoral sind die von Konkurrenz geprägten Schulbedingungen: »Wer als Grundschullehrer bei jedem Schüler schon nach kurzer Schulzeit den Selektionsblick in Bezug auf die Entscheidung schärfen muss, wer für das Gymnasium tauglich ist oder nur für die Hauptschule oder die Realschule, der unterlässt die Mühe der individuellen Förderung. Er sieht seine Aufgabe darin, in der Zuteilung zu bestimmten Schulformen keine groben Fehler zu begehen« (Oskar Negt[13]). Das provoziert Lehrer zu konkurrenzorientiertem Verhalten statt zu kooperativem. Der mit Macht gekoppelte Ausleseblick kommt jenen Lehrern entgegen, die auslesen wollen. Deren Berufsethos ist nicht die helfende Beziehung.

Immer noch wird der Begriff Selektion dafür verwendet, Kinder auszusondern, obwohl seine Bedeutung beunruhigen müsste, wenn man sie sich bewusst macht: »Die natürliche Auslese durch das Überleben der jeweils stärkeren Individuen einer Art; die Reinigung eines Bestandes von art- und sortenfreien Objekten.« Hört man nicht tatsächlich von manchen Lehrern den Ausspruch: »Da müssen wir gründlich sieben«?

Durch ein unpädagogisches Leistungsprinzip, das sich zuerst in weiterführenden Schulen ausgebreitet hat, wurde die Grundschule in ihrer pädagogischen Substanz beschädigt. Vor Jahrzehnten war zu hoffen, eine kinderfreundliche Grundschulpädagogik wirke in das Gymnasium hinein. Das Gegenteil ist geschehen. Die Grundschule wurde deformiert durch Leistungstests ohne Ende, Vergleichstests, Leistungsermittlung und Leistungsbeurteilung, durch Zubringeraufgaben für das Gymnasium, fragwürdige Leistungsstandards und die Bürokratisierung des Lernprozesses statt seiner Humanisierung. Aber weshalb erhebt sich kein Protest, wenn eine

---

13 Oskar Negt: Kindheit und Schule in einer Welt der Umbrüche S. 14 (2002)

Lehrerin wie Frau L. den pädagogischen Takt missachtet, regelmäßig Schüler bloßstellt, herabsetzt, anschreit, abfällige Bemerkungen macht? Bekommt das Unrecht Rechtscharakter dadurch, dass es häufig vorkommt?

Viele Eltern nehmen hin, wenn Kinder in einem Klima der Rivalität lernen müssen. Durch den einseitigen Leistungsblick üben sie wie die Lehrer Druck auf die Kinder aus, statt sie vor dem Druck zu schützen. Demokratischen Druck durch Eltern bräuchten die Verursacher unpädagogischer Verhältnisse: Lehrer, Politiker, Ministerialbeamte, Bildungsminister. Nur dann kann die Schule pädagogische Konturen bekommen.

Lehrerinnen wie Frau L., die im Unterricht häufig vom Übertritt aufs Gymnasium sprechen, können ihren gefühlsabgespaltenen Leistungsdruck unbehelligt ausüben. Ihr Verhalten zeigt, wie schlecht es um die ethische Durchdringung der Schule bestellt ist. Dass nur gelten soll, »was sich mit der Humanität verträgt«, wie Albert Schweitzer postuliert, kann man in Schulen mit engagierten Lehrerinnen und Lehrern erfahren; sie wenden sich Kindern helfend zu – und nicht distanziert und aussortierend.

Nach Albert Schweitzer ist Ethik als »Ehrfurcht vor dem Leben« die alles bestimmende Vision. Sie »ist nur dadurch möglich, dass die Ethik Sache denkender Menschen wird, und dass die Einzelnen sich in der Gesellschaft als ethische Persönlichkeiten zu behaupten suchen. Im Besitz des absoluten Maßstabs des Ethischen lassen wir uns nicht mehr Prinzipien der Zweckmäßigkeit mundgerecht machen. Alle auftretenden Gegensätze, Gesinnungen und Ideale messen wir in grandioser Pedanterie mit dem durch die absolute Ethik der Ehrfurcht vor dem Leben geeichten Maße. Gelten lassen wir nur, was sich mit der Humanität verträgt«[14]. Das müsste für die Schule handlungsleitend sein: nur gelten zu lassen, was sich mit der Humanität verträgt: in der Lehrer-Schüler-Beziehung und im Umgang mit Schwächeren.

---

14 Albert Schweitzer in: Walter Jens: Kanzel und Katheder S. 73 (1984)

Ethik nicht nur als Unterrichtsfach, sondern ethisches Handeln – moralische Sensibilität von Lehrern?

Was in der beschriebenen Konfliktsituation der Schüler Florian noch vermeiden konnte, praktiziert Frau L. regelmäßig. Das wirft die Frage auf: Weshalb dürfen Lehrer ihren Beruf ungehindert ausüben, obwohl sie menschlich dafür ungeeignet sind? Weshalb erhebt sich unter Eltern und Kollegen kein Protest, wenn Lehrer Schüler bloßstellen, herabsetzen, anschreien, beschimpfen, beschämen, wenn sie in den Heften der Schüler herumschmieren, abfällige Bemerkungen machen, Jugendliche wegen ihres Aussehens verspotten?

Manche schauen weg, um sich vor der selbstkritischen Frage zu schützen: Wie ist das bei mir mit dem pädagogischen Takt? Manchmal wollen sie sich die Mühe moralischer Einmischung nicht aufladen, weil sie den Konflikt scheuen. Oft ist es die Teilnahmslosigkeit, mit der sie zum Unrecht schweigen. »Das Vergehen des Gleichgültigen, das uns am meisten enttäuscht, liegt in seinem Verzicht auf jeden Protest. Seine Begründung für diesen Verzicht ist die Aussichtslosigkeit der Lage. Das ist allerdings eine Begründung, die zu einfach ist, als dass sie uns überzeugen könnte. Mir scheint vielmehr, dass wir erst recht da zum Protest angehalten sind, wo er uns aussichtslos vorkommt« (Siegfried Lenz[15]).

Es scheint, als dürften Kinder und Eltern von Lehrern nicht selbstverständlich Herzensbildung erwarten. Der Philosoph Peter Bieri bezeichnet die moralische Sensibilität als bedeutsames Element der Bildung: Zur »Bildung als moralische Sensibilität gehört die Fähigkeit des Einfühlungsvermögens. Man kann sie auch soziale Fantasie nennen; und sie ist ein Gradmesser für Bildung: Je gebildeter jemand ist, desto besser ist er darin, sich auszumalen, wie es wäre, in der Lage anderer zu sein. Bildung macht präzise Fantasie möglich. Sie ist es, die verschleierte Formen der Unterdrückung

---

15 Siegfried Lenz: Essays 1, 1955–1982, S. 104 (1997)

sichtbar macht und Licht wirft auf Grausamkeit, die man begangen hat, ohne es zu merken. Bildung ist tatsächlich ein Bollwerk gegen Grausamkeit. Um all diese Dinge geht es, wenn von Herzensbildung die Rede ist«[16].

»Denken Sie ja nicht, Ihr Beispiel sei ein Einzelfall«, wendet eine Mutter in einer Müttergesprächsgruppe erregt zu Florians taktloser Lehrerin ein. »Der Druck, der auf Kinder in der vierten Klasse ausgeübt wird, ist verantwortungslos. Meine Tochter Irene konnte nicht mehr schlafen und hatte irrsinnige Ängste bei einer Klassenlehrerin, die den Kindern täglich mit dem ›schweren Übertritt‹ drohte. Diese Lehrerin informierte die Klasse darüber, wie ›zur Zeit der Übertrittsstand aussieht‹. Sie rief dabei alle Schüler auf und las vor, wer in die Hauptschule, auf die Realschule oder aufs Gymnasium kommt. Die Liste veränderte sie immer wieder, so dass die Kinder nie sicher sein konnten, wo sie gerade stehen. Meine Tochter sollte ›nur‹ auf die Hauptschule kommen. Das sah ich ein. Aber ich sah nicht ein, weshalb das Mädchen herabgesetzt und beleidigt wurde, weil sie ›zu den Letzten‹ zählte. Die fortdauernde Entmutigung hätte ich ihr gern erspart, denn die raubte ihr Schlaf und Lernfreude. Ich selbst fühlte mich als Mutter durch die öffentliche Bloßstellung verletzt. Als ich das der Lehrerin sagte, meinte sie, schließlich seien wir eine Leistungsgesellschaft und die brauche die Auslese.«

Hartherziges Lehrerverhalten wird oft bagatellisiert, statt kritisiert. Nach der moralischen Professionalität des Lehrerseins wird kaum gefragt. Um diese ist es bei manchen Lehrern schlecht bestellt. Moralische Sensibilität fragt danach: Welche Pflichten hat ein Lehrer gegenüber den Schülern? Ist er Vorbild und gibt ein gutes Beispiel? Was heißt es, die Schüler entsprechend ihrer Einmaligkeit zu behandeln? Was ist im Schulsystem pädagogisch erlaubt, aber moralisch verwerflich?

Moralische Professionalität bedeutet: Aufmerksam, selbstwahrnehmend und reflektierend die Konflikte zu klären, in welche Leh-

---

16 Peter Bieri: Wie wäre es, gebildet zu sein? S. 14 (2006)

rer während des Unterrichts geraten. Manche von ihnen erfüllen ihre Pflicht nur gegenüber der Obrigkeit, aber kommen nicht ihrer Verpflichtung nach, einfühlend und tolerant für das Wohlergehen aller Kinder zu sorgen. Die Sorge um das »gute Leben« der Schülerinnen und Schüler macht die moralische Professionalität von Lehrern aus.

Normative Fragen des Lehrerseins dürfen nicht nur unter altruistischem Gesichtspunkt stehen, nämlich: Was tue ich Gutes für die Kinder? Vielmehr müssen sie das Wohl des Lehrers einschließen, so Christopher Higgins[17]: »Die Ethik des Lehrens führt die Frage ›Warum lehre ich?‹ mit der Frage zusammen: Wie möchte ich leben? Welche Ideale habe ich als Lehrer? Warum ist die Praxis des Lehrerseins es wert, im Zentrum meines Lebens zu stehen? Was ist ein gutes Leben und wie kann das Unterrichten einen Teil meines guten Lebens ausmachen? Wie unterstützt meine Sorge um das Wachstum anderer auch mein persönliches Wachstum?«

---

17 Christopher Higgins: Das Glück des Lehrers S. 509 (2002)

17 Müssen sich Schüler alles gefallen lassen?

Jugendliche ermutigen, sich einzumischen

»Glauben Sie im Ernst, dass einer von uns widerspricht?« – Demokratische Opposition darf nicht bestraft werden

Mit 30 Schülersprechern eines Gymnasiums diskutierte ich auf einem Wochenendseminar das Thema »Müssen sich Schüler alles gefallen lassen? – Zivilcourage in der Schule«. Es ging darum, wie Jugendliche Kritik äußern und etwas verändern können. Ein Mädchen warf zornig ein: »Ja, glauben Sie im Ernst, dass in unserer Klasse dem Lehrer auch nur ein Einziger widerspricht? Im Zwischenzeugnis erhielten in der 9. Klasse von 26 Schülern 13 den Vermerk ›Vorrücken gefährdet‹. Sie können Gift darauf nehmen: Von diesen 13 Schülerinnen und Schülern riskiert niemand ein Widerwort. Auch die anderen schweigen, weil sie sich nichts verscherzen wollen. Die schlechten Noten hat uns nämlich genau der Lateinlehrer reingehauen, gegen den wir uns wehren müssten. Jetzt geht es uns ausschließlich darum, das Sitzenbleiben zu verhindern, um nicht ein Schuljahr zu verlieren. Da riskieren wir nicht, diesen Oberstudienrat zu kritisieren.«

Die Schülerin ist zu verstehen, sie denkt realitätsgerecht. Das zur Unterdrückung missbrauchte Zensurensystem zwingt die Jugendlichen zu autoritätshöriger Anpassung. »Als Schüler kannst du nichts machen, du ziehst immer den Kürzeren.« Mit diesem Satz drücken Jugendliche ihre Ohnmacht aus. Die ist besonders groß, wenn sich Lehrerkollegen und Eltern nicht hinter sie stellen. Dann bleibt ihnen nichts anderes übrig, als zu schweigen: »Ich fürchte, nicht die richtigen Worte zu finden, wenn ich etwas Kritisches äußere«, sagt ein Mädchen. »Da könnte ich mich blamieren«, meint ein Junge. »Ich denke dann, die Mitschüler oder Lehrer finden blöd, was ich sage.« Oder: »Die Lehrerin wird es mir heimzahlen, wenn ich Kritik übe.« »Lass die Finger weg, es bringt ja doch nichts.« »Wenn ich mich beschwere, schade ich mir selber« – Solche Resignation bedeutet das Ende der Mitsprachewünsche im Klassenzimmer. Eltern und Lehrer sollten Schüler darin unterstützen, ihre eigene Meinung zu sagen:

- *einzugreifen*, wenn anderen oder ihnen selbst Unrecht geschieht,
- sich zu *wehren*, wenn ihre Persönlichkeitsrechte verletzt werden,
- sich für einen Unterricht *einzusetzen*, in dem sie gut lernen können.

Kritik von Schülern sollte erwünscht sein, auch wenn sie sich gegen Lehrer und Lehrplan richtet. Die Jugendlichen sollten in ihrem Denken aus der Reihe tanzen, sie sollten in Rede und Schrift ihre Meinung ausdrücken. Sie sollten Freude verspüren, mit der eigenen Intelligenz lustvoll in Beziehung zu treten, nicht nur mit der des Lehrers.

Dazu müssen die Schüler sicher sein, dass ihnen ihre Lehrer kritische Meinungen weder direkt noch versteckt vergelten. Für demokratische Opposition dürfen Jugendliche nicht bestraft werden. Das Machtungleichgewicht zwischen Lehrern und Schülern sollte Thema sein in der Lehrerkonferenz, im Elternbeirat, in der Schülervertretung. Im Übereinkommen der Vereinten Nationen zu den Rechten des Kindes heißt es: »Das Kind hat das Recht, seine Meinung in allen es berührenden Angelegenheiten frei zu äußern. Die Erwachsenen berücksichtigen die Meinung des Kindes, entsprechend seinem Alter und seiner Reife. Das Kind hat das Recht auf freie Meinungsäußerung.« Die Kinderrechtserklärung will die Schüler auch vor dem Machtmissbrauch schützen: »Kein Kind darf willkürlichen oder rechtswidrigen Beeinträchtigungen seiner Ehre und seines Rufes ausgesetzt werden.«

Sich beschweren, statt über den Lehrer zu schimpfen – Schüler nehmen das Beschwerderecht wahr

Wenn unpädagogisch handelnde Lehrer nicht kritisiert werden, sehen sie keinen Anlass, ihr Verhalten zu ändern. Aus schlechten Erfahrungen heraus verharren Schüler in vermeintlicher Ohnmacht, statt sich zu wehren, zum Beispiel durch eine Beschwerde. Diese muss gut vorbereitet werden. Die Schüler sammeln ihre Erfahrungen, Beobachtungen und persönlichen Erlebnisse und halten diese schriftlich fest: Ob etwa der Lehrer die Schüler schikaniert, ob er die Klasse beschimpft, ob er Jugendliche persönlich verletzt, sie mit Schwächen bloßstellt, ob er Schüler ängstigt, ob er unfair prüft oder die Schüler überfordert.

Die Klagen der Schüler müssen ausreichend bewiesen werden. Diese Dokumentation über die Vorkommnisse unfairen Verhaltens können sie dem Lehrer vorlegen, damit er von der Schülerinitiative weiß. Das ermöglicht ihm, sich mit den Schülern zu verständigen. Im bayerischen Unterrichtsgesetz ist das Beschwerderecht so formuliert: »Zu den Rechten der Schülermitverantwortung gehört es, Beschwerden allgemeiner Art bei Lehrkräften und beim Leiter der Schule und im Schulforum vorzubringen.«

Jugendliche einer aktiven Schülervertretung nahmen dieses Beschwerderecht wahr. Sie schrieben einen Brief an ihren Schulleiter, denn bei ihren mündlichen Vorsprachen wurden sie nicht gehört. Fotokopien des Briefes gaben sie dem von ihnen beklagten Lehrer, der Klassenlehrerin, dem Verbindungslehrer und dem Schulpsychologen, dem Elternbeirat und der Schulsprecherin, dem Fachbetreuer.

An den Schulleiter des Gymnasiums
Sehr geehrter Herr Oberstudiendirektor X,
wir schreiben Ihnen, weil Oberstudienrat S. unseren Wunsch ablehnte, mit ihm über unsere Kritik an seinem Unterricht zu sprechen. Für diesen Brief an Sie holten wir uns Rat bei Lehrerinnen und Lehrern, die unsere Beschwerde für berechtigt halten. Wir haben in einer Liste zusammengestellt, was nach unserer Meinung am Verhalten von Oberstudienrat S. kränkend ist. Er macht uns Angst, zum Beispiel wenn er uns drohend ausfragt; er erschwert uns das Lernen, weil er sich weigert, uns etwas noch mal zu erklären, wenn die Klasse es nicht verstanden hat. Herr Oberstudienrat S. beschimpft uns wiederholt mit beleidigenden Ausdrücken: »Ihr seid ja Vollidioten«, »Einen solchen Versager wie dich habe ich noch nie gesehen«, »Dich nehmen sie nicht einmal in der Sonderschule für geistig Behinderte auf«.
Diese Herabsetzungen finden wir verletzend. Viele in unserer Klasse fürchten sich vor Herrn Oberstudienrat S., weil er sie bloßstellt, zum Beispiel indem er schlechte Arbeiten vorliest und sich über uns lustig macht. Wir haben auf der beiliegenden Liste entwürdigende Vorkommnisse mit Tag und Uhrzeit festgehalten und bitten Sie um ein Gespräch. Wir möchten Ihnen erklären, weshalb wir bei diesem Lehrer nicht gut lernen können. Außerdem finden wir, dass er für uns ein schlechtes Vorbild ist. Wir bitten Sie, uns zu helfen.
Mit freundlichen Grüßen.
Namen der Schülersprecher, Schülerinnen und Schüler der Klasse 10b

Über diesen Brief und die beigefügten Protokolle von Vorfällen konnte der Schulleiter nicht hinwegsehen. Allerdings vermied er es, sich öffentlich damit auseinanderzusetzen. Der Brief wirkte sich für die Schüler erfreulich und beschämend aus: erfreulich, denn der Lehrer wurde aus der Klasse entfernt und die Schüler erlebten, dass sich ihr Widerstand gelohnt hatt. Beschämend, weil sich zeigte, wie moralisch verkommen das Schulsystem im Hinblick auf die Menschenrechte der Kinder sein kann: Der für seinen Beruf unzulängliche Lehrer wurde in anderen Klassen eingesetzt, andere Schüler sollten jetzt den Machtmissbrauch des Lehrers hinnehmen.

Die engagierten Jugendlichen waren empört über diesen niedrigen bürokratischen Akt. Sie zeigten mehr moralisches Empfinden für Recht und Unrecht als die Erwachsenen. Mit negativen Erfahrungen dieser Art wird es für sie schwer, demokratische Tugenden zu lernen. Ihre oft kritisierte politische Teilnahmslosigkeit kann auch in niederdrückenden Schulerlebnissen ihren Grund haben.

Alexandra nimmt das Risiko der Klassensprecherin auf sich – selbstständiges Denken und mutiger Einspruch

Ich finde es wichtig, mich mit meiner Meinung erkennen zu lassen. Ich wurde wiederholt zur Klassensprecherin gewählt. Meine Mitschülerinnen schätzten an mir, dass ich kein Blatt vor den Mund nahm, wenn es darum ging, Schulverhältnisse zu kritisieren. Ich wandte mich gegen Lehrer, die Schüler ängstigten oder ungerecht behandelten. Ebenso häufig gab ich den Lehrern eine positive Rückmeldung, wenn sie interessant unterrichteten und uns freundlich behandelten. Für die Mitschüler war ich immer erreichbar – nicht nur nebenbei zwischen den Stunden oder in der Pause. Ich habe eine Stunde festgesetzt, in der ich als Sprecherin da war, außerdem konnten mich alle zu Hause anrufen.

Mehrmals trat ich für Mitschüler ein, die von Klassenkameraden gehänselt wurden. Da litt ich darunter, dass diejenigen, die andere gemobbt hatten, mich schnitten. – Kritik am Lehrer trug ich zwar im Namen der Klasse vor, aber letztlich stand ich allein da, das fand ich hart. Von manchen Lehrern wurde ich wegen meines Widerspruchs ganz schön untergebuttert. Ich musste auch schlechte Noten einstecken. Die Lehrer hatten immer die Macht, die Zensur durch rechnerische Tricks um einen Punkt schlechter hinzustellen. Die Versuche, mich einzuschüchtern, haben mich oft beunruhigt, aber ich wollte mir dennoch treu bleiben.

Es gab Lehrer, die meinem Engagement zustimmten. Einem Lateinlehrer sagte ich einmal: »Ich finde es unfair, wie Sie den Thomas vor der Klasse lächerlich machen. Ich verstehe nicht, weshalb Sie ihn immer bloßstellen.« Ich hatte nämlich den Eindruck, er hatte den Jungen auf dem Kieker. Auch andere aus der Klasse sahen das und regten sich auf; aber keiner traute sich, etwas zu sagen. Mir tat der Schüler leid. Deshalb fasste ich Mut und ging mit einer Freundin zum Lehrer. Wir sagten ihm, dass wir es nicht richtig fänden, immer auf dem Schüler herumzuhacken. »Ich weiß«, erklärte ich dem Lehrer, »wie Thomas darunter leidet; er wird immer mutloser. Wir finden ihn einen stillen, freundlichen Mitschüler, deshalb möchten wir ihm helfen.« Der Lehrer redete sich heraus und wollte sein Verhalten leugnen; er schob das Ganze auf die sachliche Ebene: Der Schüler zeige keine gute Leistung. Uns ging es aber darum, Thomas vor der Kränkung zu schützen.

Ich fürchtete, der Lehrer würde mich jetzt schlecht behandeln. Aber am nächsten Tag kam er auf mich zu und bedankte sich für meinen Hinweis. Ab diesem Zeitpunkt verschonte er Thomas und verhielt sich mir gegenüber korrekt. Unsere Klassengemeinschaft festigte es, dass ich für den schwachen Mitschüler eintrat. Später schrieb ich dem Lehrer, wie gut ich fand, dass der unsere Kritik ernst nahm. Er freute sich über meinen Brief und antwortete sofort. Trotz der Unannehmlichkeiten, die ich als Klassensprecherin erlebte, und trotz der

Angst, die ich immer wieder hatte, fand ich es gut, wenn ich zu mir selber stand.

Alexandra gab mit ihrem Mut ein Beispiel für Schüler und Lehrer. Sie traf sich alle drei Wochen mit den Elternbeiräten; auch mit der Verbindungslehrerin hielt sie Kontakt. Einmal im Monat berief sie eine Klassenversammlung ein. Auf der wurde im Kreisgespräch diskutiert, was die Schüler an Wünschen, an Kritik, an Ängsten und positiven Erfahrungen vorbrachten; über Beschlüsse wurde abgestimmt.

Die Jugendliche besuchte Veranstaltungen einer überregionalen Schülerinitiative. Von dort nahm sie die Anregung mit, einen Klassenschülerrat zu gründen. Inzwischen ist sie zur Landesschülersprecherin gewählt worden und leitet Arbeitskreise zur Schülermitverwaltung, schreibt in der Schülerzeitung, unterstützt die Arbeit der Bezirksschülersprecher, sie macht Schülerpolitik.

Lehrer und Eltern sollten Schüler ermuntern und unterstützen, als Schülervertreter politisch zu werden. Schülersprecher, die ihr Amt ernst nehmen, treten für ihre Mitschüler und für sich selbst ein, setzen sich mit Lehrern, Schulleitern, Elternvertretern auseinander. Bei dieser direkten Schülerpolitik erleben sie Widerstand und Konflikte, aber sie erleben auch, dass sie etwas verbessern können. Sie mobilisieren die Mitschüler zur Mitarbeit um der gemeinsamen Interessen willen. Diese gelebte Demokratie im Schulalltag garantiert am sichersten, dass Jugendliche Interesse an demokratischen Prozessen entwickeln. Sie weckt ein Gefühl der Zugehörigkeit unter den Schülern. Manche finden über diese Erfahrungen Sinn darin, für das Gemeinwohl einzutreten.

Was können Schüler tun, wenn Lehrer sie unfair behandeln? – Leitgedanken

Jugendliche sollten ermutigt werden, nicht alles hinzunehmen, sondern für ihre Interessen einzutreten.

- Mit *den Mitschülern sprechen*, gleiche und unterschiedliche Beobachtungen austauschen. Sich mit anderen zusammenschließen in dem Wunsch, sich zu wehren.
- Mit *Klassensprechern und Schulsprechern* überlegen, wie sich die Jugendlichen selbst helfen und welche Lehrerinnen und Lehrer sie um Beistand bitten können.
- Sich *über die Rechte der Schüler informieren*. Was steht in der Schulordnung und im Unterrichtsgesetz? Auf der Grundlage der Schülerrechte das Unrecht kritisieren.
- Versuchen, einzeln oder in kleiner Gruppe *mit dem Lehrer in höflicher Form zu sprechen*: sich als Schüler begreifen lassen mit dem, was ängstigend oder verletzend ist, die Wünsche konkret benennen.
- Mit dem Lehrer *ein Klassengespräch führen*: ihm mitteilen, was Schüler demütigt, und ihn bitten, niemanden zu erniedrigen.
- In Gruppenarbeit *eine Dokumentation verfassen* über die Angst machenden Ereignisse. Beispiele beleidigender Bemerkungen wörtlich festhalten.
- Die *Dokumentation dem Lehrer vorlegen* und zur Grundlage von Gesprächen machen. Ihm vorschlagen, über die einzelnen Punkte mit den Schülern zu reden.
- Ein *gemeinsames Gespräch zwischen Schülern, Eltern und Lehrern* organisieren. Bei ihm sind alle Seiten gleichberechtigt; eine neutrale Person – im Sinne des Streitschlichters – sorgt dafür, dass alle zu Wort kommen und ihre Position darstellen können.
- Sich *dem Verbindungslehrer anvertrauen* und ihn bitten, konkret zu helfen.
- Die *Schulpsychologin oder den Sozialpädagogen um Hilfe bitten*. Das lernstörende Verhalten des Lehrers darstellen und sie nachdrücklich um Zusagen bitten, sich für die Schüler einzusetzen.
- *Mit den Eltern sprechen*. Sie bitten, sich mit den Schülern gegen ungerechte Vorgänge zu wehren.
- Ein *Gespräch mit dem Schulleiter* führen: ihm genau dokumentierte Vorfälle aufzeigen und ihn bitten, die Schüler vor inakzeptablem Lehrerverhalten zu schützen.

- Im *Schulforum über den Konflikt berichten*. Zuvor einzelne Mitglieder über die Vorkommnisse informieren. Verbündete für eine gemeinsame Lösung suchen.

- Einen *Beschwerdebrief schreiben* mit Beweisen für das unpädagogische Handeln des Lehrers.

- Mit den *Elternvertretern Kontakt aufnehmen*, ihnen eine Dokumentation übergeben und sie bitten, die Schüler im Schulforum zu unterstützen.

- Bei der *Schulbehörde vorsprechen*, etwa dem Schulrat. Die Berichte über Verstöße gegen den pädagogischen Takt vorlegen.

- Lokale *Politiker anregen*, sich mit Kinderpolitik zu befassen, sie informieren und bitten, für demokratische Schülerrechte einzutreten.

- An den *Kultusminister einen Brief schreiben*. Ihn ersuchen, den Schülern in ihrem Anliegen beizustehen, den Artikel 1 des Grundgesetzes auch in der Schule anzuwenden: »Die Würde des Menschen ist unantastbar.«

18 Demokratische Schülermitsprache entdecken

Praktische Politik im Klassenzimmer

*Sinnvollerweise könnte Demokratie heute bedeuten:
Entscheidungen nicht durch die Sachverständigen, sondern die
Betroffenen. Diese Forderung verlangt, dass die Betroffenen
sich hinreichend sachverständig machen.*
Carl Friedrich von Weizsäcker

Statt Demokratiespielereien: Schüler den Unterricht mitbestimmen lassen – Schülerkritik, Lehrerkritik, Selbstkritik

Schüler können in vielen Bereichen des täglichen Schullebens mitbestimmen und aktiv werden,

- wenn sie den Unterricht nicht nur über sich ergehen lassen, sondern die *Methode des Unterrichts diskutieren*, damit sie erfolgreich lernen können.
- Sie können aktiv werden, wenn sie *Lernbereiche auswählen*, um eigene Interessen einzubringen, statt nur verordnete Lehrplaninhalte durchnehmen zu müssen.

- Sie werden nicht von Lehrern diszipliniert, sondern üben, *Konflikte miteinander zu regeln.*
- Sie erleben, dass die Klassensprecherwahl und die Schülermitbestimmung nicht Demokratiespielerei ist, sondern Ernstfall: Schüler und Schülervertreter können gemeinsam *etwas verändern.*

Wenn Unterricht für die Schüler zu ihrer Sache wird, lernen sie, Einfluss zu nehmen. Bei den Gesprächen über das Schulklima geht es um Fragen, die für Lehrer und Schüler existenziell sind: Freust du dich auf den nächsten Schultag, als Schüler, als Lehrer? Hast du Angst vor einem Lehrer oder als Lehrer Angst vor einem Schüler? Geht die Lehrerin freundlich mit dir um? Behandelst du den Lehrer freundlich? Findest du den Unterricht interessant? Interessierst du dich für den Lernstoff? Kann der Lehrer gut erklären? Darfst du nachfragen, wenn du etwas nicht verstehst? Kannst du sicher sein, nur aufgerufen zu werden, wenn du dich meldest? Was würdest du dir am meisten von der Lehrerin wünschen, damit du gut lernen kannst, und könntest du ihr das mitteilen? Was wünscht sich der Lehrer von dir, damit er gut unterrichten kann? – Eine Unterrichtslehre, die von Schülern ausgeht, belebt die pädagogische Eigenbewegung der Lehrer. Sie stärkt die Lernmotive und regt konstruktive Selbstkritik beider Seiten an.

Schüler, Klassen- und Schulsprecher können Vorschläge ausarbeiten, wie sie mit Lehrern über ihre Gedanken zum Unterricht, über Ängste und Wünsche reden möchten. Statt unzufrieden zu nörgeln, versuchen sie, gemeinsam etwas zu verbessern.

- Da ist ein Geschichtslehrer, der lässt seinen Unterricht regelmäßig von den Schülern *schriftlich beurteilen.* Er verteilt an jeden drei Kärtchen: ein rotes, auf das sie negative Kritik schreiben, ein grünes für positive Kritik und ein gelbes für Selbstkritik. Über die Ergebnisse spricht er mit der Klasse. Er erarbeitet mit den Schülern Konsequenzen für den Unterricht und das Leben in der Klassengemeinschaft.

- In einer Realschule gibt es eine *Wir-über-uns-Stunde*. Das Lehrerkollegium legt in jeder Woche eine Unterrichtsstunde fest. In ihr sprechen die Schüler mit dem Lehrer, der gerade in der Klasse ist, über die Schulzufriedenheit von Schülern und Lehrern. Sie sammeln Vorschläge, wie das Klassenklima verbessert werden kann, und fassen sie auf einem Plakat zusammen.

- Eine Ethiklehrerin regt alle sechs Wochen ein *freies Gespräch* an über »das gute Leben im Unterricht«. Schüler und Lehrerin bemühen sich um eine Philosophie des Schullebens.

- Ein Lehrer verwendet einen *Fragebogen*. Die Schüler diskutieren die Ergebnisse über Klassenklima und Lernerfolge. Wichtig ist, dass kein Schüler mit seiner Kritik bloßgestellt wird, gleich ob diese anonym oder namentlich erfolgt.

- Eine Englischlehrerin richtet eine *feste Schülersprechstunde* ein. Die Jugendlichen können in dieser Zeit mit ihr besprechen, was sie bewegt, was sie wissen möchten, welche persönlichen Sorgen und Wünsche sie haben.

- Ein Deutschlehrer macht Probleme schulischen Zusammenlebens zum *Aufsatzthema*. Er meint: Der wichtigste Grundsatz für den Aufsatzunterricht lautet: Der Schüler muss etwas auszusagen haben. Das Schulthema ist für Kinder so nah, dass sie daran erörtern, beobachten, erleben, beschreiben, kritisieren, zusammenfassen können. Er macht sich nicht zum Zensor, sondern zum interessierten Adressaten, der sich auf die Anliegen der Schüler einlässt.

- Eine Lehrerin vereinbart mit den Schülern, Gespräche über Disziplinprobleme nie zu beenden ohne ein *Arbeitsbündnis*, einen Pakt, in dem beide Seiten festlegen, wie sie sich verhalten wollen, damit gut gelernt werden kann.

- An einem Gymnasium haben Schüler, Schülervertreter, Lehrerinnen und Lehrer, die Schulleitung und der Elternbeirat gemeinsam ein *Schulethos* erarbeitet. Diese Schulverfassung wird bei Problemen immer wieder, zu Rate gezogen, daraufhin kontrolliert, ob und wie sie in die Tat umgesetzt wird.

Schüler sind Experten des Unterrichts, Lehrer können von ihnen lernen – die Schüler werden dabei selbstständiger

Lehrerinnen und Lehrer sind in Pädagogik, Didaktik und Lernpsychologie unzureichend ausgebildet. Sie könnten jedoch von den Schülern lernen. Die wissen, wie sie den Unterricht erleben und was sie sich anders wünschen, was sie interessiert, was sie nicht verstehen, was sie langweilt oder überfordert. Wenn Schüler den Unterricht mitgestalten, werden sie motiviert. Sie erleben, dass sie das, was in der Schule geschieht, mitentscheiden können. Dadurch identifizieren sie sich mit ihrem Lern- und Arbeitsplatz. Sie machen sich zum Beispiel Gedanken darüber, den ausschließlich lehrerzentrierten Unterricht zu ergänzen durch Unterrichtsformen, bei denen sie aktiv arbeiten können: in Einzelarbeit, Partner- und Gruppenarbeit, in Freiarbeit und im Kreisgespräch.

Manche Lehrer meinen, Schüler hätten nicht die nötige Sachkenntnis, um den Unterricht zu beurteilen. Ein Jugendlicher, der im Geschichtsunterricht die staatsmännischen Fähigkeiten Bismarcks kritisch analysieren muss, soll nicht fähig sein, eine Geschichtsstunde zu beurteilen? Ein Realschüler, der die Wirkung von Säuren auf Metalle darlegen muss, soll nicht feststellen können, wie sich anerkennendes oder tadelndes Lehrerverhalten auf seine Lernmotivation auswirkt?

Schüler aller Altersstufen sind Experten des Unterrichts. Deren Erkenntnisse können dazu beitragen, den Unterricht pädagogisch zu gestalten. Wobei die Schüler erleben: »Wir sind nicht ohnmächtig, sondern können unsere Situation verbessern.« Diese Erfahrung erleichtert es ihnen später, sich als Bürger politisch einzumischen.

Schüler und Lehrer sollten auch über die Unterrichtsgegenstände diskutieren: über den Gegenstand an sich und darüber, welche Konsequenzen die Erkenntnisse für das heutige Leben der Schüler haben. Der Wissenserwerb muss verknüpft sein mit kritischer Reflexion über den persönlichen und sozialen Nutzen des Wissens.

Wenn Schüler mitwirken, das Schulleben zu gestalten, beugt das der Gewalt vor, denn die Jugendlichen machen durch ihr aktives Beteiligen ihre gesunde Aggression konstruktiv.

In allen Unterrichtsgesetzen ist die Mitsprache den Schülern ausdrücklich zugestanden, tatsächlich wird sie jedoch wenig praktiziert. Die Schüler müssen Gesetzestexte und Verordnungen die sie betreffen, in die Hand bekommen, um das für sie Bedeutsame herausarbeiten zu können. Dabei werden sie sachverständig und eigenverantwortlich.

Im bayerischen Erziehungs- und Unterrichtsgesetz wird die Freiheit des Mitgestaltens so formuliert: »Im Rahmen der Schülermitverantwortung soll allen Schülern die Möglichkeit gegeben werden, das Leben und den Unterricht in der Schule ihrem Alter und ihrer Verantwortungsfähigkeit entsprechend mitzugestalten. Die Schüler werden dabei vom Schulleiter, von den Lehrkräften und den Erziehungsberechtigten unterstützt.« Jugendliche behaupten, von solcher Unterstützung wenig zu spüren, sie müssen angeleitet und ermutigt werden, davon Gebrauch zu machen.

Wahl der Schülersprecher als praktische Politik – »Spaßwahl« – oder sich auf Demokratie einlassen?

Demokratie einüben geschieht zum Beispiel bei der Wahl der Schülersprecher. Da müssen Lehrer die Schüler in praktischer Politik unterstützen, damit es nicht zur »Spaßwahl« kommt. Oft ziehen sich Lehrer zurück und lassen die Schüler allein, wenn sie praktische Demokratie einüben sollen. Viele Jugendliche behaupten, Klassen- und Schulsprecher seien an ihrer Schule bedeutungslos, die Wahl der Schülervertreter werde zu wenig ernst genommen. Wenn die Arbeit der Schülervertreter ein demokratischer Lernprozess werden soll, muss sie von Anfang an ein Projekt sein, das sich vom ersten bis zum zwölften Schuljahr erstreckt.

Die Vorbereitung der Wahl kann in verschiedenen Fächern unterstützt werden: im Politikunterricht als Wissen über das Wahlrecht und den Ablauf demokratischer Wahlen; im Deutschunterricht das Einüben der Diskussion und des Interviews oder das Verfassen einer Wahlaussage; im Ethikunterricht die Auseinandersetzung mit den Rechten und Pflichten der Schüler oder das Klären der Eigenschaften, die für die Aufgaben des Schülersprechers wünschenswert sind; im Geschichtsunterricht als Information darüber, wie das demokratische Wahlrecht entstand.

Beim Ausüben ihrer Funktion als Klassen- und Schulsprecher kommen die Schüler in schwierige Situationen, in denen sie Unterstützung brauchen. Sie berichten zum Beispiel, wie schwierig es sein kann, weder den Mitschülern noch den Lehrern nach dem Mund reden zu wollen. Sie müssen sich immer wieder für und gegen die Klasse stellen, für und gegen den Lehrer. Die Angst, die dabei aufkommt, behindert sie oft in ihrem Engagement. Da ist es wichtig, ihnen beizustehen und sie zu ermutigen.

Dass Demokratie lernen in der Schule nicht nachhaltig praktiziert wird, drückt sich auch in den Ergebnissen der Shell Jugendstudie aus: »Das Interesse an Politik ist weiterhin niedrig ausgeprägt. Die für Jugendliche im Alter von 15 bis 24 Jahren vorliegende Zeitreihe belegt, dass der Anteil der politisch Interessierten von 55 Prozent im Jahr 1984 und 57 Prozent im Jahr 1991 auf inzwischen 39 Prozent gesunken ist. Bezieht man zusätzlich die 12- bis 14-Jährigen mit ein, so sind es mit 35 Prozent nur etwas mehr als ein Drittel aller Jugendlichen, die sich als politisch interessiert bezeichnen. Alles in allem stellt Politik für die Mehrheit der Jugendlichen heute keinen eindeutigen Bezugspunkt mehr dar, an dem man sich orientiert, persönliche Identität gewinnt oder sich auch selber darstellen kann. ›Politischsein‹ ist nicht unmittelbar ›in‹«.[18]

Auch in der Schule ist »Politischsein« nicht »in«. Politik steht entweder überhaupt nicht im Lehrplan oder mit einem so gerin-

---

18 Shell Jugendstudie S. 18, 20, 105 (2006)

gen Stundenmaß, dass es beschämend ist, wenn man bedenkt, dass von der Politik abhängt, wie die Menschen in der Demokratie leben können. 53 Prozent der Jugendlichen bezeichnen die Zukunft der Gesellschaft als düster. Müssten sie da nicht von Lehrerinnen und Lehrern ermutigt werden, sich politisch zu betätigen? Dazu gehörte, die Schüler gut zu informieren über ihre demokratischen Rechte und Pflichten und über ihre individuellen und gemeinschaftlichen Möglichkeiten, politisch zu werden.

Erziehung zur Politik – nur ein Drittel der Jugendlichen ist politisch interessiert: Haben Lehrer etwas damit zu tun?

Politik besteht darin, das Zusammenleben von Menschen so zu organisieren, dass es menschlich bleibt. Dieses Miteinander sollten Kinder und Jugendliche im Unterricht durch eigenes Handeln erfahren: Das Politische geht mich persönlich an und ich selbst kann politisch werden. Angesichts des geringen politischen Interesses Jugendlicher wird in der Jugendstudie vorgeschlagen, »formelle Mitbestimmung und informelle Beteiligungsformen schon für die Grundschule vorzusehen«[19]: Erfahren, wie gemeinsame Angelegenheiten gemeinsam geregelt werden, dazu bedarf es bestimmter Verhaltensweisen, Tugenden, sozialer Grundfähigkeiten, die Kinder und Jugendliche einüben können[20]:

- *Einfühlungsvermögen und Mitgefühl:* die Fähigkeit, sich in das Erleben, die Erwartungen und Perspektiven anderer Menschen hineinzuversetzen, die Dinge aus ihrer Sicht zu sehen.
- *Hilfsbereitschaft:* die Sorge um andere, soziales Pflichtgefühl entwickeln.

---

19 Shell Jugendstudie S. 20, 46 (2006)
20 Gerd Meyer: Zivilcourage lernen S. 147 (2004) und Kurt Singer: Zivilcourage wagen (2003)

- *Moralische Überzeugungen und Tugenden:* Ehrfurcht vor Mensch und Natur, Sinn für Gerechtigkeit, Freiheitsstreben, Ehrlichkeit, Verantwortungsgefühl. Sich um die Übereinstimmung von Moralvorstellung und Handeln bemühen.
- *Konfliktfähigkeit:* bei Konflikten angemessen handeln, vor allem gewaltfrei reagieren. Vernunft zeigen, differenziert wahrnehmen, Aggressionen besänftigen, Streit schlichten.
- *Argumentationsfähigkeit, Wissen und Sachverständnis:* Kenntnisse von Rechten und Pflichten, Regeln, Verfahrensweisen, Gesetzen.
- *Reflexionsfähigkeit:* über die eigene und die politische Situation nachdenken, Vergangenes verarbeiten und mit der Gegenwart in Verbindung bringen, Selbstkritik üben.
- *Eigenständigkeit:* Ich-Stärke, Vertrauen in die eigene Wirkungskraft, Risikobereitschaft, sich Handlungs- und Entscheidungsfähigkeit aneignen.
- *Zivilcourage:* sozialer Mut, die eigene Überzeugung zu äußern; Einspruch für die Würde des Menschen erheben; bei Unrecht eingreifen, Widerspruchsmut und sozialen Ungehorsam wagen.

Diese Merkmale sind lernbar, nicht nur durch Belehrung, sondern durch Übung und sich entwickelnde Einsicht. Dazu müsste es unter Lehrern und Erziehern weniger »ethische Minimalisten« geben: »Welchem geistigen Bauplan folgen wir, in welcher geistigen Verfassung sind eigentlich jene Institutionen, denen die Jungen in ihrem Leben begegnen, vom Kindergarten bis zur Universität, von den Betrieben bis zu den Gewerkschaften, von den Parteien bis zu den Parlamenten? Sind diese Institutionen nicht alle bevölkert von ethischen Minimalisten? Und könnte es nicht sein, dass der Pessimismus junger Leute gerade darin seinen Grund hat? Wenn man sie fragt, ob man mit moralischem Verhalten – das heißt ›andere nicht ausnutzen, sondern sie fördern, hilfsbereit sein und Frieden stiften‹ – langfristig in unserer Gesellschaft besser dasteht, dann offenbaren sich erschütternde Ergebnisse. Im Westen Deutschlands glauben das nur 22, im Osten gar nur 11 Prozent. Die Botschaft ist eindeutig, die die Jugend aus der Welt der Erwachsenen wahrnimmt: Moralisches Verhalten zahlt sich nicht aus.«[21]

Deshalb sollten Jugendliche in der Schule moralische Erfahrungen machen, sich sozial engagieren, das Zusammenleben gestalten, sich politisch einsetzen. Da können Vorbilder anspornen wie Sophie Scholl: »Man darf nicht nur dagegen sein, sondern muss etwas tun, und an der Zementmauer der Unmöglichkeit versuchen, kleine Möglichkeiten herauszuschlagen. Zerreißt den Mantel der Gleichgültigkeit, den ihr um euer Herz gelegt habt. Wenn jeder wartet, bis der andere anfängt, wird keiner anfangen.«[22]

Politisches Engagement Jugendlicher unerwünscht? – Schüler organisieren die erste Demonstration in ihrer Kleinstadt

Politisch wache Schüler einer Hauptschule bewegte seinerzeit das aktuelle Thema »Krieg und Frieden«; deshalb wollten sie gegen den Krieg zwischen den USA und dem Irak demonstrieren. Manche Menschen in ihrer Umgebung lächelten, als Schulsprecher und Mitschüler die Idee einer Demonstration vortrugen: »Da macht doch bei uns keiner mit. Du kannst doch ohnehin nichts ausrichten.« Die Jugendlichen wurden unsicher, als sie aus der Zeitung erfuhren, an einem Gymnasium habe es Verweise gegeben, weil Jugendliche während des Unterrichts demonstrierten. Martin, der Schulsprecher, und seine Gruppe blieben jedoch überzeugt von ihrem Vorhaben. Auf Grund ihres Sachwissens und der Diskussion im Sozi-

---

21 Warnfried Dettling: Die moralische Generation. In: Ulrich Beck (Hrsg.): Kinder der Freiheit S. 129 (1997)

22 H. Vinke: Das kurze Leben der Sophie Scholl S. 22 (1987)

alkundeunterricht empörten sie sich darüber, dass ein mächtiger Staat ein kleines Land bekriegen will.

Sie erläuterten dem Schulleiter den Plan einer Schülerdemonstration. Der wollte davon nichts hören:»So etwas hat an unserer Schule nichts zu suchen.« Jetzt mussten die Jugendlichen Zivilcourage zeigen.»Mensch, trau dich!«, sagten sie sich und sprachen auf der Polizeistation vor. Ein Polizist sagte:»Demonstration? Das gibt's bei uns nicht, zum Demonstrieren kannst' nach München fahr'n, oder nach Berlin.« Nun versuchten es die Jugendlichen bei der Bürgermeisterin. Die beeindruckte der ernsthafte Plan der Schüler, sie wollte ihnen helfen.

Auch die Klassenlehrerin war bereit, die Schüler zu unterstützen. Prompt wurde sie vom Schulleiter ermahnt:»Sie müssen sich neutral verhalten.« Die Lehrerin setzte ihre humane Überzeugung dagegen:»Wenn es um Frieden geht und die Zukunft der Kinder, bin ich nicht neutral.« Die Schüler ermutigte es, dass ihre Lehrerin sich öffentlich für den Frieden engagierte. Es gehöre zu ihrer Verantwortung, sagte sie, sich mit dem persönlichen Denken in einer lebenswichtigen Frage erkennen zu lassen. Mit dieser Zivilcourage regte sie auch einige Kollegen an, sich angesichts der Friedensfrage nicht zu verstecken.

Martin und seine Gruppe bereiteten Plakate und Fahnen vor, übten Lieder und Sprüche ein, verfassten Flugblätter. Der Demonstrationszug wurde ein bewegendes Ereignis. In der Geschichte der kleinen Stadt gab es nie zuvor eine Demonstration. Viele Bürger sympathisierten mit den zweihundert Jugendlichen, die mit fantasiereichen Spruchbändern und mit Musik durch den Ort zogen. Bürgermeisterin, Lehrerin und Schulsprecher Martin hielten eine kurze Rede. Alle Teilnehmer hatten das Gefühl, gemeinschaftlich für eine gute Sache einzutreten. Da war von Politikverdrossenheit nichts zu spüren. Was half den Jugendlichen?

- Sie waren vom moralischen Wert »Friedfertigkeit« überzeugt. Angesichts dieses Engagements erstaunt es, wie wenig moralische Überlegungen, Diskussionen und Aktionen es in Schulen gibt, wenn wichtige politische Entscheidungen Tagesthema sind. Da fahren manche Lehrer im »Stoff« fort, mag er noch so bedeutungslos sein.

- Die Jugendlichen setzten sich mit grundlegenden Tugenden auseinander: durch Lesen, gemeinsame Gespräche, Diskussionen mit andersdenkenden Schülern und Lehrern. Sie mussten klären, was für sie wichtig ist, sie wollten sich eine Meinung bilden.
- Sie erlebten sich als kompetent durch das Sachverständnis, das sie erwarben: durch Information, Argumentation, soziales Engagement. Die Kompetenz bestärkte sie, für ihre Sache überzeugt einzutreten.
- Unmittelbare Vorbilder, deren beispielhaftes Handeln Respekt auslöste, ermutigten zu eigener Zivilcourage. Ein Vorbild war die vom Friedensengagement überzeugte Lehrerin; sie stand zu den Schülern, auch als sie damit rechnen musste, von Amts wegen benachteiligt zu werden. Die Schüler erlebten an ihr, wie sich Erwachsene Sorgen machen und deshalb etwas tun, um einer Gefahr zu begegnen.

All das erweckte politisches Engagement: den Wunsch, selbst etwas beizutragen, um für Menschen das Leben zum Besseren zu wenden.

Ein Projekt wie diese Schülerinitiative gegen Krieg ist angewandte politische Bildung. Die Schüler erfahren, wie sie sich demokratisch einmischen können. Es handelt sich um sinnerfülltes Lernen, spontane Aktivität und Solidarität in der Gruppe. Die Schüler sind voll dabei. Politik gehört in die Schule. Jugendliche müssen angeleitet werden, zu verstehen, was politisch geschieht, damit sie mitsprachefähig werden.

19 Macht kann Lehrer traumatisieren

Der autoritäre Charakter – sich vom Machtprinzip befreien

Die Krankheit der Macht trifft den Ohn-Mächtigen und den Mächtigen. Wer Macht ausübt muss wissen, dass er sich auf etwas einlässt, das ihn früher oder später selbst traumatisiert. Er darf nicht merken, dass er etwas erlebt, das ihn zutiefst verletzt: durch den Abzug der Liebe aus der Welt.
Mario Erdheim

Feindbild Schüler: »Lassen Sie Ihre Schüler nie die Oberhand gewinnen«

»Sie dürfen die Schüler nie die Oberhand gewinnen lassen, sonst werden Sie fertiggemacht. Ich fange streng an. Gleich am ersten Tag zeige ich der neuen Klasse, wer Herr im Haus ist. Schwätzt ein Schüler, schau ich ihn scharf an und sage: ›Du da hinten – ja, du genau! Halte gefälligst deinen Mund!‹ Das wirkt. So können Sie die Schüler rasch einschüchtern; sie mucken nicht mehr auf. Ich erteile schon in den ersten Tagen einen Verweis, das ernüchtert sie und sie parieren.«

Mit diesen Worten will ein Seminarlehrer einem Referendar helfen, Disziplinschwierigkeiten zu bekämpfen. Er ist im Feindbilddenken gefangen, deshalb wehrt er die bedrohlichen Schüler ab, obwohl sie ihn gar nicht angegriffen haben. Im Gegenteil: Die Jugendlichen wären froh, könnten sie zum Lehrer ein freundliches Verhältnis haben. Aber der Lehrer meint, er müsse die Jugendlichen vorbeugend unterdrücken, um Konflikte nicht aufkommen zu lassen. Mit scheinpädagogischen Argumenten verschleiert er seine Härte und die dahinterliegende Angst. Die hängt mit dem Gefühl zusammen, von den Schülern abhängig und nicht so mächtig zu sein, wie er glaubt. Er muss Macht ausüben, um seine Furcht vor den Schülern unter Kontrolle zu halten.

Nicht alle Lehrer, die den Unterricht autoritär lenken, schrecken die Jugendlichen so konsequent ab. Viele meinen jedoch, sie müssten die Schüler in Schach halten, um Ruhe und Ordnung herzustellen; das schütze sie vor einer undisziplinierten Klasse. Aber: »Macht, auch mit gutem Willen und Verantwortungsgefühl verbunden, ist letzten Endes tragisch. Sie muss den Gegner machtlos, ›unschädlich‹ machen, oder die Macht wird nicht dauern. Und es gehört zur Macht, Gegner zu produzieren« (Carl Friedrich von Weizsäcker[23]).

Zwar brauchen Lehrer Erziehungsmacht für eine Ordnung, in der sie gut unterrichten können. In der Arbeit mit Lehrergruppen sehe ich: Viele Lehrer würden lieber keine Macht ausüben. Aber weil es ihnen an pädagogischen Fähigkeiten mangelt, fühlen sie sich in Konfliktsituationen hilflos. In ihrer Not nutzen sie das Machtungleichgewicht zwischen sich und den Schülern aus. Sie missbrauchen ihre Überlegenheit, um die Kinder fügsam zu machen: durch Gewalt der Worte, Strafen, Angstmachen, Zensieren. Allerdings werden dabei manche nicht glücklich. Sie spüren das Traumatisie-

---

23 Carl Friedrich von Weizsäcker: Der Garten des Menschlichen S. 231 (1987)

rende der Macht unmittelbar und reagieren zum Beispiel depressiv oder mit psychosomatischen Symptomen.

Der Psychoanalytiker Mario Erdheim[24] schreibt: »*Wer Macht ausüben will, muss wissen, dass er sich auf etwas einlässt, das ihn früher oder später selbst traumatisieren wird, und dass all das, was Macht ausmacht – das Prestige, der Luxus, die unterwürfige Bewunderung, die ihm entgegengebracht wird –, ihm verdrängen helfen soll, dass er selbst verletzt wird. Wer an der Macht ist, darf nicht merken, dass er traumatisiert wird, dass er an diesem Ort etwas erlebt, das ihn zutiefst verletzt, durch den Abzug der Liebe aus der Welt, und er darf nicht merken, dass er das weitergeben muss.*«

Auch der eingangs zitierte Seminarlehrer beschädigt sich mit diesem Abzug der Liebe selbst. Das Verletzende der Macht trifft nicht nur die Schüler, über die die Macht hereinbricht; sie trifft auch den Lehrer, der die Macht ausübt: durch die der Macht innewohnende Gleichgültigkeit und Rücksichtslosigkeit.

Machtmissbrauch: Ironie als Waffe – Herrn Leuenbergers Strafnoten bereiten den Kindern Bauchschmerzen

Herr Leuenberger ist Mathematiklehrer, einer der Lehrer, in deren Stunden die Schüler zittern, in denen Ängste ausgestanden und Bauchschmerzen ausgehalten werden, wo aber Ruhe und Disziplin herrschen. Jedes Gespräch mit dem Banknachbarn wird mit »Bitte komm doch mal an die Tafel, und rechne uns die Aufgabe vor« geahndet. Herr Leuenberger braucht in seinen Stunden nicht »Ruhe!« zu brüllen, nicht »Haltet mal endlich euern Mund« zu schimpfen, nicht zu ermahnen »Benehmt euch anständig«. Um ein wenig Ironie in die Stunde zu bringen, sagt er lächelnd: »Ich sehe, Monika,

---

24 Mario Erdheim: Das Traumatisierende an der Macht S. 20 (2005)

*du hast die Aufgabe so gut verstanden, dass du es nicht nötig hast,
aufzupassen. Komm doch bitte an die Tafel und lass die anderen an
deinem Können teilhaben.«*

*Monika, die gerade ihrer Nachbarin erzählte, dass sie Samstag-
abend in die Diskothek gehen durfte und dort Dieter getroffen hat,
zuckt zusammen und steht betroffen auf. Sie hat keine Ahnung, wie
sie die Aufgabe ausrechnen soll, und geht zitternd zur Tafel, nimmt
die Kreide in die Hand und bleibt hilflos stehen. 28 Augenpaare sind
auf sie gerichtet, von denen 27 denken: Gott sei Dank muss ich nicht
da vorne stehen, und ein Augenpaar schaut sie unerbittlich an.*

*»Nun, wird's bald?« – Zitternd schreibt Monika ein paar Zahlen
an die Tafel, lieber Gott, mach, dass es richtig ist, und multipliziert
sie. – »Könntest du uns erklären, was du da machst?«, fragt Lehrer
Leuenberger. – »Ich dachte ...« – »Du sollst nicht denken, sondern
aufpassen. Das kommt vom Schwätzen. Setz dich!« Monika legt die
Kreide hin und geht auf ihren Platz. Herr Leuenberger nimmt sein
rotes Büchlein hervor und trägt mit den Worten »Das war ja eine
vorbildliche Leistung« eine Fünf ein. Während aller folgenden Mathematikstunden hat Monika nie wieder mit ihrer Nachbarin gesprochen.*

Der Lehrerkollege, von dem die Lehrerin Lea Fleischmann[25] erzählt, hält die Schüler mit schlechten Noten im Zaume. Er bedient
sich der Ironie und ist mit seinem Erziehungserfolg zufrieden. Mathematik haben die Jugendlichen dabei wenig gelernt; sie lernten vor
allem Mathematik fürchten. Er demütigte Monika und dressierte
sie zu Untertänigkeit. Die Kränkung war besonders wirkungsvoll,
weil sie öffentlich vor den Augen der Schulklasse geschah. Herr
Leuenberger zeigte den Mitschülern, wie abhängig sie von ihm sind.
Um sie abhängig zu machen, verfügt er über ein gesellschaftlich
anerkanntes Mittel, die Zensurengebung.

Die als gerecht bezeichnete Note Fünf für Monika hat nichts mit
ihren mathematischen Kenntnissen zu tun. Sie konnte die Aufgabe

---

25 Lea Fleischmann: Dies ist nicht mein Land (1980)

nicht lösen, denn sie hatte nicht auf den Lehrer gehört. Die Fünf bekam sie als Strafe dafür, nicht aufgemerkt zu haben. Diese Strafnote geht in eine Zensur ein, die vorgibt, die Fähigkeit der Schülerin gerecht zu bewerten. Dabei ist es ein Unrecht, das Fehlverhalten mit einer schlechten Mathematiknote zu ahnden. Aber es gibt Lehrer, die halten nicht aus sachlichen Gründen an Zensuren fest, sondern weil sie ohne Noten ein Mittel verlören, Schüler zu disziplinieren.

Bei Lehrern wie Herrn Leuenberger ist eine aus dem Hinterhalt gegebene Kurzprüfung nichts anderes als die Vergeltung für eine aus Langeweile unaufmerksame Klasse. Mit einer schweren Klassenarbeit drohen autoritäre Lehrer, wenn es ihnen nicht gelingt, die Schüler für die Sache zu interessieren. Schließlich können sie den Benotungsmaßstab verändern, je nach dem Grad, welchen Dämpfer die Klasse braucht. Gelegentlich wird ein überraschend angesetzter Test als Kollektivstrafe verhängt: Weil einige Schüler stören, muss die Klasse mit einer Stegreifaufgabe büßen. Eigentlich müsste sich der Lehrer mit den störenden Schülern befassen: sie in ihre Grenzen verweisen, bestrafen oder mit ihnen eine Übereinkunft treffen. Aber er macht die Mitschüler dafür haftbar, dass einige die Ordnung missachten und er nicht fähig ist, das Problem pädagogisch zu lösen.

Die autoritäre Lehrerpersönlichkeit: sich anderer bemächtigen – am Alten festhalten, den Fortschritt verhindern

Theodor W. Adorno[26] prägte den Begriff des »autoritären Charakters«. Seine Hypothese: Bestimmte Charakterzüge machen Menschen für antidemokratisches Verhalten empfänglich. Er beschrieb Merkmale des autoritären Charakters: Autoritäre Persönlichkeiten halten starr am Überkommenen fest. Bei Lehrern äußert sich das in

---

26 Theodor W. Adorno: Studien zum autoritären Charakter (1973)

einem Widerstand gegenüber Neuem. Das zeigt sich in der Methode frontalen Unterrichts, am Festhalten daran, Kindern mechanisches Wissen einzubläuen, an Lehrplänen, die nicht zukunftsorientiert sind, an einem Unterricht, der weit entfernt von den heutigen Fragen Jugendlicher ist. Aktuelles Weltwissen spielt eine untergeordnete Rolle. Durch autoritäre Lehrer ist das deutsche Schulwesen im Vergleich mit anderen Ländern schwerfällig, unzeitgemäß, umständlich, bürokratisch – und bringt nur mäßige Schülerleistungen hervor. Ländervergleiche zeigen Beispiele für einen lebendigen Unterricht und wie dieser die Schüler leistungstüchtig macht; autoritäre Charaktere bleiben beim Alten.

Lehrer mit autoritärer Persönlichkeitsstruktur unterwerfen sich den Vorgesetzten und unterdrücken gleichzeitig die schwächeren Schüler. Sich anzupassen liegt ihnen näher, als zu widersprechen. Sie neigen dazu, Fremdgruppen und Menschen, die anders sind, abzulehnen. Hierin liegt eine Ursache für die diskriminierenden Maßnahmen, denen Kinder ausgesetzt werden: die Schwachen, Unbegabten, Behinderten, die Ungeeigneten, Sitzenbleiber. Als Ideal wünschen sich autoritäre Lehrer ein Normkind, das ihrem veralteten Unterricht widerstandslos folgt.

Seelische Vorgänge wahrzunehmen, in sich selbst hineinzuschauen fällt autoritären Charakteren schwer. Selbsterkenntnis, Reflexion und Fantasie sind ihnen wenig zu eigen. Sie streben danach, hart zu sein bis zur Destruktivität, und sind mit aggressiven Impulsen geladen. In ihrer Sprache verwenden sie oft ein kriegerisches und entwertendes Vokabular: An der »pädagogischen Front« geben Lehrer »frontalen« Unterricht. Um die Kinder »in den Griff zu bekommen«, entwickeln sie »Strategien«, mit denen sie »die Oberhand behalten« und »sich durchsetzen«. Die Schüler müssen »diszipliniert« werden, damit sie »parieren«. Manche Lehrer »gehen in den Ring« und »zeigen die Zähne«, sie »schießen Kinder ab« und »dressieren« sie.

Autoritäre Charaktere machen andere von sich abhängig; dazu eignen sich Kinder. Oft idealisieren Lehrer ihre Pädagogik der Unterdrückung, indem sie vorgeben: »Wir meinen es mit den Schülern nur gut; sie sind uns später dankbar, wenn wir sie hart anfassen.« In Wirklichkeit beherrschen sie die Kinder in dem Wunsch, überlegen zu sein. Da kommt ihnen der frontale Wortunterricht entgegen; hier wird die Bevormundung zum Unterrichtsprinzip.

»Wer Macht hat, ist nicht einfühlsam und wird süchtig nach Selbstbehauptung und Selbstbestätigung. Der Preis der Macht ist: ›Man muss auf Liebe verzichten.‹ Dieser Preis wird von der Struktur der Macht gesetzt. Wer aber auf Liebe verzichtet, ist bereits traumatisiert oder gerade dabei, traumatisiert zu werden« (Mario Erdheim[27]).

Die »Krankheit der Macht« trifft machtlose Schüler, aber auch die mächtigen Lehrer. Kein Wunder, wenn viele von ihnen erkranken. Machtstrukturen und Burn-out-Syndrom hängen zusammen: Es ist der Zusammenhang zwischen autoritärer Macht und personaler Selbstschädigung. Dieser Zusammenhang darf nicht gesehen werden, sonst würde das Schulsystem in Frage gestellt. So aber denkt man beim Burn-out-Syndrom nur an schwierige Schüler und überforderte Lehrer. Tatsächlich tun sich Lehrer mit autoritärer Machtausübung selbst Gewalt an: nach unten gegen die Kinder und nach oben gegenüber der Schulbehörde durch totale Unterwerfung.

Erich Kästner: »Ich weiß, dass das System falsch ist. Das sieht ein Blinder. Aber ich diene dem falschen System mit Hingabe. Denn im Rahmen des falschen Systems, dem ich mein bescheidenes Talent zur Verfügung stelle, sind die falschen Maßnahmen naturgemäß richtig und die richtigen sind begreiflicherweise falsch. Ich bin ein Anhänger der eisernen Konsequenz, und ich bin außerdem ein Feigling. Mein Charakter ist meinem Verstand in keiner Weise gewachsen. Ich bedaure das aufrichtig, aber ich tue nichts mehr dagegen.«[28]

---

27 Mario Erdheim: Wie oben, S. 19, 20
28 Erich Kästner: Fabian S. 32 (2007)

Radfahrerprinzip: nach oben buckeln, nach unten treten, ohne Selbstbefragung des Gewissens – der Verlust an Sympathie

Lehrer sind nicht allgemein von Merkmalen des autoritären Charakters geprägt. Aber Personen dieser Persönlichkeitsstruktur werden vom Lehrberuf angezogen, denn Kindern sind sie von vornherein überlegen. Da können sie ihrer Neigung freien Lauf lassen, andere zu zwingen. Hierarchische Schulstrukturen bestärken sie im undemokratischen Verhalten. Der Zwang zur Unterordnung kommt ihrem Sicherheitsbedürfnis als Untertan entgegen. Sie können damit rechnen, nicht behelligt zu werden, mögen sie in ihrer Klasse noch so unumschränkt herrschen.

Die Machtstrukturen der Schule ermöglichen es Lehrern, Aggressivität in Form von amtlich vorgeschriebener oder erlaubter Gewalt gegen Schüler zu richten. In manchen Lehrern aktiviert das undemokratische System erst die machtorientierten Merkmale. Über die Lehrer übt wiederum die ministerielle Behörde Macht aus: durch Erlasse, die Lehrer in ihrer pädagogischen Freiheit einengen. Der Lehrer muss schulordnungsgemäß gegen die Schüler arbeiten.

Auch Lehrerinnen und Lehrer, die im Grunde nicht machtbehauptend sind, werden durch Vorschriften zu unterdrückendem Verhalten veranlasst: Sie müssen den amtlich verordneten Leistungsdruck ausüben. Dabei dürfen sie keinen selbstständigen moralischen Standpunkt einnehmen, sondern müssen sich an das halten, was vorgeschrieben ist. Sie befolgen Erlasse in der Selbstgewissheit, sich legal zu verhalten – auch wenn sie dabei Kindern schaden, zum Beispiel wenn sie Schüler durch schlechte Zensuren demütigen müssen, durchfallen lassen, wenn sie Kinder aussondern, ihnen Angst machen, sie kränken, die Schwachen benachteiligen. Sie müssen als Lehrplanvollzugsbeamte Leistung fordern, ohne auf die Schwächen der Kinder Rücksicht zu nehmen. Ihre Härte brauchen sie nicht zu verantworten, denn sie erfüllen ihre Pflicht. Um die gestörte menschliche Beziehung zu Kindern auszuhalten, müssen dem Lehrer die Schüler gleichgültig werden: Er darf nicht mitleiden, wenn ein Kind eine Sechs bekommt, wenn es hilflos und verzweifelt ist, sich vom Sitzenbleiben bedroht fühlt. Die Selbstbefragung des Gewissens erledigt sich durch die amtlichen Anordnungen.

Lehrer, deren vorrangiges Erziehungsmittel es ist, den Unterricht autoritär zu führen, stabilisieren die schulischen Machtstrukturen. Dass die unterrichtlichen Erkenntnisse von PISA pädagogisch und lernpsychologisch weithin folgenlos blieben, hängt mit der verbreiteten Weigerung zusammen, etwas zu verändern.

Das Berufsbild des Lehrers bekäme ein anderes Profil, würden unpädagogische Elemente aus dem Schulalltag entfernt. Dürften Lehrer keine Ziffernnoten erteilen, dürften sie Kinder nicht mehr sitzen lassen und hätten sie nicht die Machtmittel von Auslese und ständiger Bewertung der Kinder, wären ihnen die wichtigsten Machtmittel entzogen. Dann interessierten sich für den Lehrberuf mehr Menschen, denen das pädagogische Engagement Freude macht: Lehrer, die zu Kindern eine helfende Beziehung aufbauen und die von den Inhalten ihrer Fachbereiche begeistert sind. Wenn dem Lehrer keine Zwangsmittel in die Hand gegeben würden, wäre die einzige Quelle des Respekts der Schüler gegenüber Lehrern deren menschliche, intellektuelle und unterschiedliche Qualitäten.

Manche Lehrer spüren die Krankheit der Macht an Seele und Leib, denn Machtausüben ist kräfteraubend. Zudem setzt sie die von der Schulbehörde ausgeübte Reglementierung fortwährend in Spannung. Kontrolle und Maßregelung, die ihnen widerfahren, geben sie an die Schüler weiter, oft ohne sich dessen bewusst zu sein. Manche Lehrer führen ein fremdbestimmtes, von bürokratischen Verpflichtungen geprägtes Schulleben. Ohne es zu merken, entfremden sie sich ihrer Person. Machtbehauptende Lehrer dürfen von Kindern keine Sympathie erwarten. Darauf zu verzichten, von Schülern gemocht zu werden, ist eine schwere Kränkung. Manche Lehrer verleugnen das, um die Verletzung nicht zu spüren. In Supervisionsstunden und in der Lehrerberatung ist es oft ein bedrückendes Problem, von den Schülern nicht anerkannt zu werden.

Seelisch empfindsame und pädagogisch aufgeklärte Lehrerinnen und Lehrer müssen ihre Person deformieren, denn sie können sich den Zwängen nicht entziehen. Das kann zu Identitätskrisen führen: »Ich kann als Lehrer nicht so sein, wie ich eigentlich sein möchte.«

Diesen Konflikt mildern manche, indem sie sich so wenig wie möglich an unpädagogische Schulgesetze und Vorschriften halten. »Ich muss einfach in den Untergrund gehen«, sagt ein Lehrer in der Gruppe, »und möglichst viele Anordnungen umgehen.« Solche Lehrer spüren die Gefahr, ihr vernünftiges pädagogisches Denken einer Pathologie schulischer Normalität zu opfern, denn, so Christa Wolf: »Wer sich in einer verkehrten Welt einrichtet, wird selbst verkehrt.«

Zur heimlichen Gewalt, die Lehrern durch das Schulsystem angetan wird, gehört die Weigerung der Kultusminister und Schulbehörden, Lehrer für ihren Beruf lebenslang pädagogisch weiterzubilden. Die unzulängliche Lehrerweiterbildung drückt nicht nur die Rücksichtslosigkeit gegenüber Kindern aus, sondern auch eine Geringschätzung des Lehrerberufs.

Die im Schulalltag ausgeübte Macht verbraucht viel Energie – wie können Lehrer es sich selbst und den Kindern leichter machen?

In meiner Arbeit mit Lehrer-Selbsterfahrungsgruppen, in Supervisionsgruppen, in der Einzelberatung, in Lehrerseminaren und der psychotherapeutischen Arbeit erlebe ich, wie die Frage nach der Machtausübung persönliche Krisen auslösen kann. Ist es Lehrern möglich, um ihrer selbst und der Kinder willen mit weniger Macht auszukommen? Ich zeige das an Situationen auf und frage Lehrer, ob sie nicht das Machtprinzip durch das pädagogische Prinzip ersetzen könnten:

- *Machtprinzip*: Der Lehrer muss alle Fäden in der Hand haben, sich darauf konzentrieren, die Aufmerksamkeit der Kinder im gelenkten Unterricht auf *sich* zu richten, zum Beispiel mit der bevormundenden Frage-Antwort-Reglementierung.
  Pädagogisches Prinzip: Könnten Sie versuchen, die Schüler mitlenken zu lassen, ihnen in jeder Stunde zu ermöglichen, selbst tätig zu sein, und auch deren eigene Lernwege zu respektieren?

- *Machtprinzip*: Der Lehrer muss gegen das Widerstreben der Schüler den Lehrplan durchsetzen. Manchmal ist er vom Sinn des Lernstoffes selbst nicht überzeugt. Er muss gegen das Desinteresse ankämpfen. Das raubt ihm Kräfte.
  Pädagogisches Prinzip: Könnten Sie es sich und den Schülern erleichtern, indem Sie überflüssigen Stoff weglassen, den Unterricht stärker an den Interessen der Jugendlichen anknüpfen und überall die Schülerfragen als Denkanstöße benutzen?

- *Machtprinzip*: Im frontalen Wortunterricht müssen Lehrer die Jugendlichen zum Zuhören zwingen. Sie verlangen von Kindern, stundenlang still zu sitzen. Der Lehrer muss viel und laut sprechen, das kann ihn stimmlich und seelisch erschöpfen.
  Pädagogisches Prinzip: Könnten Sie wenigstens einmal in der Stunde eine Partnerarbeit einfügen? »Probiert jetzt zu zweit, ob Ihr dieses Problem lösen könnt.« Oder die Schüler in einer Phase absoluter Stille ruhig nachdenken lassen? Oder, statt ihnen vorzureden, sie selbst lesen lassen?

- *Machtprinzip*: Machtbehauptende Lehrer wähnen sich von schwierigen Schülern umstellt. Sie geraten in Gefahr, ständig gegen das Feindbild Schüler auf der Hut zu sein. Deshalb müssen sie ihre Macht stabilisieren: durch Anordnen, Lenken, Befehlen, Strafen.
  Pädagogisches Prinzip: Könnten Sie überlegen, wie Sie durch Kontakt mit den Schülern Ihr Feindbilddenken korrigieren –

und dafür Freundbilder aufbauen, bei allen Gelegenheiten Beziehung zu den Schülern aufnehmen?

- *Machtprinzip*: Der Lehrer muss gegen einen Teil der Schüler rücksichtslos vorgehen. Die schulischen Machtstrukturen zwingen ihn, Schüler zu zensieren, durchfallen zu lassen, zu ängstigen. Er muss das Pensum erfüllen und dabei Schwache in eine hilflose Lage bringen.
Pädagogisches Prinzip: Könnten Sie Kindern und sich selbst etwas von dem Druck nehmen, und sei es nur, dass Sie das mündliche Abfragen nicht unangekündigt durchführen, sondern es mit den Schülern vereinbaren? Oder dass Sie sich mit allen pädagogischen Gründen gegen einen vorgeschriebenen Notendurchschnitt wehren? Könnten Sie die Kinder bei Misserfolg nicht nur trösten, sondern ihnen eine neue Chance geben, zum Beispiel Schüler eine missglückte Arbeit neu schreiben zu lassen?

- *Machtprinzip*: Der Lehrer muss fortwährend kontrollieren, testen, prüfen, ausfragen, abfragen, Aufgaben überprüfen. Diese Kontrolle ist ihm aufgetragen und zählt zur Normalität deutschen Schulalltags.
Pädagogisches Prinzip: Könnten Sie diese Kontrollen vermindern und mit pädagogischem Takt so gestalten, dass die Schüler nicht unter Druck geraten, dass sie ermutigt statt geängstigt werden?

- *Machtprinzip*: Lehrer selbst bekommen die Macht der Kontrolle zu spüren: durch Visitationen. In manchen Schulen erfolgen sie unangekündigt – als müssten Lehrer bei etwas Unrechtem ertappt werden.
Pädagogisches Prinzip: Könnten Sie den vorgesetzten Kollegen bitten, er möge sich zum Besuch anmelden, wie es auch sonst der Anstand erfordert?

- *Machtprinzip*: Die Gefahr, es könnte nicht gelingen die Macht zu behaupten, macht den Lehrer verletzlich; deshalb muss er seine Macht ausbauen: konsequent sein, strenge Regeln aufstellen, keinen Widerspruch dulden.

  Pädagogisches Prinzip: Könnten Sie Macht dadurch abbauen, dass Sie die Schüler Kritik üben lassen und dass Sie selbst Ihre Kritik einbringen und mit den Schülern darüber sprechen? Und fragen Sie sich: »Wenn ich Schüler wäre, möchte ich zu dem Lehrer, der ich selbst bin, in den Unterricht gehen?«

- *Machtprinzip*: Lehrer, die ihre Macht behaupten, stehen vor der Klasse und fassen die Schüler fest ins Auge. Im militärischen Frontalunterricht dürfen sie die Übersicht nicht verlieren, sie müssen die Klasse ständig im Griff haben; dieser Griff strengt an.

  Pädagogisches Prinzip: Könnten Sie den Machtstandpunkt verlassen und sich des Öfteren zu den Schülern setzen, gelegentlich auch im Kreisgespräch ein Problem diskutierend? Mit den Kindern auf gleicher Höhe zu sitzen verändert das Lernklima.

- *Machtprinzip*: Der autoritäre Lehrer verhält sich wie ein Vortragender, der auf der Bühne steht und das Publikum gewinnen muss. Deshalb verfolgt ihn die ängstigende Frage: Was mache ich, wenn die nicht zuhören?

  Pädagogisches Prinzip: Ein lernpsychologischer Lösungsversuch: das Hauptaugenmerk bei der Unterrichtsvorbereitung der Frage widmen: Wie kann ich Schüler alles, was sie selbst tun können, auch selbst tun lassen: lesend, schreibend, betrachtend, entdeckend, nachschlagend, in Einzelarbeit, Partner- und Gruppenarbeit?

20 Ein Unglück für Schüler: Resignierte und kranke Lehrer

Was stärkt die Lehrergesundheit?

Darin besteht die ganze verschwiegene Freude des Sisyphus.
Sein Schicksal gehört ihm.
Sein Fels ist seine Sache. Der Kampf gegen Gipfel vermag ein
Menschenherz auszufüllen.
Wir müssen uns Sisyphus als einen glücklichen
Menschen vorstellen.
Albert Camus

Depressive, gering motivierte und arbeitsmüde Lehrer – wer denkt an die Kinder, die bei kranken Lehrern lernen müssen?

Die Lehrergewerkschaft GEW berichtete über neuere Erkenntnisse zum Burn-out-Syndrom[29]: »Die Arbeit der Lehrerinnen und Lehrer ist gesundheitsgefährdend. Die Krankheitsrate liegt über dem Durchschnitt aller Beschäftigten und wesentlich höher als in Ver-

---

29 Erziehung und Wissenschaft S. 34 Nr. 9 (2007)

waltungs- und Büroberufen. Zirka 30 Prozent der Befragten befanden sich in schlechter seelischer Verfassung und litten an ersten Anzeichen des so genannten Burn-out-Syndroms, zum Beispiel Niedergeschlagenheit, Leistungsschwäche, Gefühlsabstumpfung bis hin zu Zynismus gegenüber Mitmenschen und dem eigenen Beruf und nicht zuletzt schweren Erschöpfungszuständen.«

Das trifft zum Beispiel die Berufsschullehrer[30]: »Mehr als jeder Dritte ist gefährdet, psychisch zu erkranken«, heißt es im Bericht der Deutschen Angestellten-Krankenkasse, der Unfallbundkassen, des Gemeinde-Unfallversicherungsverbandes und des Instituts für Psychologie der Universität Lüneburg. Sie ließen das Phänomen häufig erkrankter Berufsschullehrer untersuchen, die Erkenntnisse könnten ein Notruf sein: »Ein Drittel der Lehrkräfte ist psychisch so stark beeinträchtigt, dass sie normale Alltagsaktivitäten nicht ohne Einschränkung bewältigen können. Mit 67,7 Prozent liegen die Krankmeldungen der Berufsschullehrer weit über denen aller DAK-Versicherten mit 47,4 Prozent.« Diese Krankheitssituation belastet die betroffenen Lehrerinnen und Lehrer vielfältig: Sie leiden unter »verstärkter Mattigkeit, übermäßigem Schlafbedürfnis, Rückenschmerzen, innerer Unruhe und Reizbarkeit«. Sie »isolieren sich stärker von ihrer Umwelt, reagieren zunehmend gefühllos und abgestumpft«. Gegenüber Belastungen sind sie wenig widerstandsfähig; sie neigen zu Resignation und geringer Motivation. Die von vielen Krankmeldungen und Frühpensionierung betroffenen Lehrer führen kein gutes Leben. Aber wer denkt an die Schüler, die mit resignierten und kranken Lehrern leben müssen?

Wenn von den 56 000 Lehrern an Berufsschulen ein Drittel so stark seelisch beeinträchtigt ist, dass die Lehrer »normale Alltagsaktivitäten nicht ohne Einschränkungen bewältigen können«, dann trifft dieses eingeschränkte Handeln nicht nur die Person des Lehrers, es wird auch zur Katastrophe für die Schüler. Wie sollen resignierte Lehrer die Jugendlichen für das Lernen begeistern?

Nach dieser Untersuchung treffen die Berufsschüler, wenn sie
ihren Unterricht ableisten, auf über 18 000 Lehrer, die matt sind,
ein übermäßiges Schlafbedürfnis haben, unter Rückenschmerzen
leiden, innerlich unruhig und reizbar sind. Wenn Lehrer dazu neigen, sich von ihrer Umwelt zu isolieren, stört das die pädagogische
Beziehung. Reagieren sie gar gefühllos und abgestumpft, wie es in
dem Bericht heißt, wird das Unterrichtsklima unfreundlich und
kalt. Schüler entwickeln schwerlich Freude am Lernen unter Lehrern, die gering motiviert sind und sich wegen ihrer Erkrankung
nicht freuen können.

Jugendliche können ihren resignierten Lehrer nicht abwählen
und ihm auch nicht helfen. Manchmal müssen sie Sätze ertragen,
wie: »Ich preise den Tag, an dem ich nicht mehr zu euch herein
muss.« Die Schüler müssen die Langeweile bei Lehrern aushalten,
denen »der Stoff zum Hals heraus hängt«. Da braucht es nicht zu
wundern, wenn eine hohe Zahl Jugendlicher die Schule negativ
einschätzt. Auch bei den unbefriedigenden Leistungstests muss an
jene Lehrer gedacht werden, die sich krank und demotiviert fühlen,
die nicht belastungsfähig, schlafbedürftig und reizbar sind, die zu
Zynismus neigen, wie es in der Untersuchung heißt.

»Ein schlechter Lehrer ist verheerender als ein schlechter Arzt« – kann man berufsmüden Lehrern helfen?

»Ausgebrannte Lehrer«, wie das schlimme Wort lautet, können mit
öffentlichem Mitgefühl rechnen. Nicht hingegen deren Schüler;
sie müssen ertragen, wenn ein Lehrer nicht gut unterrichtet. »Ein
schlechter Lehrer ist verheerender als ein schlechter Arzt, Psychologe oder Anwalt. Deren Praxen bleiben über kurz oder lang leer,
die Kosten und Folgen ihrer Inkompetenz müssen die Angehörigen
dieser Berufe auf die Dauer selbst tragen. Einen schlechten Lehrer
aber behalten wir bis ins pensionsberechtigte Alter und lassen ihn

ein Leben lang auf unsere Kinder los«, schreibt die Gymnasiallehrerin Marga Bayerwaltes[31].

Als Grund für ihre Unzufriedenheit im Beruf geben Lehrer oft an, es belasteten sie die schwierigen Schüler. In der Tat können es verhaltensauffällige Jugendliche den Lehrern schwer machen. Da bräuchten Lehrer konkrete Praxisunterstützung. Problemschüler kann man nicht abschaffen, aber man kann Lehrer stärken, durch pädagogisch-psychologische Weiterbildung mit den schwierigen Jugendlichen hilfreich umzugehen: durch praxisbedeutsame Erkenntnisse in Entwicklungs- und Konfliktpsychologie, in Pädagogik und Unterrichtslehre. Individuell kann ihnen Einzel- oder Gruppensupervision helfen; diese finden wöchentlich oder in größeren Abständen statt. Hilfreich sind kollegiale Beratung, Gesprächsgruppen über Lehrer-Schüler-Konflikte, psychologische Einzelberatung, Lehrertrainings in Gruppen, in besonderen Fällen Psychotherapie.

Das alles stärkt Lehrer darin, kompetent zu unterrichten, und macht sie sicher im sozialen Umgang mit Kindern. Bei dieser Konfliktbearbeitung sind gute Theorien hilfreich. Lehrer, die den theoriefeindlichen Satz vor sich hertragen: »Die Praxis sieht ganz anders aus«, versuchten meist nicht, eine gute Theorie zu nutzen, um vorauszudenken, wie der Unterricht für sie selbst und für die Schüler interessant werden kann. Theorie bedeutet, vom alltäglichen Handeln zurückzutreten, innezuhalten und nachzudenken, um besser handeln zu können. Sie ermöglicht es Lehrern, nicht nur zu re-agieren, sondern zu urteilen und neu zu handeln.

Lehrer haben in ihrer Universitätsausbildung nicht gelernt, mit Menschen umzugehen oder mit den speziellen Schwierigkeiten heutiger Jugendlicher. Kommen sie dann in die Schule, sitzen vor ihnen Kinder und sie merken, wie viel sie über Sachen gelernt haben und wie wenig über den Umgang mit Jugendlichen. Da Lehrer oft alleingelassen werden, können sie in hilfloser Lage in eine verzwei-

---

31 Marga Bayerwaltes: Große Pause! S. 88 (2002)

felte seelische Situation geraten. Es ist naheliegend, dass ein Mensch krank werden kann, wenn er seinen Beruf nicht so gut erlernt hat, dass er ihn kompetent ausüben kann. Er fühlt sich überfordert, erlebt Misserfolg, wird deprimiert. Es ist eine erschreckende Missachtung der Schüler, dass ihre Lehrer nicht verpflichtet werden, sich regelmäßig fortzubilden, wie es in vielen anderen Berufsgruppen selbstverständlich ist.

Besonders kränkend und krank machend ist der Verlust an Sympathie. Er bedrückt Lehrer in ihrer unbefriedigenden Unterrichtsarbeit. Die Kinder wenden sich ab, die Kollegen oft ebenfalls. Diese Kränkung gestehen sich Lehrer selten ein. Wenn ein Lehrer keine persönliche Akzeptanz erfährt, kann er sich nur noch als Lehrplanvollzugsbeamten sehen.

Was arbeitsmüden Lehrern das Leben außerdem schwer macht, ist der Autoritätsverlust. In Befragungen sagen sie, ihre Resignation hinge damit zusammen, dass ihnen die Anerkennung verwehrt wird. Man könnte sie darin unterstützen, etwas dagegen zu tun, wenn sie sich klarmachten, woran Schüler die Autorität des Lehrers messen: Jugendliche haben Hochachtung vor Lehrerinnen und Lehrern, bei denen man etwas lernt, mit denen man reden kann, die Schüler ernst nehmen, die für eine gute Arbeitsdisziplin sorgen und die Kinder anständig behandeln. All das ist lernbar – vorausgesetzt, Lehrer lassen sich gern auf Kinder und Jugendliche ein.

Des Öfteren wird berufliche Resignation damit begründet, Lehrer würden »an ihrem großen pädagogischen Engagement zerbrechen«. In meiner jahrzehntelangen Arbeit mit Lehrergruppen und in Einzelberatung beobachtete ich das Gegenteil: Pädagogisch hoch motivierte Lehrer, die sich persönlich einsetzen, werden seltener krank. Krank werden eher jene, die sich in ihrem Beruf unglücklich und nicht am richtigen Platz fühlen. Sie haben nicht gelernt, interessant zu unterrichten, und können keine gute pädagogische Beziehung herstellen. In ihrer Not versuchen sie durch Machtausübung mangelndes pädagogisches Geschick zu ersetzen. Diese Machtausübung geht mit psychischer und körperlicher Anspannung einher und kann krank machen. In Schulkollegien, in denen sich Lehrer zusammengefunden haben, um mit Engagement an ihrer Schule ein pädagogisches Projekt aufzubauen, ist der Krankenstand niedriger als in anderen Lehrerkollegien.

Nach Darstellung des Philologenverbands Nordrhein-Westfalen ist die Gesundheit von fast zwei Dritteln aller Lehrer gefährdet, sie gehören einer gesundheitlichen Risikogruppe an.[32] Wie sollen diese Lehrer ihren Beruf mit Begeisterung ausüben, wenn sie sich krank fühlen? Wie sollen sie Schüler begeistern, wenn sie selbst nicht begeistert sind?

Bei den Klagen über Stress und Krankheit möchte man meinen, das würde Aktionen auslösen, um Lehrern und Schülern zu helfen. Doch davon ist nichts spürbar – nämlich davon, wie durch intensive Weiterbildung Lehrer den Unterricht didaktisch lernwirksam gestalten lernen, wie sie Konflikte lösen können, wie sie eine lernfördernde pädagogische Beziehung aufbauen, wie sie ein Lernklima schaffen, in dem Schüler bereitwillig lernen, wie sie kollegial zusammenarbeiten, wie sie sich bei schwierigen Schülern helfen lassen können. Das hilft den meisten Lehrern mehr als lediglich Entspannungs- und Kommunikationsseminare, als Zeit-, Stress- und Konfliktmanagement, wie die Schlagworte heißen. Es geht um die Erkenntnis: »Wer ein guter Lehrer sein und gut unterrichten will, muss zuerst ein guter Erzieher sein.«

Was die Lehrergesundheit stärkt – seelische Merkmale, die gesund erhalten

Bei den dauernden Klagen, Anklagen und Schuldvorwürfen wegen des Burn-out-Syndroms bei Lehrern trau ich mich gar nicht mehr zu sagen, wie gut es mir in der Schule geht. Und noch dazu bin ich ganz

---

32 taz, 3.03.2008

gesund. Manchmal habe ich das Gefühl, ich mache mich verdächtig, wenn ich erzähle, wie gern ich meine Schularbeit mache und mit den Kindern arbeite. Müsste ich nicht einstimmen in den Chor der vom Burn-out-Syndrom Niedergedrückten? Schon das Wort »ausgebrannt« finde ich furchtbar. Als liefen durchs Schulhaus verkohlte menschliche Ruinen. Könnten wir nicht einmal darüber reden, was uns Lehrer gesund macht?

Das sagte eine Lehrerin auf einer Lehrerversammlung. Die Frage »Was macht gesund?« kann hilfreich für die Selbstwahrnehmung sein. Bei psychologischen Untersuchungen und in der Psychotherapie zeigen sich Persönlichkeitsmerkmale, die nachweislich gesund erhalten. Sie sind an der Frage nach dem guten Leben ausgerichtet.

- *Die sichere Beziehung:*
  Sich auf andere Menschen verlassen können und diese als glaubwürdig erleben sind gesund erhaltende Kräfte. Personen, die sich »gut aufgehoben« fühlen, werden seltener krank. Ein Halt gebendes Schulklima, eine Sicherheit gebende kollegiale Beziehung, guter Kontakt zu den Schülereltern wirken sich günstig auf die Lehrergesundheit aus. Werden Lehrer hingegen zurückgewiesen von Vorgesetzten, Kollegen und Schülern und können sie Beziehungskonflikte nicht bewältigen, kann sie das krank machen. Eine gestörte Beziehung zwischen Lehrer und Schülern und im Kollegium kann wie ein langsam wirkendes Gift Körper und Seele angreifen. Hingegen kann Sympathie eine heilende Kraft sein.

- *Selbstvertrauen und Mut:*
  Das Bewusstsein, in Problemsituationen wirkungsvoll handeln zu können, stärkt die körperliche Abwehr. Deshalb sollten Lehrerinnen und Lehrer durch eine ermutigende Fortbildung unterstützt werden: für den Ich-stärkenden Umgang mit Schülern. Wenn Lehrer selbstbewusst auf unterrichtliche Professio-

nalität und Beziehungsfähigkeit bauen können, beeinflusst das ihre Person positiv – auch den Körper. Es handelt sich um eine »Lebensstrategie mit drei Dimensionen: dem Vertrauen darauf, dass die Ereignisse des Lebens – im Prinzip – vorhersehbar und erklärbar sind, dass die Schwierigkeiten des Lebens – im Prinzip – gemeistert werden können, und dem Gefühl, dass diese Welt es wert ist, sich aktiv in ihr zu engagieren«[33].

- *Heitere Grundstimmung:*
  Freude erhöht die Widerstandskraft gegen Infektionskrankheiten. Hingegen machen Furcht, Entmutigung, Verzweiflung und Bedrückung anfällig dafür, angesteckt zu werden. Positiv gestimmte Menschen erkranken seltener als pessimistische. Existenzielle Fragen für das Lehrersein: Geh ich als Lehrerin gern in die Schule? Wie oft freue ich mich auf den nächsten Unterrichtstag? Freundlichkeit und Mitgefühl erhöhen die Berufszufriedenheit und stärken den seelischen Gesundheitsschutz.

- *Aktive Lebensgestaltung.*
  Überzeugt sein, die Ereignisse des Lebens beeinflussen zu können, eigene Gestaltungsfähigkeit zu besitzen und nicht nur den Umständen ausgeliefert zu sein, stärkt Seele und Körper. Lehrerinnen und Lehrer, die Eigenes schaffen, eigene Ideen in ihren Schulalltag bringen, sich im Unterrichten kompetent erleben, die Kollegenkonflikte oder Probleme mit Schülern lösen können, stärken ihr seelisch-körperliches Wohlbefinden. Misserfolge in der Lebensbewältigung hingegen bedrohen sie in ihrer leiblich-seelischen Integrität, die auf der inneren Widerstandskraft von Personen mit einem starken Ich beruht.

---

33 Till Bastian: Was erhält uns eigentlich gesund? In: Freitag Nr. 10 (2007)

»Die anerkennenden Blicke wärmen einem das Herz« – Sisyphus: Können Lehrer glückliche Steinewälzer sein?

- *Positives Selbstwertgefühl*:
  Etwas gelten, Zustimmung erleben, als ganze Person akzeptiert werden, überzeugt sein, dass man etwas wert ist, tragen dazu bei, gesund zu bleiben. Lehrer, die nie ein anerkennendes Wort hören – von Vorgesetzten und Kollegen, von Eltern und Schülern, mögen sich einreden, das bräuchten sie nicht. Aber womöglich zeigt sich die Kränkung im Kranksein. Wenn Lehrer authentisch leben und selbstverantwortlich handeln können, wirkt sich das positiv auf die Gesundheit aus. Sie sind bestrebt, ihre eigene Person zu entwickeln, eigenständig zu denken und die eigenen Ideale zu verfolgen. Positives Selbstwertgefühl ist ein bedeutsames Element der seelisch-körperlichen Abwehr gegen Krankheit. Es ist die individuelle Widerstandskraft, die sich schützend vor den Organismus stellt.

- *Spontaneität und Eigenbewegung*:
  Sich bewegen – körperlich, seelisch und geistig – ist nicht nur für Kinder ein existenzielles Bedürfnis. Nur wenn sich Menschen ausreichend bewegen und wenn sie Kreativität entwickeln dürfen, können sie körperliche Gesundheit und geistige Beweglichkeit entfalten. Die Eigenbewegung stärkt nicht nur die Seele, sondern den gesamten Organismus.

- *Zuversicht und Hoffnung*:
  Menschen mit zuversichtlicher Lebenseinstellung sind weniger krankheitsanfällig als solche, die nicht auf Lebensfreundlichkeit hoffen dürfen. Hoffnung und Zuversicht befähigen dazu, immer wieder neu anzufangen, bei Misserfolgen nicht aufzugeben, selbst gesetzte Ziele ausdauernd zu verfolgen. Lehrersein bedeutet auch, Sisyphusarbeit zu leisten. Der von den Göttern bestrafte Sisyphus wälzt den Stein auf den steilen Berg, obwohl er

weiß: Der Felsblock rollt wieder zurück. Er sieht, wie der Stein in jene Tiefe rollt, aus der er ihn wieder auf den Gipfel wälzen muss. Aber, so meint Albert Camus, Sisyphus behauptet trotzig, er sei glücklich mit seinem Stein. Könnten Lehrerinnen und Lehrer glückliche Steinewälzer sein? Camus würde das bejahen, er schreibt: Das »macht aus dem Schicksal eine menschliche Angelegenheit, die unter Menschen geregelt werden muss. Darin besteht die verschwiegene Freude des Sisyphus. Sein Schicksal gehört ihm. Sein Fels ist seine Sache. Der Kampf gegen Gipfel vermag ein Menschenherz auszufüllen. Wir müssen uns Sisyphus als einen glücklichen Menschen vorstellen«[34].

- *Glück*:
  Die Schule ist ein wichtiger Teil des Lehrerlebens. Auch Glück ist eine Erfahrung, die Lehrer in ihrem Beruf machen können. Das gerät Kindern zum Glück und wirkt zurück auf die Lehrerinnen und Lehrer, die ein gutes, erfülltes Leben führen. Sie werden nicht so leicht krank wie solche, die wenig Lebensglück erfahren. Was das Leben für Lehrer in ihrem Beruf wertvoll macht, ist für ihr Wohlergehen entscheidend. Vielen der unter dem Burn-out-Syndrom leidenden Lehrern fehlt die in der Schularbeit selbst liegende Befriedigung: sich mit Freude auf die jungen Menschen einzulassen, sich für interessante Lerninhalte zu begeistern. Freudlose Lehrer erleben nicht, was dem Lehrer Frank McCourt das Herz erwärmte: »Es gibt ja Momente und Blicke der Schüler. Die Jugendlichen sind vielleicht zu schüchtern, um einem zu sagen, das war eine gelungene Stunde. Aber man sieht an der Art, wie sie hinausgehen und wie sie einen dabei ansehen, ob es ein Erfolg war oder etwas, was man getrost vergessen kann. Die anerkennenden Blicke wärmen einem das Herz auf der Fahrt nach Hause.«[35]

---

34 Albert Camus: Unter dem Zeichen der Freiheit S. 83 (1997)
35 Frank McCourt: Tag und Nacht und auch im Sommer S. 192 (2006)

TEIL 5

Eltern und Lehrer können mit Zivilcourage die Schule verbessern

21 Elternsprechtag: Wie beim Beichten?

Eltern-Lehrer-Gespräch: Miteinander statt gegeneinander

Benno war es zuwider, dass die Mutter wie eine Angeklagte von einem Lehrer zum anderen wechseln und mehrmals die alten Klagen über sich ergehen lassen musste. Er fand, dass seine Mutter noch verlegener dastand als die übrigen nervösen Frauen.

Helene Flöss

»Mutter wird aussehen, als habe man sie gescholten« – »Sitze ich wieder auf der Schulbank?«

An diesem Tag kam zur Schularbeit am Morgen die Elternsprechstunde am Nachmittag; deshalb hatte Benno doppelt schlecht geschlafen. Nur an den Sprechtagen wünschte er sich, ein guter Schüler zu sein. Auch die Mutter sah der Unterredung mit den Lehrern voller Sorge entgegen. Die Mutter würde Benno nach der Sprechstunde ein bisschen halbherzig ins Gewissen reden, der würde dasitzen und vor sich hinzeichnen und wieder einmal alles versprechen. Nach der Unter-

redung mit den Lehrern begann Benno regelmäßig, in neue Hefte zu schreiben; in der ersten Woche war seine Schrift sauber, er korrigierte die Fehler mit Tintentod, aber die Vorsätze hielten nie lange.

Bennos Mutter zog mehrmals den Merkzettel aus der Tasche, auf dem sie die Lehrernamen notiert hatte. Benno erinnerte sie daran, was sie den Lehrern zu sagen und was sie ihnen zu verschweigen hatte. Sie hörte aufmerksam zu, und Benno wusste, seine Mutter wollte ihm nicht schaden.

»Sie kommen wie vom Beichten«, sagte die Mutter über die Frauen, die aus den Klassenzimmern traten. Einige strahlten, als wären sie gerade prämiert worden, andere schlichen betreten zum Ausgang. »Alle Väter drücken sich«, sagte die Mutter zu einer anderen Frau. »Es ist wie immer ein Muttersprechtag«, antwortete diese. Als sie an der Reihe waren, zog die Mutter ihren Buben hinter sich her und setzte sich unaufgefordert dem Deutschlehrer gegenüber. Der Deutschlehrer zog mit dem Finger einen unsichtbaren Strich von der Namensliste zu den Urteilsbemerkungen und machte aus den paar unleserlichen Sätzen eine lange Beschwerde.

Benno wäre lieber zu Hause geblieben. Es war gar nicht üblich, wenn auch nicht verboten, die Schüler zur Sprechstunde mitzunehmen. Mutter aber meinte, was die Lehrer zu sagen hatten, ginge doch Benno mindestens ebenso viel an wie sie selbst. Im vergangenen Jahr hatte ein Lehrer ihren Benno lang und breit gelobt. Und erst am Schluss war er draufgekommen, dass er ihn verwechselt hatte mit einem anderen Schüler. Die Mutter wollte sich und den Lehrern eine neue Peinlichkeit ersparen. (Helene Flöss[1])

Wie ist Ihnen am Elternsprechtag zumute, vor der Sprechstunde und danach? Gehören Sie zu den prämierten Müttern, die strahlen, oder zu denen, die sich betreten fühlen? – »Mir klopft immer schon das Herz, wenn ich in die Sprechstunde muss«, sagt eine Mutter, »ich fürcht' mich vor dem Lehrer, als wär' ich eine Schülerin, die jetzt ausgefragt wird, auch wenn der Lehrer freundlich ist.« Man-

---

1   Helene Flöss: Spurensuche S. 16–19 leicht gekürzt (1992)

che Eltern spüren die abhängige Situation wie damals als Kind. Oft macht sich die Autoritätsangst auch leibhaftig bemerkbar: in Aufregung, Anspannung, Schwitzen, Magendrücken, Händezittern, Kopfweh. Schule ist der Ort, an dem viele Menschen die Angst vor Vorgesetzten erworben haben, in der Schulsprechstunde taucht sie wieder auf.

Eine Mutter klagt über das schlechte Gewissen, das ihr der Lehrer machen könnte:»Ich komme mir vor, als säße ich angeklagt in einer Gerichtsverhandlung. ›Ihre Tochter ist nicht gut genug‹, sagte der Lehrer. Bei dem vorwurfsvollen Ton denke ich gleich: Bin ich nicht gut genug? Habe ich mein Kind nicht richtig erzogen?« – Es ist hilfreich, solche Ängste wahrzunehmen, statt sie wegzuschieben. Dann können sich Eltern besser in ihre Kinder einfühlen, die womöglich öfter unter solchen Situationen leiden

Notendurchschnitt 4,9: Hat da nicht der Lehrer versagt? – In Konfliktsituationen das Gespräch sofort wagen

Die undemokratischen Bedingungen in der Schule geben den Eltern wenige Chancen, Einfluss zu nehmen; deshalb müssten sie sich Einfluss verschaffen. Zwar gibt es Lehrer, die keinen Wert darauf legen, mit den Eltern zusammenzuarbeiten. Sie wehren sich dagegen, dass ihnen Mütter und Väter reinreden. Aufgeschlossene Lehrerinnen und Lehrer begrüßen es, wenn Eltern in die Sprechstunde kommen, weil die Sicherheit eines entspannten Kontaktes auch ihnen guttut.

Eine Mutter sprach beim Physiklehrer vor: »Meine Tochter Maritta ist verzweifelt, sie möchte die Aufgaben begreifen, aber kann es nicht. Gestern weinte sie und sagte: ›Ich verstehe es nicht, wenn Herr P. etwas erklärt, obwohl ich mich anstrenge.‹ Die Kinder trauen sich nicht, es Ihnen zu sagen, sie haben Angst vor der Physikstunde. Deshalb möchte ich es Ihnen mitteilen. Auch das Ergebnis der letzten Kurzprüfung hat mich beunruhigt: einmal die Note 3, siebenmal die Note 4, elfmal die Note 5 und achtmal die Note 6. Es kann doch nicht nur an den Kindern liegen, wenn eine Arbeit so schlecht ausfällt. Meine Bitte an Sie: Arbeiten Sie doch die Aufgaben mit den Schülern in Ruhe durch, damit sie begreifen können und nicht durch schlechte Noten entmutigt werden.«

Der Lehrer wehrte sich gegen die Kritik, die Klasse müsse besser aufpassen: »Wer meinem Unterricht nicht folgen kann, gehört nicht aufs Gymnasium. Wenn Ihre Tochter nicht mitkommt, soll sie Nachhilfe nehmen.« Darauf die Mutter, die sich gut vorbereitet hatte: »Aber meinen Sie nicht, Sie könnten ihr helfen? Wieso muss ich einen anderen Lehrer bezahlen, der besser erklärt?« Der Studienrat: »Ich muss meinen Stoff durchnehmen, da kann ich mich nicht um Einzelne kümmern.« Es ist erstaunlich, mit welcher Offenheit der Lehrer ausdrückt, wie wenig er sich um die Kinder kümmert. Er fühlt sich nur für den durchzunehmenden Stoff verantwortlich und nicht dafür, dass Maritta versteht und etwas lernt. Da ist es schlimm für die Schüler, wenn Eltern nicht darauf bestehen, dass es zu wenig ist, den Stoffplan zu erfüllen.

Die Mutter, selbst Gymnasiallehrerin, war erregt. Sie sagte dem Studienrat: »Ich habe als Lehrerin die Verantwortung dafür, dass die Kinder Lernerfolg haben, und nicht nur dafür, dass der Stoff abgearbeitet wird. Was nützt es, wenn ich den Stoff abgehakt habe, aber die Schüler können nichts. Wenn ich in einer Prüfung einen Notendurchschnitt von 4,9 habe, muss ich eingestehen: Ich habe erfolglos unterrichtet. Dann schiebe ich den Misserfolg nicht allein den Schülern zu, sondern frage mich: Was ist mein Anteil? Was konnte ich den Kindern nicht begreiflich machen? Habe ich die Aufgaben nicht verständlich formuliert? Bereitete ich die Schüler zu wenig auf das Geprüfte vor? Mir ist das auch schon passiert, was bei Ihnen vorkam. Dann erkläre ich die Prüfung für ungültig, weil ich einen Fehler gemacht habe. Ich entschuldige mich bei den Kindern und wir nehmen einen neuen Anlauf an der Stelle, an der die Schüler nicht verstanden haben.«

Der Physiklehrer war beleidigt und redete in der folgenden Stunde das Mädchen ironisch an: »Deine Mutter hat sich beschwert, weil ich nicht gut erkläre. Geh jetzt an die Tafel und zeig', was du nicht verstanden hast, damit ich es dir erklären kann.« – Jetzt könnten Eltern denken: »Siehst du, der Schülerin wird die Kritik der Mutter heimgezahlt.« Mit dieser Ansicht ziehen sich Mütter und Väter oft zurück. Aber hier müssten die Eltern in der Beziehung zum Lehrer bleiben.

Das taten Marittas Eltern. Sie sprachen sofort beim Lehrer vor und kritisierten sein unfaires Verhalten, das Kind vor der Klasse bloßzustellen mit dem, was in der Elternsprechstunde besprochen worden war. Das Kind werde in eine peinliche Situation gebracht, wenn Eltern Kritik vorbrächten und der Lehrer dies in der Klasse mitteile.

Der Physiklehrer tat zwar, als berühre ihn die Kritik nicht. Das Gespräch hatte jedoch Folgen. Er bemühte sich, besser zu erklären, und erkundigte sich bei den Schülern, ob sie die Aufgabe verstanden hatten. Geringschätzige Bemerkungen gegenüber Maritta vermied er. Die Mutter besuchte nach einiger Zeit erneut die Sprechstunde, zeigte sich zufrieden und bemühte sich um einen freundlichen Kontakt. Viele Eltern empören sich über inakzeptables Verhalten einzelner Lehrer nur unter sich, statt die Kritik dort vorzubringen, wo sie hingehört: beim Lehrer.

Anregungen für das Eltern-Lehrer-Gespräch: sich verständigen und die Kinder nicht im Stich lassen

- *Gehen Sie mit dem Vorsatz in die Sprechstunde, sich mit dem Lehrer zu verständigen*
  Halten Sie nicht an der negativen Erwartung fest: »Ich erreiche ja doch nichts«, und bauen Sie nicht von vornherein ein Feindbild vom Lehrer auf. Lassen Sie sich von dem Wunsch nach Ge-

meinsamkeit leiten. Denken Sie an die Sichtweise des Kindes, an die der Lehrerin und der Eltern. Es ist hilfreich, das Kind in die Sprechstunde mitzunehmen, dann wird nicht über den Schüler gesprochen, sondern mit ihm.

- *Bereiten Sie sich auf das Gespräch vor – Lassen Sie Ihr Kind mit überlegen*
  Schreiben Sie auf, was Sie der Lehrerin mitteilen, Sie fragen möchten, nehmen Sie die Notizen mit. Besprechen Sie mit Ihrem Kind, wie es seine Situation im Unterricht einschätzt; interessieren Sie sich für sein Erleben in der Klasse. Fragen Sie: Was wünschst du dir, dass ich mit dem Lehrer berede? Was würdest du mir mitteilen, wenn du der Lehrer wärst? Diese Vorbereitung kann ein Anlass für Gespräche in der Familie sein.

- *Machen Sie sich pädagogisch sachkundig*
  Bei manchen Themen ist es hilfreich, sich sachkundig zu machen: durch Schulordnung, Unterrichtsgesetz, pädagogische Grundeinsichten, den Lehrplan, die Arbeiten des Kindes und Erfahrungen anderer Eltern.

- *Sprechen Sie von sich aus über das, was Sie und Ihr Kind bewegt, nicht nur über das, was die Lehrerin anbietet*
  Für den Lehrer ist es hilfreich, die Eltern kennen zu lernen und die Schule von der Familienseite her wahrzunehmen. Er erfährt, was die Schülerin ermutigt, was sie beim Lernen freut oder ängstigt. Aus dem Interview[2] mit einer Schülermutter:
  Mutter: Das war bei meinem Sohn in der ersten Klasse. Für ihn war es kränkend, dass er Lob, das in Form von Sternchen ausgeteilt wurde, nie bekommen hat.
  Interviewerin: Hat er die ganze Zeit kein Sternchen bekommen?

---

2 Volker Krumm und Susanne Weiß: Wie reagieren Eltern, wenn ein Lehrer ihr Kind kränkt? (2005)

Mutter: Eine gewisse Zeit, bis ich dann die Lehrerin darauf angesprochen habe. Ich bin in die Sprechstunde gegangen und hab' ihr das gesagt.

Interviewerin: Und was hat sie darauf gesagt?

Mutter: Sie hat gesagt, das sei ihr nicht aufgefallen. Sie war total perplex, weil sie das selbst nicht bemerkt hat.

Interviewerin: War sie beleidigt, weil Sie ihr das gesagt haben?

Mutter: Nein. Sie hat das nachher geändert.

Interviewerin: Hat sich an der Situation etwas dauerhaft geändert?

Mutter: Mein Junge hat dann immer wieder Sternchen bekommen und hat sie nicht mehr selbst gezeichnet.

Auch das ist ein Grund, zur Lehrerin hinzugehen: Sie kann nicht alles wahrnehmen, was in dreißig Kindern vorgeht. Hier passierte etwas, was das Kind kränkte und von der Lehrerin korrigiert werden konnte.

- *Hören Sie zu – Zuhören fördert den Kontakt*
  Versuchen Sie, die Sicht des Lehrers wahrzunehmen. Wenn Eltern und Lehrer für den anderen »ganz Ohr sind«, kann Zuhören zur konfliktlösenden Kraft werden. Bleiben Sie fest bei dem, was Sie von sich und Ihrem Kind sagen wollen und was Ihre pädagogischen Grundwerte sind.

- *Reagieren Sie nicht nur auf das, was der Lehrer sagt, sondern nehmen Sie das Gespräch selbst in die Hand*
  Eltern neigen dazu, abzuwarten und auf das einzugehen, was der Lehrer sagt. Versuchen Sie, das Gespräch mitzugestalten. Bringen Sie Ihre Themen ein, die Anliegen des Kindes, stellen Sie Ihre Fragen. Sie können das zu Hause im Rollenspiel proben: Wie eröffne ich das Gespräch? Wie gehe ich auf Beschwerden der Lehrerin ein? Wie frage ich gezielt nach Ratschlägen? Was möchte ich auf jeden Fall mitteilen?

- *Auch Lehrerinnen und Lehrer brauchen ein anerkennendes Wort*
  Sprechen Sie von dem, was Ihr Kind Freundliches aus der Schule erzählt, wenn das der Fall ist: wie sich Ihr Kind darüber freut, wenn es von der Lehrerin ein gutes Wort hört; oder wo Sie als Mutter beobachten, dass das Kind besonders gerne lernt. Nicht »Lob« für die Lehrerin ist gemeint, sondern die Lehrerin in ihrer Aufgabe wahrzunehmen und ihr Bemühen um den Lernfortschritt der Schüler anzuerkennen.

- *Sprechen Sie nicht nur über den »Schüler« und die Noten, sondern über Ihr Kind als ganze Person*
  Lassen Sie die Lehrerin erkennen, wie Sie Ihr Kind sehen, was seine Vorzüge sind, seine Neigungen, Freuden, seine Kümmernisse und Schwierigkeiten. Für Lehrer ist es aufschlussreich, von anderen Seiten des Schülers zu erfahren, nicht nur von seiner Schulleistung. Vielleicht hat Ihr Kind Fähigkeiten, die in der Schule nicht sichtbar werden, oder Eigenschaften, die der Lehrer wenig wahrnehmen kann.

- *Greifen Sie den Lehrer nicht an – lassen Sie sich mit Ihren Anliegen erkennen*
  Wenn der Lehrer Ihr Kind taktlos behandelt hat, erzählen Sie ihm, wie es darauf reagiert hat. Mag sein, der Lehrer streitet ab, das Kind geängstigt zu haben. Dann beharren Sie nicht auf Ihrer Darstellung, sondern vertrauen Sie darauf, dass Ihre Mitteilung dennoch nachwirkt. Werfen Sie ihm hingegen pädagogische Taktlosigkeit vor – und mag der Vorwurf berechtigt sein –, ist es schwer, das Gespräch produktiv fortzusetzen.

- *Bedenken Sie nicht nur Ihre eigene Angst, sondern auch die Angst der Lehrerinnen und Lehrer*
  Warten Sie nicht, bis Sie Ihre Angst überwunden haben, sondern gehen Sie mit Ihrer Angst zum Lehrer. Womöglich ist es hilfreich, Ihre Angst nicht zu verbergen, sondern ins Gespräch

einzubeziehen. Bedenken Sie: Lehrer haben Ängste vor den Eltern wie diese vor den Lehrern. Diese Angst ist oft Thema in Supervisionsgruppen, die ich mit Lehrern abhalte.

- *Denken Sie daran: Lehrer sind für Ihr Kind da – und nicht das Kind für die Lehrer*
  Wenn Schulen vom Machtprinzip gekennzeichnet sind, kommen sich Eltern als Bittsteller vor. Tatsächlich aber haben Eltern und Kinder einen Anspruch auf die pädagogische Leistung der Schule. Nicht Sie müssen Rechenschaft ablegen, sondern die Lehrer für Ihre Dienstleistung: Wie sorgen sie für Ihr Kind, damit es gut lernen kann?

- *Sagen Sie dem Lehrer, was Sie sich wünschen und was die Bedürfnisse Ihres Kindes sind – aber belehren sie ihn nicht*
  Bitten Sie ihn zum Beispiel darum, das Kind nicht vor der Klasse an die Tafel zu rufen, weil es aus seiner Angst heraus in eine Denkblockade gerät. Sprechen Sie davon, was Sie bewegt, was Sie gern verändern möchten und welche Unterstützung Sie sich von der Lehrerin wünschen.

- *Verstricken Sie sich nicht in Überzeugungsmachtkämpfe – hilfreicher ist: den anderen wahrnehmen*
  Lassen Sie sich von dem Streben nach Übereinkunft leiten, nicht davon, recht haben zu wollen. Bleiben Sie als Mutter oder Vater bei Ihrem Berührtsein von den Schulproblemen. Orientieren Sie sich nicht daran, was Ihrer Meinung nach »falsch« oder »richtig« ist, sondern daran, wie etwas auf das Kind wirkt und wie Eltern und Lehrer helfen können.

- *Vermeiden Sie Schuldzuweisung und Vorwurf – Bringen Sie Kritik nicht verletzend vor*
  Sich mit den eigenen Ansichten kenntlich zu machen vermindert die Gefahr des Machtkampfes. Dann können sich beide be-

mühen, Lösungen zu finden, mit denen dem Kind geholfen ist. Andernfalls bleibt es bei einem gegenseitigen »Du bist schuld«. – Falls es um problematisches Lehrerverhalten geht: Ermöglichen Sie dem Lehrer, sein Gesicht zu wahren. Das ist nicht »Taktik«, sondern Takt. Kritik sollte nicht so vorgebracht werden, dass sich der andere ertappt fühlt. Sie soll beide anregen, sich selbstkritisch damit auseinanderzusetzen.

- *Überlegen Sie gemeinsam Handlungsvorschläge, die dem Schüler, dem Lehrer und Ihnen weiterhelfen*
  Vergessen Sie nicht, mit der Lehrerin konkret darüber zu sprechen, was Sie jetzt gemeinsam tun können. Reden Sie nach dem Eltern-Lehrer-Gespräch mit dem Kind darüber, was Sie mit dem Lehrer erörtert haben, was es verändern kann und wie Sie ihm helfen können.

- *Betrachten Sie das Gespräch als Beginn der Verständigung*
  Oft werden Unterschiedlichkeiten nicht ausgeräumt. Endet das Gespräch so, dass es weitergehen kann, können Sie als Eltern hoffen, dass dem Lehrer, wie Ihnen selbst, etwas »nachgeht«; Sie sind beide aufmerksam geworden. Wenn es keine Sieger und Verlierer gibt, ist die Verständigung geglückt.

22 Elternabend: Sind Eltern und Lehrer natürliche Feinde?

Die Angst der Eltern vor den Lehrern und der Lehrer vor den Eltern

Wenn ich das Schulhaus betrete, wird mir ganz unbehaglich zumute. In mir tauchen Schulerlebnisse auf, besonders die beschämenden. Vor dem Lehrer fühle ich mich unsicher, als wäre ich wieder Schülerin: Bin ich gut genug?
Eine Schülermutter

90 Prozent kontaktunwillige und reservierte Eltern treffen auf 83 Prozent kontaktunwillige und reservierte Lehrer

Es gibt eine Form der Elternzusammenrottung, die den spontanen Wunsch weckt, solche Gemeinschaft künftig um jeden Preis zu meiden – den Elternabend. Erwachsene Menschen, die nichts als ihre Elternschaft eint und die meist keinen gesellschaftlichen Umgang miteinander suchen, sehen sich plötzlich auf engem Raum miteinander konfrontiert. Sie zwängen sich auf viel zu kleine Stühle, auf denen ihre Liebsten einen wesentlichen Teil ihrer Kindheit absitzen. Man nimmt den Platz des Sohnes oder der Tochter ein und ist plötzlich

dieselbe gute oder schlechte Schülerin, derselbe beliebte oder unbe-
liebte Klassenkamerad. Auch sonst ist alles wie im Unterricht: Neun-
zig Prozent der Anwesenden schweigen, an manchen Tischen wird
verstohlen getuschelt, das eine oder andere Handy klingelt und wird
hektisch ausgestellt.

Man fühlt sich auf unangenehme Art in die eigene Schulzeit zu-
rückversetzt, auch durch die obligatorischen vier »Schüler«, die wie
ehedem um die Gunst der Lehrerin buhlen – in der üblichen Rollen-
verteilung: ein Aufmüpfiger und ein Opportunist, ein Weltverbesse-
rer und ein Zyniker. Aus diesen Redseligen rekrutiert sich dann spä-
ter die Elternvertretung. Jeder ist froh, wenn die unwürdige Veran-
staltung endlich vorbei ist. Das Rollenspiel kann die Realität nämlich
nicht ganz vergessen machen; und in dieser Realität sind Eltern und
Lehrer quasi natürliche Feinde. Sie halten sich gegenseitig im glei-
chen Maße für pädagogisch inkompetent. Und damit haben wahr-
scheinlich beide Seiten recht.

Wie dieser Vater[3], kommen auch andere Eltern selten bereichert
und ermutigt vom Elternabend nach Hause. Manche Lehrer fühlen sich von Elternabenden mehr bedroht, als dass sie sich darauf
freuen. Die Problematik der Eltern-Lehrer-Beziehung wurde durch
eine wissenschaftliche Untersuchung der »Stiftung Bildungspakt
Bayern« in Zahlen sichtbar[4]. Danach sind fast 37 Prozent der Lehrer kontaktunwillig gegenüber der Elternarbeit. Knapp 46 Prozent
stehen dem Austausch mit Eltern reserviert gegenüber und nur 17,5
Prozent der Lehrer sind aufgeschlossen dafür, mit den Eltern zusammenzuarbeiten.

Die Eltern sind zu 15,6 Prozent kontaktunwillig, zu 74 Prozent
reserviert und lediglich zu 10,3 Prozent aufgeschlossen. Der überwiegende Teil meidet den Kontakt mit den Lehrern, besonders die
Eltern leistungsschwacher Kinder. Ein erstaunlicher Befund: Rund
83 Prozent kontaktunwillige und reservierte Lehrer stehen 90 Pro-

---

3   Hannes Stein: Enzyklopädie der Alltagsqualen S. 63, leicht gekürzt (2006)
4   Laut einer Studie des Erlanger Erziehungswissenschaftlers Werner Sacher (2005)

zent kontaktunwilligen und reservierten Eltern gegenüber. Demnach sind sich Eltern und Lehrer einig darin, dass sie am liebsten nichts miteinander zu tun hätten. In einer Paarbeziehung könnte man da nur an Trennung denken. Aber beide Seiten sind durch die Schulkinder in einer Zwangsbeziehung aneinandergekettet:

Eltern müssen Kinder in die Schule schicken und können sich die Lehrer nicht auswählen. Wäre das möglich, würde sich die Qualität der Lehrer verbessern. Die Lehrer müssen Schüler beliebiger Eltern unterrichten und können sich diese nicht aussuchen. Beide kommen gezwungenermaßen in der Elternsprechstunde oder auf dem Elternabend zusammen. Weil sie voneinander abhängig sind, müssten sie sich auseinandersetzen; das scheint beiden Seiten zu riskant, es entsteht große Distanz oder gar ein kalter Krieg, zum Schaden der Kinder.

Als Erwachsene vor der Lehrerautorität in die Kindrolle flüchten? – Sich gegenseitig Angst nehmen

Elternabend: »Es ist ein merkwürdiges Phänomen«, schreibt die Schulleiterin Enja Riegel[5], »dass erwachsene Menschen, die eigenständig ihr Leben meistern, sich plötzlich wie Erstklässler verhalten. Erwachsene, die Entscheidungen für sich und ihre Familien treffen, die im Gespräch offen ihre Meinung vertreten, sind nicht wiederzuerkennen, wenn sie auf dem Elternabend in den Schulbänken ihrer Kinder sitzen. Es scheint, als ob selbst der Vater in der ersten Reihe wie ein Erstklässler auf seinem Platz stillhält.«

Eine Mutter erlebt das so: »Alte Ängste werden mir bedrückend gegenwärtig. Da geht man als selbstbewusster Erwachsener in die Schule, um den Klassenlehrer zur Rede zu stellen, und ein Hauch vom altbekannten Geruch in den Fluren reicht, um uns wieder

---

5   Enja Riegel: Schule kann gelingen S. 205 (2004)

zu nervösen kleinen Kindern zu machen, die befürchten, für irgendetwas zur Rechenschaft gezogen zu werden, zu Recht oder zu
Unrecht.«[6] Um die Angst vor der Macht der Lehrer zu lindern, neigen Eltern dazu, sich von vornherein klein zu machen. Wenn sie in
die Kindrolle flüchten, so erleben es manche, kann ihnen und ihren
Kindern nichts passieren.

Auf der anderen Seite nehmen autoritäre Lehrer die elterliche
Unterwerfungsgeste bereitwillig an. Sie setzen die Eltern auf Kin-
derstühle in frontaler Blockanordnung, manchmal sogar auf den
Platz ihres Kindes. Der Lehrer steht vorne und hält die Fäden in der
Hand. Oft hat er Angst vor kritischen Müttern und Vätern; deshalb
versteckt er sich hinter einem Referat. Die Eltern bleiben in ihrem
Folgsamkeitsreflex passiv. Was sie vor der Versammlung noch auf
dem Herzen hatten, geht ihnen in der angespannten Atmosphäre
verloren.

Manche Lehrer und Lehrerinnen verhalten sich bei den Eltern
machtbehauptend wie bei Schülern. »Gegenüber Eltern sind sie
stärker, weil diese fürchten, der Lehrer habe ihr Kind als ›Geisel‹
in der Hand. Lehrer sind im Umgang mit Eltern erfahrener und
gewitzter als Eltern im Umgang mit Lehrern, sie sind den Eltern oft
sprachlich überlegen. Zusätzlich haben sie in Konfliktgesprächen
mit Eltern in der Schule ›Heimvorteile‹. Schließlich gründet ihre
Stärke auch darin, dass sie oft wissen, dass ihre Gesprächspartner
keine harten Beweise vorlegen können.«[7]

Solche Lehrer tragen auf dem Elternabend vor, was der Stoff ist
und was Eltern tun müssen, damit die Schüler gut lernen: dafür
sorgen, dass Arbeitsmaterialien beschafft, Hausaufgaben gemacht,
Nachhilfestunden genommen werden. Oft wird der Lehrervortrag
zur Anklage und vorsorglichen Verteidigungsrede, falls Eltern versuchen sollten, ein kritisches Wort einzubringen. Am Ende sind

---

6 Lotte Kühn: Das Lehrer-Hasser-Buch S. 11 (2005)
7 Volker Krumm und Susanne Weiß: Wie reagieren Eltern, wenn ein Lehrer ihr Kind
   kränkt? (2005)

die Mütter und Väter durch Belehrung und Vorwurf kleingeredet. Die Angst der Lehrer vor den Eltern und der Eltern vor den Lehrern ist oft Thema in Supervisionsgruppen. Wenn sich Eltern und Lehrer mit ihren Ängsten zusammenfänden, könnten sie sich ihre Angst nehmen. Zum Beispiel indem sie die Elternversammlung so gestalten, wie das eine Lehrerin praktiziert. Sie berichtet, wie sie den Elternabend durchführt, um sich und den Eltern die Angst zu nehmen und ein Gespräch zu ermöglichen.

Elternabend: sich aufeinander einlassen – Eltern brauchen pädagogisches Sachverständnis

Ich schreibe den Eltern in der Einladung, was ich mit ihnen bespreche, und rege sie an, sich zu überlegen, was sie bereden möchten. Für den Abend gebe ich eine Ordnung vor, die es erleichtert, miteinander zu reden. Ich begrüße die Eltern mit Handschlag, um die gegenseitige Fremdheit zu mildern. Wir setzen uns im Kreis zusammen, ich setze mich dazu, um die Oben-unten-Situation zu vermeiden. Bei Eltern, für die es der erste Abend bei mir ist, stelle ich mich vor und sage, was ich mir für diese Zusammenkunft wünsche.

Dann rege ich die Mütter und Väter zu einem Partnergespräch an. Sie sollen mit ihrem Sitznachbarn darüber reden, was sie sich erwarten. Das Partnergespräch bringt die Eltern in Kontakt miteinander. Zu zweit zu reden erleichtert es, sich künftig am Kreisgespräch zu beteiligen, die Eltern tauen auf. Ich teile Namenskärtchen aus, damit ich die Mütter und Väter mit Namen ansprechen kann.

Um ihnen die Scheu zu nehmen, erkläre ich den Eltern: »An unserem Abend geht es nicht darum, was richtig oder falsch ist. Sie können sagen, was Sie bewegt, was Sie mitteilen wollen, was Sie fragen möchten.« An jedem Abend bereite ich ein Thema vor, das alle angeht, zum Beispiel: »Kindern Mut machen«, oder: »Wie können sich Eltern für die Schularbeit interessieren?« oder: »Wie ich als Lehrerin mit den

Schülern arbeite« oder: »Ein Unterrichtsprojekt«, oder: »Das Lern-
prinzip Fehlerfreundlichkeit«.

Bei künftigen Elternabenden lasse ich die Eltern bereits vorher The-
men und Fragen sammeln; dabei arbeite ich mit den Elternspreche-
rinnen zusammen. Wir betrachteten zum Beispiel einen Film über
reformpädagogische Schulen und überlegten, wozu uns der Film anre-
gen kann. Ich zeigte den Eltern, was ich von dem Gesehenen verwirkli-
che, und regte sie an, sich mehr darüber von den Kindern erzählen zu
lassen. Mir liegt daran, die Eltern in ihrer pädagogischen Kompetenz
zu stärken, damit sie mitdenken und mitentscheiden können.

Was sollte Eltern hindern, solche Abende bereitwillig zu besuchen? Die Klage, es kämen oft nur ein paar Mütter, muss auf die
Ursachen hin befragt werden: Hält Eltern die eigene Angst vor der
Schule zurück? Die Scheu, nicht mitreden zu können? Die Befürch-
tung, nicht kompetent zu sein? Die Scham, sich wegen schlechter
Leistungen des Kindes nicht zeigen zu können? Die Hemmung,
nicht gut Deutsch zu sprechen?

»Fast alle unsere Eltern begreifen Elternabende als ihre Chance,
Schule mitzugestalten«, schreibt die Lehrerin Enja Riegel[8]. »Dort
kommen sie zu Wort, dort findet eine Verständigung mit den Lehrern ihrer Kinder über die Unterrichts- und Erziehungsarbeit der
Schule statt. Bei allen Elternabenden sind die Klassenräume voll,
fast jeder Schüler ist vertreten.« Ich selbst machte als Lehrer die
gleiche Erfahrung. Bewegend fand ich Elternabende, zu denen die
Schüler mitkamen. Es entstand ein Klima, ernst genommen zu
werden, wenn die Jugendlichen, ihre Eltern und ich im Kreis sit-
zend miteinander diskutierten.

Für einen lebendigen Austausch zwischen Eltern und Lehrern ist
hilfreich:

– Eine gut überlegte, gemeinsame Vorbereitung des Abends durch
  Lehrer und Elternsprecher.

---

8 Enja Riegel: Schule kann gelingen S. 207 (2004)

- Eine informative, freundliche Einladung zur Elternversammlung.
- Interessante pädagogische Themen, die Eltern anregen.
- Ein gesprächsfreundlicher Rahmen: im Gesprächskreis auf gleicher Höhe sitzen statt im Block des Frontalunterrichts.
- Den Eltern Gelegenheit geben, unter sich in Kontakt zu kommen, durch Partnergespräche.
- In problematischen Situationen einen Gesprächsleiter wählen, der dafür sorgt, dass Eltern und Lehrer gleichermaßen zu Wort kommen.
- Alle Themen zur Sprache bringen, die Eltern bewegen; sie schon in der Vorbereitung sammeln lassen.
- Alle Themen zur Sprache bringen, die Lehrerin oder Lehrer besprechen wollen.
- Ein Gesprächsklima schaffen, das den Elternabend nicht zur lästigen Pflicht werden lässt, sondern zu bereichernder Anregung.

Viele Eltern haben aus den Schulleistungsstudien den Schluss gezogen, auf die Schüler Druck auszuüben, statt darauf zu drängen, dass Lehrer den Unterricht verbessern. Zwar ist ihnen am Wohl ihrer Kinder gelegen und sie erkennen: Bei zu vielen Schülern ist es um dieses Wohl im Unterricht schlecht bestellt. Aber sie machen sich schulpädagogisch zu wenig sachverständig, um kompetent für eine kinderfreundliche Schule eintreten zu können.

Für diese Einmischung müssten Eltern ihre Kinder mit deren Befinden ernst nehmen. Schüler in Deutschland haben vor nichts größere Angst als vor dem Versagen in der Schule. Die Kinderhilfsorganisation UNICEF bemängelt, deutsche Lehrer, Eltern und Politiker wüssten nicht, wie die Kinder selbst ihre Situation einschätzen. Erwachsene stürzen sich vor allem auf den Leistungserfolg in den Tests. Wie es den Kindern dabei geht, danach fragen sie zu wenig. Zahlreiche Untersuchungen über die verbreitete Schulangst bleiben ohne Echo. Die Medien berichten seitenlang über Leistungsstudien. Eine Studie über Schulangst ist allenfalls eine Nebenspalte wert.

Schulängste werden sogar in der Shell Jugendstudie 2006 ignoriert.

Darin fragten die Sozialwissenschaftler nach der Angst vor Krieg,
Arbeitslosigkeit, vor der Zukunft, der Umweltverschmutzung,
Angst vor schwerer Krankheit, Terroranschlägen, schlechter Wirt-
schaftslage. Nach der Angst vor dem Unterricht, vor Lehrern, Leis-
tungsversagen, vor dem Sitzenbleiben, vor schlechten Noten, vor
Tests fragten die Interviewer nicht. Es wurden keine Fragen nach
den Ängsten gestellt, für die es einen eigenen, den meisten Menschen selbstverständlich gewordenen Begriff gibt: »Schulangst«.
Wirkt auch hier das Tabu, dass Lehrer nicht in Frage gestellt werden
dürfen?

Politische Einmischung der Eltern ist dringend notwendig – wahrnehmen, was das Schulsystem den Kindern antut

Ohne politische Einmischung von Eltern, Lehrern und Schülern ist
die Schule nicht zu reformieren. Da können noch so viele Schulen
preisgekrönt, Modellschulen vorgestellt, Filme über reformpädagogische Schulen gedreht werden, Schulversuche genehmigt und
alternative Privatschulen gegründet werden, Berichte über hervor-
ragende Schulen in Zeitungen erscheinen: Die Regierenden beeindruckt das nicht. Sie würde nur massenhafter öffentlicher Protest
berühren, mit dem Eltern ihren Willen bekunden, die Schule zu
humanisieren, damit Lehrer die Kinder nicht mehr in Angst und
Lernunlust treiben müssen. Solange nicht pädagogische und demokratische Schulstrukturen geschaffen werden, leiden Millionen
Kinder an der Schule.

Der Reformpädagoge Hartmut von Hentig praktizierte an seiner Schule eine humane Pädagogik. Sein Modell, die Bielefelder
Laborschule, ist nicht flächendeckend umgesetzt worden, obwohl
es gute Schülerleistungen hervorbringt. Hartmut von Hentig sieht

einen Grund darin, dass sich Eltern zu wenig für eine pädagogische Schule einsetzen. An Mütter und Väter gewandt, meint er[9]:

- Solange ihr nicht wahrnehmt, was das Schulsystem euren Kindern antut, antut mit der ständigen Benotung statt ermutigender Worte,
- solange ihr nicht wahrnehmt, was ihr euren Kindern antut mit der falschen Annahme, in einer Klasse säßen gleichartige Schüler, die man gleich behandeln kann, wo doch jedes Kind anders ist,
- solange ihr nicht seht, was das heutige Schulsystem Kindern antut mit der Behauptung, die Dreigliedrigkeit der Schule werde der Verschiedenheit der Kinder gerecht statt einer Dreihundertgliedrigkeit, die wir bräuchten,
- solange ihr nicht erkennt, wie der 45-Minuten-Takt Lernprozesse stört, statt natürliche Lerneinheiten zu ermöglichen,
- solange ihr nicht merkt, was die Schule euren Kindern antut mit den viel zu großen Lerngruppen,
- solange ihr nicht wahrnehmt, was das Schulsystem mit all diesen unpädagogischen Verfahren euren Kindern antut, ist die Krise noch nicht weit genug fortgeschritten.

Kinder könnten über diese Aussage verzweifeln: Wegen zu geringer pädagogischer Einsicht ihrer Eltern und der Gleichgültigkeit von Politikern sollen sie eine immer weiter fortschreitende Krise ertragen? Zum Beispiel die Krise, die Hunderttausende von Kindern durch die Einführung des achtstufigen Gymnasiums ertragen müssen. Nicht wegen der Verkürzung der Schulzeit, die vernünftig ist, sondern wegen der rücksichtslosen Überforderung der Kinder durch zu viel Lernstoff und mehr Unterrichtsstunden. Die Eltern protestieren nicht wirksam dagegen, obwohl sie darunter leiden. Vielen mangelt es an pädagogischer Einsicht und an sozialem Mut, sich demokratisch einzumischen.

---

9 Hartmut von Hentig: Die Schule neu denken (1993)

Wir könnten sofort beginnen, Erkenntnisse der Reformpädagogik produktiv zu machen: auf Wegen, die seit einem Jahrhundert aufgezeigt, aber nur in alternativen Schulen beschritten wurden. Für diesen Beginn müssten sich Eltern als Anwälte der Kinder stark machen. Ihnen wären die Stimmen jener pädagogisch engagierten Lehrer sicher, die täglich eine pädagogische Schule verwirklichen. Sie führen die Schüler nicht nur zu guten Leistungen, sondern auch zu friedlichem Zusammenleben.

Ulrike Kegler und Annedore Prengel[10] zum Beispiel verweisen auf den friedenspädagogischen Ertrag ihrer Arbeit in der Montessori-Gesamtschule Potsdam:»In unserer Schule bilden Selbstbestimmung und wechselseitiger Respekt unabhängig vom Leistungsstand den programmatischen Kern des alltäglichen Lernens. Die jahrelange Arbeit mit jahrgangsübergreifendem Lernen in der Primarstufe hat zu einer hervorstechenden Erfahrung geführt: Die zahlreichen Besucher der Schule betonen übereinstimmend, dass sie beeindruckt sind von der friedlichen Atmosphäre, vom intensiven Lernklima, von der hohen Konzentration, von Kreativität und Gewaltfreiheit und von der Identifikation der Kinder mit ihrer Arbeit und mit ihrer Schule.«

---

10 Ulrike Kegler, Annedore Prengel: Die Montessori-Gesamtschule in Potsdam S. 8, 10 (2003)

23 Lehrer und die kleine Moral der Freundlichkeit

Kinder brauchen Aufmerksamkeit statt Überwachung

Lehren:
Der nicht versteht, muss erst das Gefühl haben,
dass er verstanden wird.
Der hören soll, muss erst das Gefühl haben,
dass er gehört wird.
Bertolt Brecht

»Da musste ich mich schlecht benehmen, um mit Ihnen reden zu können« – Unaufmerksame brauchen mehr Aufmerksamkeit

Peter störte seit Tagen den Unterricht, erzählte Frau O. in einer Leh-
rersupervisionsgruppe. Er schwätzte, war unruhig, belästigte seinen
Tischnachbarn. Ich wurde ungeduldig: »Mir reicht's jetzt, zur Strafe
bleibst du heute nach dem Unterricht da und arbeitest an dem Recht-
schreibtext nach, was du durch deine Unaufmerksamkeit versäumt

hast.« Er tat das widerspruchslos, ich korrigierte an meinem Schreib-
tisch. Gelegentlich fragte er mich wegen der Schreibweise eines Wor-
tes, dabei kamen wir ins Gespräch. Er erzählte von seinem Hund
Ricko, einem Labrador, den er gern mag; und er sagte mir, seine Mut-
ter liege wegen einer Bandscheibenoperation im Krankenhaus. Ich
hörte zu, es interessierte mich auf einmal und ich wunderte mich
über seine Zutraulichkeit. Am Ende des Nachsitzens verabschiedeten
wir uns. Mir verschlug es die Sprache, als Peter zu mir sagte: »Da
musste ich mich jetzt schlecht benehmen, um in Ruhe mit Ihnen re-
den zu können.«

»Ja«, dachte Frau O., »wann habe ich mit Peter zuletzt ein persönliches Wort gewechselt? Kein mahnendes, forderndes, strafen-
des, anspornendes, sondern einfach so nebenbei, ihm zugewandt?
Wie viele Unaufmerksame habe ich in meiner Klasse, die mehr Aufmerksamkeit bräuchten? Und wie geht das bei 29 Kindern? Aber
sind alle 29 gleich bedürftig? Wie finde ich jene heraus, die das Zuhören so dringend brauchen wie Peter?«

Das Ereignis wirkte nach, berichtete Frau O.: »Peter war in den
folgenden Tagen wie verwandelt: aufmerksam und willig, im Unterricht sichtlich bemüht.« Was verwandelte ihn? Wirkte das zugewandte Wort Wunder? Ein Wunder war es für Peter: Die Lehrerin
interessierte sich für ihn als Person. Die ihr abgerungene Aufmerksamkeit in der persönlichen Beziehung machte den Jungen aufmerksamer und verstärkte seinen Lernwillen.

Es war die Achtsamkeit, die für beide das Beziehungsklima veränderte. Die aufmerksame Wahrnehmung heilte den gestörten
Kontakt und der Junge konnte besser lernen. Frau O. konnte sich in
Peter einfühlen und achtete darauf, was in ihr selber vorging. Die
Zuwendung war wechselseitig: Peter fühlte sich angenommen und
gut aufgehoben. Die Lehrerin war berührt davon, wie vertrauens-
voll der Junge auf sie zuging. Es war eine kleine Psychotherapie, die
stattfand.

Die Kunst des Zuhörens – jedes Kind »gibt es nur ein einziges Mal und ist auf seine Weise für die Welt wichtig«

Lehrer und Eltern neigen dazu, auf Kinder einzureden, es gut mit ihnen zu meinen, sie eines Besseren zu belehren. Dabei vergessen sie leicht: Beziehung kommt noch vor der Erziehung. Den Kindern zuhören, wie die Geschichte von Frau O. zeigte: einfach zuhören, ohne gleich zu unterbrechen, das Kind reden und ausreden lassen, seine Weltsicht wahrnehmen. Michael Ende, der seine Schulzeit als schrecklichste Zeit seines Lebens bezeichnete, beschreibt in seinem poesievollen Märchenroman »Momo«[11] die Kunst des Zuhörens bei seiner Fantasiefigur, dem weisen Mädchen Momo:

Wie Momo sich aufs Zuhören verstand, war ganz und gar einmalig.

Wenn jemand meinte, sein Leben sei bedeutungslos
und er selbst nur irgendeiner unter Millionen,
einer, auf den es überhaupt nicht ankommt
und der ebenso schnell ersetzt werden kann
wie ein kaputter Topf –
wenn der hinging und erzählte alles das der kleinen Momo,
dann wurde ihm, noch während er redete,
auf geheimnisvolle Weise klar, dass er sich gründlich irrte.
Dass es ihn, genau so, wie er war,
unter allen Menschen nur ein einziges Mal gab
und dass er deshalb auf seine besondere Weise
für die Welt wichtig war.
So konnte Momo zuhören!

Sehen Lehrerinnen und Lehrer, sehen Mütter und Väter, dass es das vor ihnen sitzende Kind, genau so, wie es ist, unter allen Men-

---

11 Michael Ende: Momo. Ein Märchen-Roman (1990)

schen nur ein einziges Mal gibt? Lassen Lehrer das Kind erleben,
dass es wichtig ist? Momos Zuhören ist Liebe; womöglich bringen
wir die nicht auf, aber wir könnten Kindern aufmerksam zuhören,
statt zu denken: »Woher soll ich die Zeit nehmen?« Oder wir weisen Kinder ab: »Erzähl es mir später.« Schaffen wir es, Jugendliche so ernst zu nehmen wie Erwachsene, oder bagatellisieren wir:
»Ist doch nicht so wichtig«? Nehmen wir auch ihre kleinen Sorgen
an und tun sie nicht ab mit Worten wie: »Mach dir nichts draus.«
Können wir einer Schülerin zuhören, die Angst hat? Und denken
nicht gleich: »Schließlich muss ich meinen Stoff durchbringen.«
Hören wir nur mit halbem Ohr hin, wenn Kinder etwas mitteilen?
»Ganz Ohr sein« ist eine konfliktlösende Kraft. Wer mitfühlen will,
muss zuhören. Die moralische Maxime des Lehrerhandelns, die
mitmenschliche und freundliche Maxime, erwächst vor allem aus
Zuhören und einfühlendem Denken.

Mangelnde emotionale Empfindungsfähigkeit von Lehrern ist
dem Lernen abträglich; das zählt zu den ältesten pädagogischen
Erkenntnissen. Die Überbetonung der intellektuellen Leistung in
der Schule verdeckt diese Einsicht. Aber die Verstandesleistung
braucht die Beteiligung des Gefühls. »Durch neuere Forschungen
in der Philosophie, den Neurowissenschaften und der Psychologie
wird immer deutlicher: Die Herrschaft der Vernunft ist auf eine
funktionierende Emotionalität angewiesen. Entscheidungen kommen nicht rein rational zustande, und die Handlungen, welche auf
Grund rationaler Erwägungen zu erfolgen haben, können ohne die
motivierende und bewertende Kraft von Emotionen nicht umgesetzt werden. Wer nicht nur vernünftig denken will, sondern auch
vernünftig handeln, ist daher auf seine Gefühle angewiesen« (Eva-
Maria Engelen[12]). Diese motivierende Kraft der Gefühle erklärt,
weshalb Schüler in einem Klima emotionaler Empfindsamkeit gut
lernen können.

---

12 Eva-Maria Engelen: Gefühle S. 35 (2007)

Achtsamkeit: »Ich möchte alle 150 Schüler mit Namen kennen« – das Kind als Person wahrnehmen

»Du da hinten mit dem roten Pullover!«»Hallo, du bist dran!«»Jetzt fällt mir dein Name schon wieder nicht ein!«»Ja, dich mein ich.« »Wie heißt denn du gleich wieder?« In weiterführenden Schulen berichten Jugendliche, es gebe Lehrer, von denen sie nie mit Namen angesprochen werden. So kann es zu Erfahrungen kommen, wie sie eine Schülermutter in der Elternsprechstunde machte[13]:

Beim Elterngespräch eröffnet mir die Deutschlehrerin: »*Also Johannes ist wirklich saumäßig schlecht in Deutsch. Mündlich beteiligt er sich überhaupt nicht, und im Schriftlichen ...*«, *sie schüttelt den Kopf,* »*da ist Hopfen und Malz verloren.*« *Wie vom Donner gerührt sitze ich da und kann es nicht glauben. Deutsch mag er gerne, er liest Bücher am laufenden Meter und ist wahrhaftig nicht auf den Mund gefallen.* »*Das kann doch überhaupt nicht sein*«, *versuche ich etwas schüchtern einzuwenden, und sofort reagiert sie patzig:* »*Na hören Sie mal, das werde ich wohl besser beurteilen können.*« *Sie trumpft auf:* »*Er macht nur ausnahmsweise Hausaufgaben, stört den Unterricht und hat die letzten zwei Arbeiten total verhauen. Glatte Fünf und eine Sechs.*« *Ich fass' es nicht.* »*Deutsch ist sein Lieblingsfach. Da war er immer gut.*« *Die Lehrerin zuckt mit den Achseln und schweigt. Mir kommt ein böser Verdacht.* »*Sie meinen wirklich Johannes?*«, *versuche ich es noch einmal. Nun wird sie ernstlich sauer und fuchtelt mir mit ihrem Kugelschreiber vor der Nase herum.* »*Ja, Ihr kleiner Johannes mit der blondierten Strähnchenfrisur.*« *Da muss ich kurz lachen – und jetzt ist es an mir, stinksauer zu werden.* »*Johannes hat dunkle Locken, mittellang geschnitten, und ist einsachtundsiebzig lang. Der, den Sie meinen, heißt Florian.*« *Sie ist sprachlos. Dann berappelt sie sich schnell und pampt mich an.* »*Wissen Sie, ich habe drei Klassen und muss mir an die achtzig Namen einprägen. Da kann so*

---

13 Lotte Kühn: Das Lehrer-Hasser-Buch S. 103 (2005)

was schon mal passieren.« Klar doch, das verstehe ich gut. Sie hat die Klasse ja auch erst seit anderthalb Jahren. Und ist es nicht ein bisschen zu viel verlangt, sich zu achtzig Namen die passenden Gesichter zu merken?

Es gibt Lehrer, die nehmen ihre Schüler nur mit ihrem Notenbüchlein wahr. Einer Studienrätin hingegen ist es wichtig, Kinder mit ihrem Namen anzusprechen: »Ich brauch' es für meinen Kontakt zu den Schülern, sie mit Namen anzusprechen. Außerdem kann ich viel besser für eine gute Arbeitsdisziplin sorgen, wenn die Jugendlichen nicht namenlos bleiben. Als Fachlehrerin habe ich 150 Kinder zu unterrichten. Dennoch versuche ich, alle zu kennen. Die Namen lerne ich zu Hause auswendig, damit ich sie dann den Kindern zuordnen kann. Die Schüler stellen in meinen Stunden ein Namensschild auf, und mit der Zeit kenne ich sie alle. Ich habe den Eindruck, die Jugendlichen fühlen sich respektiert, wenn mich interessiert, wie sie heißen, auch wenn ich nur zwei Wochenstunden in der Klasse bin. Ich spreche mit den Schülern je nach Alter ab, wie sie angesprochen werden möchten, mit welchen Vornamen oder mit Vor- und Nachnamen. Sie spüren, dass es Interesselosigkeit ist, wenn sich Lehrer ihre Namen nicht merken.«

Die Jugendlichen werden durch das persönliche Benennen aus der Anonymität herausgehoben. Die Schulleiterin der Montessori-Gesamtschule in Potsdam, Ulrike Kegler, versucht sogar, alle Kinder ihrer Schule mit ihrem Namen zu grüßen: »Ich bemühe mich, alle 460 Schülerinnen mit Namen zu kennen, denn ich finde es unglaublich wichtig, jeden einzelnen Schüler als Person wahrzunehmen, ihm das auch zu signalisieren.«[14] »Achtsame Beziehung« bedeutet, dem Kind zu zeigen, dass es für mich eine Rolle spielt. Diese Aufmerksamkeit erleichtert den Schülern das Lernen und den Lehrern das Unterrichten.

---

14 Ulrike Kegler in: Gabriele Goettle: Sinneseindrücke (taz 29.3.2005)

»Zerschnitten von roten Strichen, die rote Tinte wird aus meinem Heft herausspritzen« – mit Kinderarbeiten behutsam umgehen

Manche Unachtsamkeit ist so selbstverständlich, dass man sie als Pathologie der Normalität bezeichnen kann. Das wird deutlich, wenn kleine Kinder so natürlich reagieren wie Raphael. Seine Grundschullehrerin ruft ihn im Unterricht plötzlich auf. Er ist überrascht und sagt beleidigt: »Ich hab' mich doch gar nicht gemeldet!« Die Lehrerin war angerührt von seiner Reaktion auf ein verbreitetes Lehrerverhalten.

Die Schulanfängerin Miriam schrieb mit Bleistift in zarter Schrift viele Zeilen von neu gelernten Buchstaben: A und E und O. Als sie das von der Lehrerin korrigierte Übungsheft zurückbekommt, blickt sie enttäuscht auf ihre mit viel Anstrengung geschriebene Seite. Die ist verunstaltet von dem in die Kinderarbeit hineingeknallten Tintenrot der Lehrerin. Traurig sagt Miriam zur pädagogischen Assistentin: »Warum hat mir jetzt die Lehrerin mein Heft so verschmiert?«

Die Frage ist berechtigt: Warum hat die Lehrerin auf die unsichere Arbeit nicht behutsamer geantwortet, indem sie das »Werk« des kleinen Mädchens nicht durch das Hineingeschmierte zerstört? Eine sanfte Korrektur achtet die Bemühung des Kindes und ist zudem hilfreicher. Die Schülerin fühlt sich gut behandelt, sie erkennt, was die Lehrerin in ihrer Schreibarbeit berichtigt hat. Auch die leise Lehrerstimme ist eindrücklicher als die laute. Das Zerstörungswerk der lauten Korrektur kann Kinder in ihrem Selbstwert treffen, wie Viola zum Beispiel:

Heute ist Montag, und am vergangenen Donnerstag haben wir in der Schule einen Aufsatz geschrieben, eine Bildbeschreibung. Das eine Bild mochte ich nicht, ein alter Mann in Ritterrüstung auf einem Pferd und neben ihm ein menschliches Gerippe. Das andere zeigte ein spanisches Mädchen mit einer Puppe, eine winzige Greisin mit Kinderaugen, die Infantin. Heute bekommen wir den Aufsatz

*zurück, und der Lehrer wird zwischen den Tischen gehen und jeder
Schülerin ihr Heft zurückgeben. Ich werde meinen Aufsatz aufblättern und erschrecken, obgleich ich weiß, was auf mich lauert. Ich
werde entdecken und nicht begreifen, dass alles, was ich in meiner
Handschrift erzählt und mit blauer Tinte in mein Heft geschrieben
habe, zerschnitten ist von roten Strichen. Nichts wird sein, wie es war,
und ich werde mein Heft schließen, bevor die anderen Mädchen es
sehen. Annegret neben mir wird fragen, was hast du denn für eine
Zensur, Fania? So macht sie es jedes Mal, sie weiß, dass ich nicht
schreibe, wie man schreiben soll, alle Mädchen wissen es, und die rote
Tinte wird aus meinem Heft herausspritzen, und ich werde sagen, du
hast es doch gesehen. Sie wird mir ihre gute Zensur zeigen. Annegret
schreibt stets alles, wie es geschrieben werden soll.*[15]

Manche Lehrer und Eltern meinen, das müsse so sein, es sei
Vorschrift, rot zu korrigieren, die gibt es allerdings nicht. Dass die
Korrektur etwas mit achtungsvollem Umgang zu tun hat, gehört
nicht zum Selbstverständnis aller Lehrer und Eltern. Und auch
nicht, dass die sanfte Korrektur lernpsychologisch wirksamer ist:
Sie beleidigt die Kinder nicht, schreit sie nicht an, sondern macht
sie aufmerksam.

Zudem werden bei einzelnen Lehrern die Korrekturzeichen für
Schüler zur Geheimschrift, die sie nicht entziffern können. Für
Lehrer, die wenig achtsam mit Kindern umgehen, gelten noch nach
achtzig Jahren die Bemerkungen des Reformpädagogen Paul Georg Münch[16]: Nach ihm »bestand des Lehrers Arbeit am Aufsatz
oft genug nur aus orthographischem Rüffeln, grammatikalischem
Schnüffeln und Kurpfuschen am Stil. Die Aufsätze wurden ganz
gewiss sehr sorgsam chemisch gereinigt, aber Entwanzungsanstalten sind keine Pflegestätten.«

---

15 Viola Roggenkamp: Familienleben S. 14 (2004)
16 Paul Georg Münch: Dieses Deutsch! (1926)

Unterrichtsbeginn: Freundlich sein als Vergnügung? – »Schließlich hängt von den Schülern mein gutes Leben ab«

Die Art der pädagogischen Beziehung zeigt sich auch darin, wie Klasse und Lehrer am Morgen ihre Unterrichtsarbeit beginnen. Ich bringe ein Beispiel aus meiner eigenen Lehrerzeit. Da gehörte zur Ordnung des Tages, auch zu meiner inneren Ordnung, die Vorviertelstunde im Klassenzimmer. In diesen 15 Minuten ließ ich mich durch nichts stören, durch keine Eltern, Kollegen, keinen Schulleiter. Ich war im Klassenzimmer, begrüßte die Schüler, reichte ihnen die Hand, wechselte mit ihnen ein paar Worte. Sie konnten Anschauungsmittel betrachten, in der Klassenbücherei schmökern, sich auf den Unterricht vorbereiten, sich in Gruppen unterhalten, mit einer selbst gewählten Arbeit beginnen, die Blumen gießen. Ich ging auf Schüler zu, ohne mich aufzudrängen, und sie konnten auf mich zugehen. Ich tat das aus dem Wunsch heraus, Kinder kennen zu lernen, und mich selbst erkennen zu lassen. Ich brauchte den Kontakt, um die Angst vor der Masse so vieler Kinder zu mildern. Damals hatte ich selten weniger als 50 Schüler.

Durch diese feste Ordnung der Vorviertelstunde milderte ich Fremdheit und Ängste bei mir und den Schülern, ich war einfach da. Bei den Schülern entdeckte ich während dieser lockeren Begegnung ihr anderes Gesicht. Im wörtlichen Sinn; denn von Angesicht zu Angesicht sieht das Kind anders aus, als wenn es in der Klassenformation sitzt. Ich sehe seine Sommersprossen, nehme im Augenkontakt seinen lebendigen oder schüchternen Blick wahr. Mit dem »anderen Gesicht« meine ich auch andere Seiten der Jugendlichen. Da ist ein Schüler Spezialist in Radiotechnik, ein anderer spielt Theater, ein Mädchen erzählt von seiner Gruppeninitiative, von einem Jungen erfahre ich seine Lieblingsmusik. Da sehe ich einen mir unsympathischen Schüler, ich kann ihn nicht mögen, aber ich kann ihm etwas Gutes tun, zum Beispiel eine Freundlichkeit erweisen.

Diese Kontakte mit den Schülerinnen und Schülern waren für mich hilfreich. Ich hatte Gelegenheit, vor der Stunde auch mit den Schwierigen zu reden, ohne sie zu belehren. Aber ich erlebte, dass Schwierige weniger schwierig waren, wenn ich mit ihnen bereits vor der Stunde in Beziehung kam – Bekanntschaft ist der Feind der Feindschaft. Da kehrten Ruhe und Freundlichkeit bei mir ein – und bei den Kindern. Sie wussten für jeden Tag des Jahres: In dieser Zeit bin ich für alle zu sprechen. Sie wurden von mir gesehen, merkten, dass sie für mich eine Rolle spielten. Schließlich hing von den Schülern mein gutes Leben ab.

Schon vor dieser Einstimmungszeit in der morgendlichen Viertelstunde hatte ich die Vorbereitung auf den Unterricht abgeschlossen. Da hatte ich mich in Ordnung gebracht. Wenn ich eine ruhige Atmosphäre in das Klassenzimmer brachte, wirkte sich das auf die Schüler aus. Anders, als wenn ich mich noch schnell im Kopierraum mit anderen drängen muss oder von einem unangenehmen Gespräch im Schulleiterbüro in die Klasse hetze oder mich von einer Schülermutter aufhalten lasse. Nach dieser ruhigen Zeit begann der Unterricht mit Lied und Gedicht und mit der Besprechung des Lernplans: dessen, was wir heute lernen.

Selbst wenn Fachlehrer im lernstörenden Dreiviertelstundentakt nur eine Stunde in der Klasse sind, können sie Wege finden, das Prinzip einer sozialen Anwärmzeit zu praktizieren. Bertolt Brecht beschrieb die kleine Moral der Freundlichkeit in seinem Gedicht »Vergnügungen«. Da wird Freundlichsein nicht als Tugend aufgezählt, sondern als »Vergnügung«[17]. Könnten sich Schüler und Lehrer nicht öfter die Vergnügung des Freundlichseins gönnen?

---

17 Bertolt Brecht: Gesammelte Werke, Gedichte Band 3 (1982)

24 Mit Schülern in sympathischer Beziehung

»Ohne Liebe ist alles nichts«

Eine pädagogische Theorie, die in den Kern ihres Gehaltes die Philosophie und Psychologie der Liebe nicht einbaut, kann niemals den Weg zur erzieherischen Tat finden.
Georg Kerschensteiner

Machtkampf zwischen Lehrer F. und Roland: Das verbotene Käppi – »Der Schüler muss doch Anstand lernen«

Roland aus der 9. Klasse bereitet mir richtig Kopfschmerzen. Er weigert sich, während des Unterrichts die Baseballkappe abzusetzen. Mir graut davor, in die Klasse zu gehen; denn jedes Mal beginnt der Kampf von neuem. Er setzt seine Kappe auf, ich will, dass er sie abnimmt. Ich ermahne ihn, aber er sagt; er brauche sein Käppi, da könne er besser lernen. Ich drohe ihm mit einer Mitteilung an die Eltern, gebe ihm eine Strafaufgabe, rede ihm streng zu. Er nimmt die Kappe kurzzeitig ab, um sie dann erneut aufzusetzen; das provoziert mich und ich merke: Das ist ein Machtkampf, bei dem ich verlieren kann.

Herr F. berichtete das in einer Lehrersupervisionsgruppe, der Ungehorsam des Jugendlichen machte ihm zu schaffen. Er ist kein Lehrer, der über Schüler Macht ausüben will. Aber wenn er sich hilflos fühlt, versucht er, sich mit Macht durchzusetzen. Er ist freundlich, eher still, die Schüler mögen ihn. Aber der Kampf um die Kappe macht ihn ratlos. Ich frage ihn: »Was regt Sie so auf, wenn Roland sein Käppi aufsetzt?« – »Ja, das geht doch nicht, ich setz' im Unterricht auch keinen Hut auf, die müssen doch Anstand lernen. Wo kämen wir hin, wenn jeder seine Kappe aufsetzte!« – »Sind es mehrere, die eine Mütze aufsetzen?« – »Bis jetzt noch nicht, aber das könnte einreißen, wenn ich nicht eingreife.« – Ich überlege: »Dass Sie da so viel Energie reinstecken müssen.«

Gern hätte ich dem Lehrer etwas von dem Druck genommen. Ich sage: »Was wäre, wenn Roland seine Kappe aufhätte und Sie ließen ihn und sich selbst in Ruhe?« – »Ich kann das nicht haben.« – »Können Sie sich vorstellen, mit Roland noch mal zu reden? Ihn zu fragen, ob er nicht Ihnen zuliebe das Käppi abnähme, weil Sie das so stört; also ihn bitten, er möge Ihnen eine Freundlichkeit erweisen?« – »Ja, aber wenn er es dann doch nicht tut?« – »Wenn Sie so denken«, sage ich, »haben Sie sich aufgegeben. Jetzt geht es darum, ob Sie bei sich beginnen und diesen Weg überzeugt gehen, ohne zu wissen, was dabei herauskommt, ich weiß es auch nicht. Sie brauchen sich jetzt um nichts anderes zu kümmern als um Ihren Anfang, alles andere schwächt Ihre Initiative.«

Diese Lehrergruppe arbeitet alle zwei Monate je vier Stunden mit mir. Deshalb können wir die Themen nicht fortlaufend verfolgen. Aber in der Pause der nachfolgenden Sitzung sagte Herr F.: »Übrigens, wenn Sie sich noch erinnern an meinen Kampf mit dem Schüler um das Käppi. Ich überlegte mir das und ging am Tag nach unserer Gruppe zu ihm hin. Unter vier Augen fragte ich ihn: ›Roland, ich hab mir wegen unseres Streits um dein Käppi überlegt, ob uns nicht etwas Vernünftiges einfällt. Könntest du vielleicht während der Stunde mir zuliebe die Kappe absetzen, da tätest du mir einen großen Gefallen.‹ – ›Klaro‹, sagte er, nahm die Kappe ab und setzte sie nie mehr auf.«

Was geschah? – Herr F. hatte Angst, nicht respektiert zu werden. Von dieser Angst werden Lehrer während des Unterrichts verfolgt. Da lächelt ein Schüler – »vielleicht über mich?« Da macht ein Junge etwas ganz anderes während der Stunde und der Lehrer stockt: »Den interessiert überhaupt nicht, was ich sage.« Da schaut einer total uninteressiert drein: »Akzeptiert der mich überhaupt?« – Natürlich möchten Lehrer ernst genommen werden, so wie sie selbst die Schüler ernst nehmen. Manchmal stellen sie sogar ihr Fach als besonders wichtig hin, in der Sorge, sie selbst könnten nicht genügend geachtet werden.

»Böse sein ist anstrengend«: Aus dem Machtkampf aussteigen, einseitig abrüsten – Lehrerautorität statt Disziplinieren

Wie kam es, dass Roland von seinem Trotz ablassen konnte und dem Lehrer entgegenkam?

- Herr F. fasste Mut, sich mit seiner Hilflosigkeit an die Lehrergruppe zu wenden. In der Gruppe nicht allein zu sein und nicht bewertet zu werden entlastete ihn; er fand kollegiale Unterstützung.

- Der Lehrer hörte auf, zu erziehen, stattdessen nahm er zum Schüler Beziehung auf; eine gleichwertige Beziehung. Er bat den Jugendlichen um einen persönlichen Gefallen, wie er das bei Erwachsenen getan hätte.

- Herr F. vertraute sich mit seinem persönlichen Wunsch dem Schüler an. Er verhielt sich echt, wurde als Person spürbar, das gab ihm Stärke.

- Der Konflikt wurde so gelöst, dass kein Sieger und Verlierer übrig blieb. Der Lehrer verzichtete darauf, der Stärkere zu sein.

- Der Schüler wurde vom Lehrer ernst genommen; vermutlich löste das die Trotzreaktion auf. Roland war erleichtert, dass er vom Trotz befreit wurde, ohne das Gesicht verlieren zu müssen.
- Der Lehrer löste den Konflikt gewaltfrei. Er half sich und dem Jugendlichen, aus dem Machtkampf auszusteigen.
- Politisch ausgedrückt: Der Lehrer hat nicht aufgerüstet, sondern einseitig abgerüstet durch das zugewandte Wort.
- Er war den Schülern ein Vorbild dafür, wie man sich verständigen kann, statt einen Machtkampf zu führen.
- Und: Der Jugendliche lernte dabei Anstand.

Herr F. nahm die überraschende Wendung im Konflikt mit Roland zum Anlass, mit dem Schüler später noch mal darüber zu reden. Er sagte dem Jugendlichen, wie unangenehm die Situation für ihn war, und er interessierte sich dafür, wie Roland den Machtkampf erlebte. Beide mussten sich in ihrem Machtgerangel sehr anstrengen – und dann schien es auf einmal so leicht zu gehen. Wäre es besser, Eltern, Lehrerinnen und Lehrer würden sich manchmal nicht so anstrengen? Wir könnten das Zusammenleben in der Schule auch unter diesem Gesichtspunkt sehen: freundlich sein, weil es weniger anstrengend ist.

»Aber ich muss doch meine Autorität wahren«, meinte Lehrer F. Er fürchtete, Autorität zu verlieren, wenn er versäumt, Strenge walten zu lassen und zu strafen, deshalb müsse er den Schüler disziplinieren, er müsse seine Autorität zeigen. Aber hat es sich in Herrn F.s Fall nicht besser bewährt, Autorität zu *sein*, statt sie zu demonstrieren? Der Lehrer wurde als Autorität geachtet, weil er sich partnerschaftlich mit dem Jugendlichen eingelassen hat. Wenn Lehrer autoritär auftreten, um sich behaupten zu können, schwächt das ihre wirkliche Autorität.

Herr F. hat sich nicht durch ein Zwangsverhältnis Respekt verschafft, sondern durch ein Kooperationsverhältnis. Dieser Respekt ist das Grundgefühl, welches dem Schüler ermöglicht, moralische Werte zu verinnerlichen. Dabei ist »Beziehung über jegliche Wortbelehrung und theoretische Unterweisung zu stellen« (Jean Piaget[18]). Der Schüler handelt nicht fremdbestimmt, sondern selbstbestimmt.

Ein Lehrer: »Zwanzig Jahre litt ich unter Schulangst« – Kinder besser verstehen durch Erinnerungsarbeit

Zur Frage nach dem Respekt und der Autorität ist die Selbstwahrnehmung von Lehrern hilfreich: sich nicht nur verstandesmäßig mit dem in der eigenen Schulzeit Erlebten einzulassen, sondern auch emotional, zum Beispiel: Hatte ich als Kind Angst vor der Schule, vor Lehrern, vor Prüfungen? Wie ging es mir mit diesen Schulängsten? Was hätte mir damals, wenn ich jetzt zurückblicke, geholfen? Gab es Lehrer, bei denen ich mit Freude zur Schule ging? Verhalte ich mich heute als Lehrer so, wie ich es mir damals als Schüler von meinem Lehrer gewünscht hätte?

Manche Lehrer geben diese Erfahrungen an die Schüler weiter, auch die Schulängste. Jetzt sind nicht mehr sie die Geängstigten, sondern können selbst die Angstmacher sein. Unbewusst handeln sie nach dem Motto: »Wie er mir, so ich dir.« Von dem passiv Erlittenen versuchen sie sich zu befreien, indem sie die Passivität in Aktivität verwandeln. Als Lehrer können sie sich zu Herren der Situation machen. Es ist eine Gefahr für Lehrer, in der Umkehrsituation dort weiterzumachen, wo sie als Schüler bei ihren Studienräten aufgehört haben. Das zeigt einen verhängnisvollen Mangel in der Lehrerausbildung auf: Um Lehrer auf ihren Beruf vorzubereiten, müssten sie Gelegenheit bekommen, ihre eigenen Schulerfahrungen zu erinnern und aufzuarbeiten.

Ich habe in der psychologischen Arbeit mit Lehrergruppen und in Lehrerseminaren wiederholt erlebt, wie hilfreich – wenn auch

---

18 Jean Piaget: Über Pädagogik (1999)

manchmal schmerzlich – es sein kann, sich in die eigene Schulvergangenheit zu versetzen, um dann die jetzige Situation neu zu sehen. Ein Oberstudienrat, der sich für seine Fächer Deutsch und Geschichte begeistern kann, hat diesen Prozess, das Erlittene produktiv zu machen, so beschrieben.

Zwanzig Jahre habe ich mich mit Schulängsten herumgeschlagen, als Kind und in meinem Studium. Und als ich meine letzte Prüfung als Lehrer hinter mir hatte, erfüllte mich ein unbändiges Glück: Nun musste ich keine Angst mehr haben. Ich wusste nicht, dass mich nun für den Rest meines Lebens die erlebten Ängste nachts heimsuchen würden.

Diese Selbstwahrnehmung und das Nacherleben meiner Schülerängste haben mich dazu geführt, alles zu versuchen, um den Unterricht so zu gestalten, dass die Jugendlichen keine Angst haben müssen. Ich befürchte allerdings, und ich beobachte das auch, dass bei manchen Lehrern durch die Ängste ihr Machtgefühl beflügelt wird. Man sagt ja auch:»Jemanden kleinmachen.« In dem Maße, in dem ein Lehrer das tut, nimmt er möglicherweise einen Zuwachs an Stärke bei sich selbst wahr, zumindest für kurze Zeit, auch wenn das eine Täuschung ist.

Als Lehrer frage ich mich: Was baut die Ängste der Kinder ab? Freundlichkeit, Aufmerksamkeit, Nähe, Empfindsamkeit, Mitgefühl. Auch Rollentausch trägt dazu bei: Der Schüler bestimmt, wann er ausgefragt werden will, er legt sein Referatthema selbst fest und den Zeitpunkt, zu dem er es halten will. Alle Leistungserhebungen kündige ich rechtzeitig an und gebe den Stoff genau bekannt, so dass sich die Schüler gut vorbereiten können. Vor dem Test frage ich, ob alle alles verstanden haben. Wenn es nötig ist, helfe ich Einzelnen nach, gegebenenfalls verschiebe ich den Test.

Am Anfang des Schuljahres lasse ich einfache Kurzprüfungen schreiben, so dass selbst die Schwachen mit guten Noten starten und dann befreiter in das neue Jahr gehen können. Jedem Schüler gebe ich nach einer schlechten Note möglichst schnell die Chance, diese durch freiwillige Leistungen auszugleichen. Unzählige solcher Wege gibt es. Ich muss keinem Schüler eine Fünf geben und ihn auf dieser schmoren lassen. Ich finde einfach, ein Lehrer muss Kinder mögen (Andreas Salomon[19]).

Lehrerinnen und Lehrer müssen nicht nur für die Schüler, sondern auch für sich selbst ein sozial angenehmes Lernklima schaffen. Kinder sollen sich in der Schule emotional entwickeln und ihre Lernfähigkeit stärken. Auch Lehrer sollen sich emotional entwickeln und ihre unterrichtlichen Fähigkeiten stärken.

Deutscher Schulpreis für eine Grundschule – was sind das für Lehrerinnen?

Die Grundschule Kleine Kielstraße in Dortmund[20] erhielt 2006 den Deutschen Schulpreis, ausgeschrieben von der Robert Bosch Stiftung und der Heidehofstiftung, in Kooperation mit Stern und ZDF. Die Schule in einem Dortmunder Problemviertel hat Schüler aus mehr als 20 Nationen. Für 80 Prozent von ihnen ist Deutsch nicht ihre Muttersprache. Die Kriterien der Preisrichter waren:

– Was leisten die Schüler in den Kernfächern Mathematik, Sprachen, Naturwissenschaften und im künstlerischen Bereich?
– Wie gehen Lehrerinnen und Lehrer mit der Vielfalt um? Helfen sie Benachteiligten? Verwirklichen sie individuelles Lernen?
– Schaffen die Lehrerinnen eine Unterrichtsqualität, in der Schüler ihr Lernen selbst verantworten? Lernen Kinder erfahrungs- und praxisorientiert?
– Wie sieht der achtungsvolle Umgang aus? Werden Konflikte gewaltfrei gelöst? Dürfen sich Schüler demokratisch engagieren?

---

19 Persönliche Mitteilung von Andreas Salomon (2007)
20 www.grundschule-kleinekielstraße.de (2007)

- Schaffen Lehrer ein Schulklima, in dem sie selbst und die Schüler gern in die Schule gehen? Wie arbeiten Lehrer und Eltern zusammen?
- Fördert die Zusammenarbeit des Kollegiums die Motivation der Lehrerinnen und Lehrer? Bemühen sie sich gemeinsam darum, die Stofffülle zu begrenzen und den Lehrplan zu verbessern?

Diese Kriterien hat die ausgezeichnete Schule in besonderem Maß erfüllt. Was war das Preiswürdige?

- Die Lehrerinnen richten ihr Handeln nach *pädagogischen Grundwerten* aus: der Würde des Kindes, der Individualität jedes Schülers, dem Respekt vor den Persönlichkeitsrechten, dem achtungsvollen Umgang. Sie halten sich nicht gehorsam an schulbürokratische Vorschriften, die der helfenden Beziehung entgegenstehen, sondern beschreiten neue unterrichtliche Wege.

- Schüler mit schwächeren Leistungen werden nicht durch Zensuren herabgesetzt, sondern bekommen Aufgaben, die sie mit Erfolg bearbeiten können; das *stärkt ihr Selbstwertgefühl.* »Eine exzellente Schule entfacht bei ihren Schülern den Wunsch, zu lernen«, sagt ein Mitglied der Expertenjury. »Sie hat nicht nur gute Absichten, sondern prüft kontinuierlich, ob die Schule diese Ziele auch erreicht.«

- Die Lehrerinnen nehmen die Tatsache ernst, dass jeder Mensch anders ist. Sie sehen die Kinder in ihrer Verschiedenheit und unterrichten deshalb *individuell.* Die Schüler lernen geringe Zeit im Frontalunterricht, häufiger in individualisierender Einzelarbeit, Partnerarbeit und leistungsverschiedenen Gruppen. Die Schulleiterin Gisela Schultebraucks kennt jedes der 385 Kinder beim Namen.

- Kinder lernen jahrgangsübergreifend. Der erste und zweite Jahrgang werden gemeinsam unterrichtet. Die *jahrgangsgemischten* Gruppen ermöglichen den Schülern, einander zu helfen, voneinander zu lernen, auf ihrem Leistungsniveau zu arbeiten.

- Die Schüler dürfen in ihrem *persönlichen Arbeitstempo* lernen. Langsamkeit wird als menschenfreundliches Prinzip praktiziert; das gehört zum behutsamen Umgang. Kinder werden nicht zum Gleichschritt im Einheitstempo gezwungen.
- Die Lehrerinnen richten sich nach den Kinder und nicht nur nach Lehrplanvorschriften. Sie gehen davon aus, dass *Fragelust* und *Interesse* die stärksten Antriebe zum Lernen sind.
- Das gute Schulklima ist durch *Verstehen und Helfen* gekennzeichnet. Die Lehrerinnen nehmen Rücksicht auf Schüler, die es schwer haben. Alle Kinder sind willkommen.
- Die *Achtsamkeit*, die Lehrerinnen den Kindern gegenüber einnehmen, wird von den Schülern als Zuwendung und Respekt empfunden, sie erleben, dass ihre Sicht ernst genommen wird, dass ihnen die Lehrerin zuhört, dass sie gesehen werden. Diese Aufmerksamkeit stärkt den Selbstrespekt der Schüler. »Das gemeinsam erarbeitete Erziehungskonzept der Schule beschreibt Wertschätzung und Respekt als unverzichtbare Bedingungen menschlichen Miteinanders. Sie gelten zuallererst für den Umgang der Lehrerinnen mit Eltern und Kindern, sie werden nachdrücklich von allen, die am Schulleben beteiligt sind, eingefordert.«[21]
- Die Lehrerinnen zeigen ein hohes Maß an *pädagogischem Engagement* und unterrichtlichem Können. Sie arbeiten eng zusammen und tauschen in Konferenzen ihre Erfahrungen aus, ihre Erkenntnisse über Kinder, über Konflikte und Lösungswege.
- Ungewöhnlich ist die *Zusammenarbeit mit den Eltern* und den Erzieherinnen des Kindergartens. Lange vor der Einschulung lernen sich Eltern, Erzieherinnen, Lehrerinnen und Kinder kennen: regelmäßige Elternabende, Elterngespräche, gemeinsame Lehrer-Eltern-Initiativen schaffen ein partnerschaftliches Schulklima.

---

21 Schulbeschreibung Grundschule Kleine Kielstraße (2007)

»Ohne Liebe ist alles nichts« – Philosophie und Psychologie der Liebe: Aneinander Gefallen finden?

Das menschliche Engagement der Lehrerinnen dieser Schule drückt die Schulleiterin Gisela Schultebraucks in dem Satz aus: »Ohne Liebe ist alles nichts.« Die Lehrerinnen kümmern sich um die Kinder, interessieren sich für sie, üben ihren Beruf mit Begeisterung aus. Misst man mit den Kriterien der Liebe den Unterricht mancher weiterführenden Schulen, ist zu verstehen, dass unter 120 Gymnasien, die sich um den Deutschen Schulpreis bewarben, 2006 kein Gymnasium als preiswürdig galt. Die Philosophie der Liebe ist an deutschen Schulen wenig verbreitet.

Die Schulunlust der Kinder hat auch damit zu tun, dass der Zusammenhang zwischen Liebe und Lernen verleugnet wird: sowohl die Liebe zum Lernen wie auch die fürsorgliche Beziehung zwischen Lehrern und Kindern wie auch die Liebe zur Sache. Ein Pädagoge der Arbeitsschulbewegung, Georg Kerschensteiner, schrieb: »Am Anfang jeder erzieherischen Seelenhaltung steht die Erkenntnis, dass die Liebe, die Leidenschaft, der pädagogische Eros es ist, der erst zu tieferer pädagogischer Einsicht treibt.«[22]

Diese Philosophie und Psychologie der Liebe wird Lehrern in ihrer Ausbildung vorenthalten; das verursacht viel Lieblosigkeit in den Schulen. Aber nur mit der Liebe entsteht eine pädagogische Schule wie die Grundschule Kleine Kielstraße. Eine ihrer Lehrerinnen sagt: »Manchmal tun mir unsere Kinder leid, wenn sie auf die weiterführende Schule kommen. Weil sie hier so gute Methoden gelernt haben und dann wieder in Reih und Glied sitzen müssen. Dabei kann jede Schule so arbeiten wie die Kleine Kielstraße.« Dann müssten sich auch nicht so viele kreative Persönlichkeiten enttäuscht über ihre Schulzeit äußern.

---

22 Georg Kerschensteiner: Die Seele des Erziehers und das Problem der Lehrerbildung
S. 30 (1927)

»Sind Sie gern zur Schule gegangen?«, wurde Hans Magnus Enzensberger gefragt. »Nein. Die Schule war furchtbar.« Was er über Eltern sagt, gilt auch für Lehrer: »Es reicht doch, wenn Eltern Gefallen an Kindern finden und Kinder an den Eltern. Liebe ist das stärkste Motiv. Wenn man motiviert ist, lernt man wie der Teufel, und nicht nur solche Sachen, wie man sie in der Schule beigebracht bekommt.«[23] Finden Lehrer Gefallen an den Schülern? Und Schüler Gefallen an den Lehrern?

Bei Lehrerinnen und Lehrern, die sich vom Sympathieprinzip leiten lassen, können Kinder besser lernen und Lehrer besser lehren. Denn Sympathie weist auf eine emotionale Beziehung hin, deren Kern das Mitfühlen ist. In der sympathischen Beziehung nehmen wir am anderen Anteil. Entsprechend dem Wortsinn teilen wir Leid durch Mitleid, Freude durch Mitfreude; es entsteht die Bereitschaft, anderen zu helfen, Sympathie macht sehend, Sympathie schützt Schüler, Eltern und Lehrer.

---

23 Hans Magnus Enzensberger in: H. Koelbl: Im Schreiben zu Haus (1998)

Literaturverzeichnis

Abele, Andrea: Stimmung und Leistung (1995)

Abele, Andrea, und Liebau, Eckart: Nachhilfeunterricht: Eine quantitative Untersuchung an bayerischen Gymnasien. In: Die Deutsche Schule 1996

Adorno, Theodor W.: Studien zum autoritären Charakter (1973)

Anders, Günther: Die Antiquiertheit des Menschen. Erster Band. Über die Seele im Zeitalter der zweiten industriellen Revolution (1980)

Andersch, Alfred: Der Vater eines Mörders (1980)

Bastian, Till: Was erhält uns gesund? In: Freitag Nr. 10 (2007)

Bauer, Joachim: Lob der Schule (2007)

Bayerwaltes, Marga: Große Pause! Nachdenken über Schule (2002)

Beck, Ulrich: Afrika ist überall. Aufstand der Überflüssigen am Rande von Europas Metropolen. In: Erziehung und Wissenschaft 1 (2006)

Beck, Ulrich (Hrsg.): Kinder der Freiheit (1997)

Bernhard, Thomas: Der Keller. Eine Entziehung (1980)

Bettelheim, Bruno: Der Weg aus dem Labyrinth. Leben lernen als Therapie (1975)

Bichsel, Peter: Schulmeistereien (1985)

Bieri, Peter: Wie wäre es, gebildet zu sein? (2006)

Böll, Heinrich: Gesammelte Erzählungen Band 2 (1981)

Bonhoeffer, Dietrich: Widerstand und Ergebung (1998)

Brecht, Bertolt: Geschichten vom Herrn Keuner. Zürcher Fassung (2004)

Brügelmann, Hans, und Mitarbeiter: Sind Noten nützlich und nötig? Ziffernzensuren und ihre Alternativen im empirischen Vergleich (2006)

Camus, Albert: Unter dem Zeichen der Freiheit. Camus-Lesebuch (1997)

Coelho, Paulo: Der fünfte Berg (1998)

Demski, Eva: Von Liebe, Reichtum, Tod und Schminke (2004)

Edelstein, Wolfgang: Unsere Schule ruft Gegengewalt hervor. Interview, DIE ZEIT Nr. 20 (2002)

Ende, Michael: Momo. Ein Märchen-Roman (1990)

Engelen, Eva-Maria: Gefühle (2007)

Engelen, Eva-Maria: Erkenntnis und Liebe. Zur fundierenden Rolle des Gefühls bei den Leistungen der Vernunft (2003)

Erdheim, Mario: Das Traumatisierende an der Macht. In: Springer, Gerlach, Schlösser (Hrsg.): Macht und Ohnmacht (2005)

Finkielkraut, Alain: Verlust der Menschlichkeit (1998)

Fleischmann, Lea: Dies ist nicht mein Land (1980)

Flöss, Helene: Spurensuche. Erzählungen (1992)

FOCUS 19: Die Störer aus der zweiten Reihe (2005)

Frech, Siegfried: Gewalt und Gewaltprävention in der Schule. In: Frankenberger u.a.: Politische Psychologie und Politische Bildung (2007)

Frech, Siegfried: Wie demokratisch kann Schule sein? In: Massing/Roy: Politik, Politische Bildung, Demokratie (2005)

Friedrichs, Julia: Gestatten: Elite. Auf den Spuren der Mächtigen von morgen (2008)

Frisch, Max: Tagebuch 1946–1949 (1980)

Fromm, Erich: Haben oder Sein. Die seelischen Grundlagen einer neuen Gesellschaft (1975)

Fromm, Erich: Anatomie der menschlichen Destruktivität (1977)

Fromm, Erich: Der moderne Mensch und seine Zukunft. Eine sozialpsychologische Untersuchung (1969)

Fromm, Erich: Gesamtausgabe Band 11, Politische Psychoanalyse (1999)

Fromm, Erich: Sozialistischer Humanismus und Humanistische Ethik. (1999)

Fromm, Erich: Gesamtausgabe Band 4, Gesellschaftstheorie (1999)

Gage, Nathaniel/Berliner, David, C.: Pädagogische Psychologie Band 2 (1979)

Gavalda, Anna: 35 Kilo Hoffnung. (2004)

Goettle, Gabriele: Zu Besuch bei einer Schulleiterin. In: taz (29.3.2005)

Goetze, H.: Offenes Unterrichten bei Schülern mit Verhaltensstörungen. In Goetze/Neukäter (Hrsg.): Handbuch der Sonderpädagogik Band 6 (1989)

Gorz, André: Wissen, Wert und Kapital (2004)

Grass, Günter: Für- und Widerworte. Der lernende Lehrer (1999)

Härtling, Peter: Kindern Sprache schenken. Vortrag 2001

Handke, Peter: Spuren der Verirrten (2007)

Heinemann, Karl-Heinz: Der Supergau der Schulkarriere. In: Freitag (4.12.2004)

Heinemann, Karl-Heinz: Suche nach einem Platz in der Welt. In: Freitag Nr. 17 (2007)

Hentig, Hartmut von: SPIEGEL-Gespräch. Nr. 34 (2007)

Hentig, Hartmut von: Bewährung. Von der nützlichen Erfahrung, nützlich zu sein (2006)

Hentig, Hartmut von: Die Menschen stärken, die Sachen klären (1991)

Hentig, Hartmut von: Die Schule neu denken. Eine Übung in praktischer Vernunft (1993)

Hentig, Hartmut von: Was ist eine humane Schule? (1975)

Herrmann, Steffen/Krämer, Sybille/Kuch, Hannes: Verletzende Worte. Die Grammatik sprachlicher Missachtung (2007)

Herrmann, Ulrich: Außen hui und innen ...? Schulen und ihre Architektur. Südwestrundfunk SWR 2 (2005)

Higgins, Christopher: Das Glück des Lehrers. In: Zeitschrift für Pädagogik Heft 4 (2002)

Hurrelmann, Klaus: Lebensphase Jugend. Eine Einführung in die sozialwissenschaftliche Jugendforschung (2005[8])

Innerhofer, Paul: Die großen Wörter (1979)

Jaspers, Karl: Was ist Erziehung? (1999)

Kästner, Erich: Fabian. Die Geschichte eines Moralisten (2007[23])

Kästner, Erich: Das Erich Kästner Lesebuch. Hrsg. Christian Stich (1978)

Kahl, Reinhard: Plädoyer für eine pädagogische Währungsreform. Ein Essay zum Film »Treibhäuser der Zukunft« (2004)

Kegler, Ulrike, und Prengel, Annedore: Die Montessori-Gesamtschule in Potsdam. Weiterentwicklung eines Reformkonzepts (2003)

Kerschensteiner, Georg: Die Seele des Erziehers und das Problem der Lehrerbildung (1927)

Key, Ellen: Das Jahrhundert des Kindes (1902)

Klemperer, Victor: LTI. Notizbuch eines Philosophen (1996[16])

Klemperer, Victor: Ich will Zeugnis ablegen bis zum Letzten. Tagebücher 1933–1941 (1995[5])

Koelbl, Herlinde: Im Schreiben zu Haus. Wie Schriftsteller zu Werke gehen. (1998[2])

Krämer, Sybille: Verletzende Worte. In: Hermann / Krämer / Kuch (2007)

Krapp, Andreas / Weidenmann, Bernd (Hrsg.): Pädagogische Psychologie (2001)

Krohne, Julia Ann / Meier, Ulrich / Tillmann, Klaus-Jürgen: Sitzenbleiben, Geschlecht und Migration. In: Zeitschrift für Pädagogik 50. Jg. (2004)

Krumm, Volker: Vor lauter Angst total versagt. »Verhaltensauffällige Lehrer« – darüber redet man nicht gerne. In: Erziehung und Wissenschaft 11/2005

Krumm, Volker, und Weiß, Susanne: Machtmissbrauch von Lehrern in Österreich (2002)

Krumm, Volker, und Weiß, Susanne: Du wirst das Abitur nie bestehen. Befunde aus einer Untersuchung über verletzendes Lehrerverhalten. In: Lernchancen (2001)

Krumm, Volker, und Weiß, Susanne: Wie reagieren Eltern, wenn ein Lehrer ihr Kind kränkt? (2005)

Kühn, Lotte: Das Lehrer-Hasser-Buch. Eine Mutter rechnet ab (2005)

Lauterbach, Karl: Der Zweiklassenstaat (2007)

Lebert, Benjamin: Crazy. Roman (1999)

Lenz, Siegfried: Essays 1, 1955–1982 (1997)

Lévinas, Emmanuel: Zwischen uns. Versuche über das Denken an den Anderen (1995)

Lewin, Kurt: Die Lösung sozialer Konflikte (1953)

Lorenz, Konrad: Das sogenannte Böse. Zur Naturgeschichte der Aggression (1966)

Mantler, Rolf: Wir vermitteln Wissen, aber wir erziehen nicht. PSYCHOLOGIE HEUTE Heft 8 (2004)

McCourt, Frank: Tag und Nacht und auch im Sommer. Teacher Man (2006)

Mercier, Pascal: Nachtzug nach Lissabon. Roman (2004)

Metzger, Wolfgang: Stimmung und Leistung. Die affektiven Grundlagen des Lernerfolgs (1955)

Meyer, Gerd, u.a. (Hrsg.): Zivilcourage lernen. Analysen – Modelle – Arbeitshilfen (2004)

Mitscherlich, Alexander: Auf dem Weg zur vaterlosen Gesellschaft. Ideen zur Sozialpsychologie (1973)

Montessori, Maria: Die Macht der Schwachen (1992)

Münch, Paul Georg: Dieses Deutsch (1926)

Nadolny, Sten: Die Entdeckung der Langsamkeit. Roman (1999[31])

Negt, Oskar: Kindheit und Schule in einer Welt der Umbrüche (2002)

Nida-Rümelin, Julian (Hrsg.): Angewandte Ethik (1996)

Pauer-Studer, Herlinde: Ethik und Geschlechterdifferenz. In: Nida-Rümelin: Angewandte Ethik (1996)

Piaget, Jean: Über Pädagogik (1999)

PISA-Konsortium Deutschland (Hrsg.): PISA 2000. Basiskompetenzen von Schülerinnen und Schülern im internationalen Vergleich (2001)

PISA-Konsortium Deutschland (Hrsg.): PISA 2003. Der Bildungsstand der Jugendlichen in Deutschland – Ergebnisse des zweiten internationalen Vergleichs (2004)

Prantl, Heribert: Kein schöner Land. Die Zerstörung der sozialen Gerechtigkeit (2005)

Prause, Gerhard: Genies in der Schule. Legende und Wahrheit über den Erfolg im Leben (1998)

Prenzel, Manfred, und Lankes, Eva-Maria: Wie Lehrer Interesse wecken und fördern können. In: Bäuerle, S.: Der gute Lehrer (1989)

Pressler, Mirjam: Lesen lernen heißt leben lernen. Vortrag 2001

Raue, Peter: Persönlichkeitsrechte. Die Verteidigung der persönlichen Ehre (1997)

Riegel, Enja: Schule kann gelingen. Wie unsere Kinder wirklich fürs Leben lernen (2004)

Richter, Horst-Eberhard: Wanderer zwischen den Fronten (2000)

Robert Bosch Stiftung : Der Deutsche Schulpreis (2007)

Roggenkamp, Viola: Familienleben. Roman (2004)

Rouaud, Jean: Die ungefähre Welt. Roman (1997)

Rubner, Jeanne: Der kleine Stadtplaner. Die Schule braucht mehr Freiheit und weniger Lehrpläne (SZ 8. Juni 2004)

Sacher, Werner: Elternarbeit in den bayerischen Schulen, 2 Teile 2004 und 2005, herausgegeben von der »Stiftung Bildungspakt Bayern«

Saint-Exupéry, Antoine de: Der kleine Prinz (1943)

Schiefele, Hans: Brauchen wir eine Motivationspädagogik? In: Zeitschrift für Pädagogik Heft 2 (1993)

Schiefele, Hans: Lernmotivation und Motivlernen. Grundzüge einer erziehungswissenschaftlichen Motivationslehre (1974)

Schiefele, Hans: Schule von heute, Schule für morgen? Ehrenwirth (1969)

Schirnding, Albert von: Hamlet auf der Akropolis (2000)

Schweizer, Albert: In: Walter Jens: Kanzel und Katheder. (1984)

Scuola di Barbiana: Die Schülerschule. Brief an eine Lehrerin (1970)

Shell Deutschland Holding (Hrsg.): 15. Shell Jugendstudie 2006

Singer, Kurt: Schülerbroschüre Zivilcourage. Wie können Schüler die Schule mitgestalten? (2008[5]): Bündnis Ansbacher Schülerinnen und Schüler

Singer, Kurt: Zivilcourage wagen. Wie man lernt, sich einzumischen (2003[3])

Singer, Kurt: Die Würde des Schülers ist antastbar. Vom Alltag in unseren Schulen und wie wir ihn verändern können (2002[3])

Singer, Kurt: Wenn Schule krank macht. Wie macht sie gesund und lernbereit? (2000)

Singer, Kurt: Kränkung und Kranksein. Psychosomatik als Weg zur Selbstwahrnehmung (1997[3])

Singer, Kurt: Lehrer-Schüler-Konflikte gewaltfrei regeln (1995[5])

Singer, Kurt: Verhindert die Schule das Lernen? Psychoanalytische Erkenntnisse als Hilfe für Erziehung und Unterricht (1983[3])

Singer, Kurt: Maßstäbe für eine humane Schule. Mitmenschliche Beziehung und angstfreies Lernen durch partnerschaftlichen Unterricht (1981)

Singer, Kurt: Aufsatzerziehung und Sprachbildung. Didaktik des schriftlichen Ausdrucks und des Gesprächs für Primarstufe und Sekundarstufe 1 (1978[6])

Singer Kurt: Lernhemmung, Psychoanalyse und Schulpädagogik (1970[2])

Singer, Kurt: Lebendige Lese-Erziehung. Der Leseunterricht als Unterweisung im selbständigen Lesen (1969[6])

Sloterdijk, Peter: »Lehrer sollen Verführer sein«. In: DIE WOCHE, 14.9.2001

Spitzer, Manfred: Lernen. Gehirnforschung und die Schule des Lebens (2003)

Spitzer, Manfred: Wer seinem Kind Gutes tun will, kaufe ihm bitte keinen Computer. PSYCHOLOGIE HEUTE Heft 1 (2006)

Stein, Hannes: Enzyklopädie der Alltagsqualen (2006)

Strauß, Emil: Freund Hein (1902)

Tamaro, Susanna: Love (1992)

Tillmann, Klaus-Jürgen: Wenn Unterschiede zwischen Kindern als Ärgernis gelten. In: Erziehung und Wissenschaft 6 (2005)

Tuchman, Barbara: Die Torheit der Regierenden (1985)

Ullmann, Liv: Wandlungen (1976)

Unverzagt, Gerlinde: Verhaltensauffällige Lehrer. In: PSYCHOLOGIE HEUTE Sonderheft (2007)

Vereinte Nationen: Die Rechte des Kindes (1994)

Vester, Frederic: Denken, Lernen, Vergessen (1975)

Weizsäcker, Carl Friedrich: Bewusstseinswandel (1988)

Weizsäcker, Richard von: Im Gespräch mit G. Hofmann und W.A. Perger (1992)

Wößmann, Ludger: Spätes Aussieben lohnt sich. In Karen Horn FAZ Nr. 12 (2007)

Wößmann, Ludger: Letzte Chance für gute Schulen (2007)

Sachverzeichnis

Personenverzeichnis